Wendy Kaminer arbeitet als freie Journalistin für *The Atlantic, The New York Times, The New York Times Book Review* und *The Village Voice.* Sie lebt in New York.

Teile des ersten Kapitels: »Wahrscheinlich sind auch Sie co-abhängig« und die »Schlußbemerkung« sind bereits am 11. Februar 1990 in der *New York Times Book Review* erschienen. Nachdruck genehmigt.

Das 7. Kapitel: »Gott ist auch ein guter Vater« erschien im Herbst 1991 in *Theology Today*.

Viele Produktnamen werden von den Herstellern und Verkäufern als Markenzeichen angesehen. Dort, wo eine solche Bezeichnung im Text erscheint, wird sie durch Großbuchstaben kenntlich gemacht.

Dieses Buch wurde auf chlor- und säurefreiem Papier gedruckt.

Deutsche Erstausgabe Dezember 1993

Titel der Originalausgabe »I'm Dysfunctional, You're Dysfunctional«

Originalverlag Addison Wesley, New York
Umschlaggestaltung Graupner & Partner, München
Umschlagfoto Kaemmerpress, Seelze
Satz MPM, Wasserburg
Druck und Bindung Ebner Ulm
Printed in Germany 5 4 3 2 1
ISBN 3-426-84000-6

WENDY KAMINER

Ich bin k.o. du bist k.o.

Das Geschäft mit der Selbstverwirklichung

Aus dem Amerikanischen von
Dr. Bringfried Schröder
und Dr. Marita Kluxen-Schröder

Knaur

Meinem Bruder Billy zugeeignet

INHALT

Danksagung

Auch diesmal muß ich dem Radcliffe College dafür danken, daß es mir ein neues Büro und einen Harvardausweis zur Verfügung gestellt hat. Dank auch an meine Freunde Pat King und die Mitarbeiter der Schlesinger-Bibliothek für ihre Gastfreundschaft. Barbara Haber danke ich für ihre Geduld, für die Gespräche und die Durchsicht meines Manuskripts. Dank auch an William McFeely für seine umsichtige Kritik. Auch meiner Herausgeberin Amy Gash, meiner Agentin Edite Kroll und Jane Isay danke ich natürlich für alles.

EINLEITUNG

Dieses Buch handelt weder von meinem noch von Ihrem Leben. Es lüftet nicht das Geheimnis des Erfolgs und enthält keine Heilsversprechungen. Und es trägt auch nicht dazu bei, Ihr Selbstwertgefühl zu stärken. Ich glaube kaum, daß ich damit in die Oprah Winfrey Show komme.

Meine Kritik an der Recovery-Bewegung und anderen modischen Selbsthilfe-Konzepten hat nichts mit meinen persönlichen Erfahrungen zu tun (spiegelt aber mein Temperament wider). Ich bin nie eine Anhängerin der Recovery- oder auch nur eine gelegentliche Konsumentin populärer psychologischer oder religiöser Literatur gewesen und habe auch nie Gesundheitsbücher gelesen. An Therapiegruppen habe ich nur als Beobachterin teilgenommen. Selbsthilfe-Bücher habe ich als Kritikerin und nicht als Ratsuchende gelesen. Kaum eines der Bücher (etwa hundert) hat mir etwas bedeutet, abgesehen davon, daß ich Kritiken über sie geschrieben habe. Ob Ihnen meine Analyse deshalb mehr oder weniger lesenswert erscheint, hängt davon ab, ob Sie dem persönlichen Erleben einen höheren Stellenwert einräumen als der Forschung und Reflexion.

Da ich nicht aus eigenem Erleben, sondern auf der Grundlage von Forschung und Reflexion schreibe, stehen meine Ausführungen im Gegensatz zur Tradition der Zwölf-Schritte-Therapie der Anonymen Alkoholiker, die zur Zeit in Mode ist. »Hallo, ich heiße Wendy und bin Alkoholikerin, Eßsüchtige, Drogenabhängige, Kaufsüchtige oder Therapiegruppenabhängige.« Würde ich ein Recovery-Buch schreiben, müßte ich mich zuerst öffnen, also mich bekennen; erst dann dürfte ich meine Ratschläge anbieten. Statt dessen habe ich nur Meinungen und Ideen. Ich stelle mir zwar vor, daß ich mich mit meinen Lesern in einem Dialog befinde, glaube aber nicht, daß wir allein dadurch schon eine verschworene Gemeinschaft sind, deren Grundlage die gemeinsamen Erfahrungen bilden. Ich gebe auch nicht vor, meine Leser mehr zu lieben als sie mich und zahllose andere fremde Menschen zu lieben.

Das hängt vermutlich damit zusammen, daß ich mir nie viel aus Liebeserklärungen von Fremden oder bloßen Bekanntschaften gemacht habe. Therapiegruppen haben mich nie besonders angezogen. Es wird häufig behauptet, daß solche Gruppen die Möglichkeit bieten, eine Gemeinschaft zu erleben. Für Leute, die regelmäßig an der gleichen Gruppe teilnehmen und sich mit anderen Mitgliedern anfreunden, mag das auch zutreffen. Aber da auch jemand, der zum erstenmal an einer Gruppensitzung teilnimmt, als Teil der Gemeinschaft betrachtet wird, kann Freundschaft nicht die Grundlage sein, wenn wir unter Freundschaft eine Bindung verstehen, die sich im Laufe der Zeit aufbaut und festigt. Eine Zwölf-Schritte-Gruppe scheint mir ein eher klägliches Beispiel für eine Gemeinschaft zu sein. Bekenntnisse ersetzen das Gespräch. Die Leute sitzen entweder im Kreis oder in Stuhlreihen, halten Monologe über sich selbst und haben dabei fast nie Blickkontakt mit irgendeinem ihrer Zuhörer. Auf einem AA-Treffen, an dem ich teilnahm, drehte sich ein Mann aus der ersten Reihe um und versuchte, mit irgendeinem von uns Blickkontakt aufzunehmen, während er seine Bekenntnisse ablieferte. So wie alle anderen wich auch ich seinem Blick aus; sein Verhalten schien irgendwie unangemessen zu sein.

Für mich bedeutet Intimität nicht, daß man wildfremden Menschen Geheimnisse mitteilt. In meiner Idealvorstellung bedeutet Gemeinschaft, daß Bürger und Nachbarn sich gegenseitig respektieren, sich mit Höflichkeit begegnen und einander gerecht behandeln – sie müssen sich nicht unbedingt lieben.

»Nicht alle Menschen sind liebenswert«, schrieb Freud und entmythologisierte damit das religiöse Ideal der vorbehaltlosen Liebe, das die Grundlage der Recovery-Bewegung ist.[1]* Gott liebt uns trotz unserer Mängel, und auch wir müssen uns gegenseitig lieben, das bestätigen uns jedenfalls die populären protestantischen Autoren. Oder, wie die Recovery-Experten es mitunter ausdrücken: Eine diskriminierende Liebe, wie Freud sie beschreibt, ist eine Form des Mißbrauchs. Wie ein alttestamentarischer Patriarch könnte auch Freud ein Modell für den mißbrauchenden, »beschämenden« Vater sein.

Obwohl die Literatur, die sich mit der Heilung von Suchtkrankheiten und Co-Abhängigen beschäftigt, ziemlich umfangreiche Anleihen bei der Theorie der Familiensysteme macht und auf den ersten Blick ein Abkömmling der populären Psychologie zu sein scheint, liegen ihre Wurzeln doch in Wirklichkeit in der Religion. (Co-Abhängigkeit ist eine Krankheit, von der jeder – Alkoholiker, Drogenabhängige und vom Kaufrausch oder vom Sex Besessene – geheilt werden will.) Die Ideologie der Recovery ist eine Ideologie der Heilung durch die Gnade. Zwölf-Schritte-Gruppen erinnern eher an eine traditionelle pietisti-

* Anmerkungen ab Seite 239

sche Erweckungsversammlung als an eine gruppentherapeutische Sitzung.
Die Religiosität der Recovery-Bewegung wird in ihren rhetorischen Appellen an eine höhere Macht und an der evangelistischen Inbrunst ihrer Anhänger deutlich. Wenn ich die Bewegung kritisiere, wirft man mir meine »Verweigerungshaltung« vor – früher hätte man mir Ketzerei vorgeworfen. (Für die Recovery-Bewegung gibt es nur zwei Zustände, den des Heils und den der Verweigerung.) Leute, die einer Zwölf-Schritte-Gruppe angehören und sich selbst dazu bekennen, süchtig zu sein, wenden sich häufig mit dem selbstgerechten Zorn eines religiösen Fanatikers gegen mich, um ihre Götter in Schutz zu nehmen.
Aber ich habe keine Macht über sie und möchte sie auch nicht haben. Ich spreche ihnen nicht das Recht ab, sich mit Religion zu beschäftigen oder einer Selbsthilfebewegung anzugehören. Ich biete ihnen keine andere Bewegung an und fordere sie nicht auf, irgend etwas Besonderes aus ihrem Leben zu machen. Wenn sich diese Leute jedoch in der Recovery-Bewegung wohl fühlen, warum ärgern sie sich dann so sehr über die skeptische Einstellung anderer und nehmen ihre Kritik so persönlich?
Meine Kritik an der Recovery-Bewegung bedeutet nicht, daß ich jeden einzelnen kritisiere, der ihr angehört; und ich sage damit auch nichts über die Bedeutung, die die Bewegung im Leben dieser Menschen hat. Niemand kann wissen, welchen Nutzen jeder einzelne aus dieser Bewegung zieht und auf welche Weise er die Botschaften interpretiert oder filtert, damit sie seinen Bedürfnissen gerecht werden. (Es ist genauso unmöglich festzustellen, wie viele Menschen durch eine Einzeltherapie verletzt oder geheilt wurden.) Zahllose Leute nehmen an Gruppentherapien teil und lesen Selbsthilfe-Bücher. Die einen sind mehr oder

weniger engagiert, andere skeptisch und wieder andere naiv. Einige Leute geben an, die Zwölf-Schritte-Gruppe habe ihnen geholfen, andere behaupten, sie seien verletzt worden, und auf viele hat sie wahrscheinlich gar keinen Einfluß gehabt.

Ich sage das nicht, um der Recovery-Bewegung ihre Popularität abzusprechen, denn gerade diese Beliebtheit macht sie zum Gegenstand meiner kritischen Betrachtungen. Gurus der Recovery-Bewegung wie zum Beispiel John Bradshaw haben eine große und treue Anhängerschaft, und obwohl die Verkaufszahlen der Bücher über Recovery- und Co-Abhängigkeit ihren Zenit überschritten haben, gehen sie immer noch in die Millionen. Aber die Zeugnisse Millionen zufriedener Leser sind für meine Kritik nicht unbedingt relevant. Mir geht es nicht um die unterschiedlichen Wirkungen, die die Recovery-Bewegung oder irgendein anderes Selbsthilfeprogramm auf Millionen von Menschen hat, die daran teilnehmen. Denn es ist einfach unmöglich, die Wirkungen zu quantifizieren, die eine Massenbewegung auf den einzelnen hat. Meine kritischen Betrachtungen beziehen sich auf die Ideologie der Recovery und auf die Auswirkungen, die sie auf unsere Kultur hat.

Indem ich die kollektive Wirkung der Selbsthilfetrends in Frage stelle, gehe ich von der unmodernen und wahrscheinlich viele irritierenden Annahme aus, daß man auch in der heutigen multikulturellen Zeit noch von »unserer« Kultur sprechen kann. Ich glaube, daß Amerikaner verschiedener Rassen, unterschiedlicher ethnischer Zugehörigkeit, verschiedener Religionen, Geschlechter, körperlicher Fitneß und sozioökonomischer Klassen durch die gleichen kulturellen Phänomene wie zum Beispiel das Fernsehen, die Regenbogenpresse, Bekenner-Autobiographien, bestimmte Konsumgewohnheiten und die Beschäftigung mit Problemen der Sucht, des Mißbrauchs und Problemlösungsmethoden betroffen sind. Die Entscheidung, auf welche Weise jede einzelne Gruppierung, jeder Stamm oder jede Subkultur durch diese Phänomene beeinflußt wird, möchte ich den poststrukturellen Wissenschaftlern überlassen.

Ich glaube jedoch nicht, daß die Selbsthilfebewegung immer alle Amerikaner repräsentiert. Das Gros der Selbsthilfe-Bücher, die auf dem Markt sind, wird in der Regel von Weißen geschrieben und veröffentlicht und richtet sich im großen und ganzen an die weiße Mittelschicht. Darüber hinaus besteht innerhalb der Selbsthilfetradition zweifellos auch eine historisch bedingte Rassentrennung, wie sie auch in der Gesellschaft vorzufinden ist. Die entsprechenden afro-amerikanischen Bücher der Jahrhundertwende, die ich selbst gelesen habe, und Gespräche mit afroamerikanischen Wissenschaftlern haben in mir den Verdacht geweckt, daß es eine afro-amerikanische Tradition gibt, die sich stärker an gemeinschaftlichen und weniger an individuellen Entwicklungen orientiert; die Bemühungen der Weißen betonen dagegen eher den Fortschritt des einzelnen auf der Leiter des Erfolgs und auf dem Weg zum Heil. Angesichts des Erbes der Sklaverei und Diskriminierung überrascht es nicht, daß die Selbsthilfebewegung der Afroamerikaner sich mehr auf eine »Aufwertung der Rasse« konzentriert. Die Unterschiede der Ansichten und Ideale innerhalb der rassischen und ethnischen Gruppen machen es schwierig, die verschiedenen Selbsthilfebewegungen ausschließlich den Schwarzen oder Weißen zuzuordnen. Die Tradition der Gemeindeaktivitäten und der freiwilligen Hilfsorganisationen gehen quer durch die amerikanische Kultur, und die Selbsthilfetradition im weiteren Sinne, die sowohl die Entwicklung des einzelnen als auch die der Gemeinde umfaßt, ist ziemlich pluralistisch. Die afroamerikanischen Führer Marcus Gravey und Father Divine übernahmen Anfang des 20. Jahrhunderts einige klassische Ideale des positiven Denkens – beide waren Befürworter des »Neuen Denkens« (New Thought), einer losen Ansammlung von Ansichten über die Kraft des Geistes, die im 19. Jahrhundert entstanden war. Heute ist Oprah Winfrey die wirkungsvollste Bekehrerin der Recovery-Bewegung.

Die Spaltung der Selbsthilfetradition, die mich interessiert, ist nicht demographisch (rassisch, ethnisch, geschlechtsspezifisch oder ökonomisch), sondern ideologisch: Ich unterscheide zwischen praktischen (»Wie man seine Steuererklärung selbst machen kann«) und persönlichen (»Wie man glücklich wird«) Büchern. Mitunter vermischt sich natürlich das Praktische mit dem Persönlichen: Die Tatsache, daß Sie Steuern sparen, macht möglicherweise einen glücklichen Menschen aus Ihnen. Ein Buch über Diät kann Ihnen hilfreiche, praktische Ratschläge geben, was Sie essen sollen, und dabei gleichzeitig das gesellschaftlich geprägte Ideal der Schlankheit verstärken und Ihnen versprechen, Ihr Selbstwertgefühl zu steigern. Es sind zwar nur wenige Bücher ausschließlich praktisch oder individuell orientiert, einige jedoch konzentrieren sich eindeutig in höherem Maße auf das Persönliche. Eine starke Betonung der individuellen, persönlichen oder spirituellen Entwicklung verbindet die Ideale der Selbsthilfebewegung, die ich kritisch unter die Lupe nehmen möchte. Die Tradition, die hier erkennbar wird, ist Gegenstand meiner Kritik. Selbsthilfe-Bücher mögen nützlich sein, wenn es darum geht, ein Auto zu reparieren, ein Haustier zu versorgen oder sogar eine politische Kampagne zu organisieren. Sie sind allerdings absolut fehl am Platz, wenn es darum geht, seelische oder spirituelle Krisen zu bewältigen und eine individuelle Identität aufzubauen.

Selbsthilfebewegungen sind grundsätzlich immer schon in einer versteckten Weise autoritär und konformistisch gewesen. Sie umgeben sich dabei mit dem Nimbus mystischer Sachkenntnis und ermuntern die Leute dazu, in der Außenwelt standardisierte Instruktionen zu suchen, wie man zu sein hat. Sie versuchen, uns beizubringen, daß man verschiedene Menschen mit ganz unterschiedlichen Problemen ohne Schwierigkeiten mit ein und derselben Methode heilen kann. Selbständiges Denken ist der Selbsthilfebewegung ein Greuel. Tatsache ist, daß die heute populären Therapieprogramme, die sich auf verschiedene (fragwürdige) Suchtkrankheiten beziehen, den betroffenen Menschen den Mut nehmen, sich selbst zu helfen. (Der Begriff Selbsthilfe ist in der Regel eine irreführende Bezeichnung, denn in Wirklichkeit handelt es sich um »Wie man eine Identität bekommt«-Programme.) Experten für Co-Abhängigkeit betonen, daß Leute, die zuviel kaufen, essen, lieben oder trinken, mit ihrer eigenen Willenskraft nichts dagegen unternehmen können. Die Sucht wird als Krankheit des Willens betrachtet, und der Glaube daran, daß man sie selbst in den Griff bekommen könnte, ist eines ihrer Symptome.
Daß die Selbsthilfebewegung selten mit Begriffen wie konformistisch, autoritär und majorisierend beschrieben wird, hängt zum Teil mit der suggestiven Kraft ihres Namens zusammen. Wie kann etwas, das sich Selbsthilfe nennt, Abhängigkeit bedeuten? Das Autoritäre dieser Bewegung wird sehr geschickt durch ihre Marktposition verborgen, durch die der Anschein einer freien Wahl erweckt wird. Der Begriff der Entscheidungsfreiheit ist in Amerika eine

heilige Kuh (das zeigt auch das Vokabular der Abtreibungsdebatten; selbst die Abtreibungsgegner bedienen sich dieses Begriffs); und diese Entscheidungsfreiheit (beziehungsweise die Illusion einer freien Wahl) erleben wir hauptsächlich im Konsumbereich. Wir können unter Tausenden von Zahnpastasorten oder Papiertaschentüchern wählen und glauben tatsächlich, daß alle unterschiedlich sind und unsere eigenen Wünsche reflektieren. Genauso suchen wir uns Experten für unsere eigene Persönlichkeitsentwicklung, verinnerlichen deren Auffassungen und Methoden und machen sie uns zu eigen.

Mit etwas Glück oder wenn er einen kritischen Verstand hat, mag mancher Leser etwas finden, das ihm tatsächlich hilft oder ihm zumindest keinen Schaden zufügt. Die besten Selbsthilfe-Bücher sind wie gute Eltern: Sie vermitteln gesunden Menschenverstand. Viele ähneln jedoch überflüssigen Beratern, die offensichtliche Dinge verschleiern, indem sie sie in einer komplizierten Terminologie ausdrücken und kursiv schreiben, um ihre Arbeit zu rechtfertigen. »Wenn man etwas gegen die Art des Denkens unternehmen will, die die Sucht nach Kummer verstärkt, muß man zunächst das definieren, was ich *kummervolle Gedanken* nenne«, schreibt Robert A. Becker in *Addicted to Misery (Süchtig nach Kummer)*.[2] Experten verpacken dummes Zeug als Geheimnisse, in die sie uns großzügigerweise einweihen. In dem Bestseller *Secrets About Men Every Woman Should Know* (Männergeheimnisse, die jede Frau wissen sollte) offenbart Beverly DeAngelis Geheimnisse wie »Warum Männer beim Sex nicht reden wollen«.[3] Ihre Antwort besteht lediglich darin, daß sie die Frage neu formuliert. Sie sagt: »Männern fällt es schwerer als Frauen, sich verbal auszudrücken und gleichzeitig eine Tätigkeit auszuüben.« Worauf basiert die kühne Annahme eines solchen geschlechtsspezifischen Unterschieds? DeAngelis erhebt ganz einfach den Anspruch, Expertin zu sein – sie hat einen Doktortitel und ganz besondere Einsichten in das Seelenleben der Menschen. Schließlich hat sie auch *How to Make Love All the Time* (Wie man immerzu Liebe machen kann) geschrieben.

Solche allen Ernstes vorgetragenen Albernheiten machen die Selbsthilfe-Bücher so komisch. Daß Millionen Menschen sie ernst nehmen, ist allerdings eine ziemlich ernüchternde Tatsache. Wir sollten eigentlich besorgt darüber sein, daß das typische Selbsthilfe-Buch, das für die breite Masse bestimmt ist und auch von vielen Leuten gelesen wird, die ein College besucht haben, jedem zugänglich ist, der einen ordentlichen Hauptschulabschluß hat. Es sollte uns beunruhigen, daß so viele Leute bereit sind zu glauben, daß man die Antworten auf existentielle Fragen in die bombastischen Aussagen solcher Bücher packen kann, für die mit Aufklebern Werbung gemacht wird. Nur Menschen, die sehr jung sterben, lernen alles, was sie fürs Leben brauchen, im Kindergarten.*

Manche Menschen werden mir den Vorwurf machen, ich sei elitär, weil ich die populäre Selbsthilfe-Literatur und die Recovery-Bewegung so verächtlich behandele; aber es ist nur demokratisch, wenn man sich Gedanken über Belesenheit und kritisches Denken macht. Die Beliebtheit der Bücher, die Parolen und Erfolgsrezepte enthalten, ist nur

* Robert Fulghums Buch *All I Really Need to Know I Learned in Kindergarten* (Alles wirklich Wichtige lernte ich im Kindergarten) war im Studienjahr 1989/90 bei den Studenten die Nummer eins auf der Bestsellerliste. Fulghum wurde 1991 am Smith College zum Hauptredner der Abschlußfeier gewählt, und man bot ihm zum Entsetzen zumindest einer kleinen Zahl von Studierenden einen Ehrentitel an.[4]

Teil eines umfassenderen, häufig beklagten Trends, für den das Fernsehen und das Versagen des Bildungssystems verantwortlich gemacht werden und der auch die Schuld an der allgemeinen Politikverdrossenheit trägt. Intellektuelle aus dem rechten und dem linken Lager beklagen das sinkende Niveau der öffentlichen Diskussion in der gleichen Weise, in der fundamentalistische Prediger gegen den Sex wettern. Ich will nur ein bißchen klagen: Die in letzter Zeit beobachtete Faszination für die Selbsthilfe-Bücher hat wesentlich dazu beigetragen, daß Bücher von allgemeinem Interesse in den Hintergrund gedrängt wurden und sich die Beziehung zwischen Autoren und Lesern veränderte; sie ist nicht mehr so sehr von Partnerschaft und Zusammenarbeit, sondern vielmehr von einer belehrenden Einstellung geprägt. Heutzutage erwartet man selbst von kritischen Büchern Rezepte; sie sollen Schritt für Schritt Lösungen all jener Krisen anbieten, die sie diskutieren. Das Lesen wird zur Flucht vor dem eigenen Denken mißbraucht.

Dieses Buch bietet zum Schluß keinen aus zehn oder zwölf Punkten bestehenden Recovery-Plan an, mit dem man eine »Co-Abhängigkeitskrise«, einen »Co-Abhängigkeitskomplex« oder irgendein anderes »Selbsthilfesyndrom« heilen kann. Es mag sein, daß es eine leichte Methode gibt, die Menschen dazu zu bringen, selbständig zu denken – ich habe sie jedenfalls noch nicht gefunden. (Die schwere Methode ist Bildung.) Dieses Buch liefert keine Rezepte. Als Autorin, nicht als Politikerin, hielt ich es immer schon für legitim, das Recht zu haben, Fragen aufzuwerfen, die ich nicht beantworten kann, sondern statt dessen einen Standpunkt anzubieten.

1. KAPITEL

Wahrscheinlich sind auch Sie co-abhängig: Recovery-Bücher

Meine Buchhandlung hat statt einer Selbsthilfe-Abteilung eine besondere Abteilung mit der Bezeichnung »Recovery«, die direkt neben der Sektion »New Age« liegt. Sie ist voll von Büchern über Sucht, Geistheilen und Co-Abhängigkeit – diese neue Modekrankheit, die für so unterschiedliche Störungen wie Drogenmißbrauch, Alkoholismus, Magersucht, Kindesmißhandlung, Spielleidenschaft, chronisches Zuspätkommen, Angst vor Nähe und mangelndes Selbstwertgefühl verantwortlich gemacht wird. Der Begriff Co-Abhängigkeit, der sich ursprünglich auf die Störungen bezog, unter denen Frauen von Alkoholikern leiden, wurde in den achtziger Jahren von Populärpsychologen und Suchtberatern entdeckt und neu definiert. Heute bezieht er sich auf alle Störungen, die Suchtkrankheiten, ganz gleich, ob eingebildet oder wirklich, betreffen, unter denen Sie oder jemand, der Ihnen nahesteht, leidet. Inzwischen werden mit dieser amorphen Krankheit gute Geschäfte gemacht; sie ist für den Verkauf von Millionen von Büchern, für die Entstehung von Therapiegruppen, teuren Therapieprogrammen und eine jährliche Recovery-Konferenz in Scotsdale, Arizona, verantwortlich. Dem Bericht der ersten landesweiten Konferenz von 1989 zufolge ist Co-Abhängigkeit inzwischen »arriviert«. Experten preisen die

Recovery-Bewegung als eine große nationale Bürgerinitiative.[1]
Co-Abhängigkeit wird als eine Epidemie angesehen, was unter anderem damit zusammenhängt, daß jede nur denkbare Form zwanghaften Verhaltens als Sucht bezeichnet wird. Wir sind ein Volk von Süchtigen; ob es sich um Sex, Wut, Einkaufen oder Eile handelt, alles macht uns süchtig. Früher sprach man von schlechten Angewohnheiten und seelischen Störungen – zum Beispiel von Aschenputtel- und Peter-Pan-Komplexen oder davon, daß intelligente Frauen zu sehr lieben und sich dummerweise Männer aussuchen, von denen sie gehaßt werden –, all das wird heute entweder als eine Form der Sucht, als eine Reaktion auf die Sucht eines anderen Menschen oder als eine Kombination aus beidem betrachtet und ähnlich wie Drogen- oder Alkoholmißbrauch als Co-Abhängigkeitskrankheit angesehen. Wenn die Selbsthilfe-Industrie ein Indikator für unseren Zustand in den neunziger Jahren ist, dann sind wir tatsächlich von den Gedanken an Krankheiten und den Möglichkeiten, sie zu besiegen, besessen. Alle Bücher über Co-Abhängigkeit betonen die heilende Wirkung des Glaubens, der inneren Einkehr und der Enthaltsamkeit. Ganz Amerika fühlt sich wie am Morgen danach und möchte wieder gesund werden.
Fast jeder – 96 Prozent der Amerikaner – leidet unter Co-Abhängigkeit, das jedenfalls behaupten die Experten, und wenn man von ihren großzügigen Definitionen dieser Krankheit ausgeht, stimmt das wahrscheinlich auch. Melody Beattie, Autorin der Bestseller *Codependent No More* und *Beyond Codependency* (Schluß mit der Co-Abhängigkeit/Jenseits der Co-Abhängigkeit), definiert diesen Begriff als die Betroffenheit vom Verhalten eines anderen Menschen und den zwanghaften Wunsch, dieses Verhalten unter Kontrolle

zu bringen.[2] Wem geht das nicht so? Anne Wilson Schaef, Autorin des Bestsellers *When Society Becomes an Addict* und *Codependence: Misunderstood – Mistreated* (Wenn die Gesellschaft süchtig wird/Co-Abhängigkeit: mißverstanden – falsch behandelt), definiert diesen Zustand als »einen Krankheitsprozeß, dessen Voraussetzungen, Überzeugungen und Mangel an spiritueller Bewußtheit zu einem Zustand der Unlebendigkeit führen, der sich zunehmend verschlimmert«.[3]

Daß einige Leser wissen, was das bedeutet, verdanken sie den reduzierten Erwartungen an die Sprache und den Einstellungen und Gefühlen, die die Ideen verdrängten, wie George Orwell es bereits beschrieb. Schaef genügt es, daß Co-Abhängigkeit schlecht ist und jeder darunter leiden kann. Dadurch wird diese Krankheit für sie zu einer Art Markenartikel. Der Begriff Co-Abhängigkeit liefert praktisch jedem, der ein Problem hat, lesen oder eine Kassette hören kann, eine Diagnose und eine Therapiegruppe frei Haus.

Der Büchermarkt hat die Co-Abhängigkeit zwar nicht erfunden, sorgt aber dafür, daß Millionen von Amerikanern Gelegenheit bekommen, sie zu entdecken. Prominente Verlagshäuser von Harper Collins und Prentice Hall bis zum religiösen Verlag Thomas Nelson bieten spezielle Reihen an, die sich auf Recovery und seelische Gesundheit beziehen. Harper in San Francisco, führend auf diesem Gebiet, hat ungefähr achtzig Recovery-Bücher in seinem Programm; einige von ihnen werden gemeinsam mit der Hazeldon-Stiftung, einem Behandlungszentrum für Drogenabhängige, herausgegeben. Die Verkaufszahlen können mit Fug und Recht als phänomenal bezeichnet werden. Auch wenn die Angaben der Verleger immer unzuverlässig sind – sie sind mit großer Wahrscheinlichkeit übertrie-

ben –, sind die Bücher über Co-Abhängigkeit fraglos ungeheuer populär und ein gutes Geschäft.
Den Umsatzzahlen von Harper zufolge stand einer seiner Verkaufserfolge, Melody Beatties Taschenbuch *Co-Dependent No More*, über hundert Wochen lang auf der Bestsellerliste der New York Times und wurde über zwei Millionen Male verkauft. *Beyond Co-Dependency*, von der gleichen Autorin, ist inzwischen 500 000mal verkauft worden. Auch Anne Wilson Schaef schreibt für den Harper-Verlag in San Francisco. Zwei ihrer Bücher, *Co-Dependence: Misunderstood – Mistreated* und *Womens Reality: An Emerging Female System in a White Male Society* (Die Wirklichkeit der Frau: Ein neues weibliches System in einer von weißen Männern bestimmten Gesellschaft), sind 300 000mal verkauft worden. Ihr 1990 erschienener Titel *Meditations for Women Who Do Too Much* (Meditationen für Frauen, die zuviel tun) hat es in einem Jahr auf über 400 000 verkaufte Exemplare gebracht.
Auch kleinere Verlagshäuser haben sich ein großes Stück von diesem Kuchen abgeschnitten. Health Communications, Inc. (HCI), ein Verlag, der sich auf Taschenbücher über Co-Abhängigkeit spezialisiert hat, führt etwa zweihundert Titel, zu denen auch einige Bestseller zählen. Den Verkaufszahlen des HCI-Verlags zufolge wurde der Spitzenrenner *Adult Children of Alcoholics* (Erwachsene Kinder von Alkoholikern) von Janet Woitetz 1991 zwei Millionen Male verkauft. Charles Whitfields *Healing the Child within* (Heilen des inneren Kindes) und John Bradshaws *Mut zur Selbstverantwortung* und *Wenn Scham krank macht* kamen jeweils auf über 800 000 verkaufte Exemplare. HCI erwartet für 1991 Nettoverkaufszahlen von ungefähr zwei Millionen. Bei all diesen unzähligen Büchern über Co-Abhängigkeit (ich habe etwa fünfunddreißig gelesen) fällt

einem auf, wie sehr sich alle ähneln. Sie unterscheiden sich höchstens im Hinblick auf das sprachliche Niveau und die unterschiedliche Gewichtung der Theorie der Co-Abhängigkeit oder der Recovery-Methoden. Alle beschreiben die gleichen Syndrome und benutzen dabei den gleichen Jargon, alle empfehlen die gleiche Heilmethode – Teilnahme an einer Therapiegruppe, die sich ganz offen zu einem religiösen Programm bekennt, und die Betonung der Unterwerfung unter eine höhere Macht, die sie von den Anonymen Alkoholikern übernommen haben. Bücher über Co-Abhängigkeit stehen in den Regalen wie verschiedene Sorten Aspirin in einer Apotheke. Ein Verleger drückte das einmal treffend aus: »Viele Menschen möchten gern wissen, warum sie nicht glücklich sind.«[4]

Wie die Autoren der Bücher über Co-Abhängigkeit betonen, fängt das Unglück der Leute zu Hause in der gestörten Familie an. Sie lehnen sich dabei stark an die Theorien der Familiensysteme an und erklären uns, wie sich der einzelne in Beziehung zu seiner oder als Reaktion auf seine Familie entwickelt. In der Welt der Co-Abhängigkeit sind Familien eine Brutstätte von Krankheiten: Sie erzeugen »toxische« Scham, »toxischen« Zorn, »toxische« Selbstzweifel, jede Menge an »toxischen« Abhängigkeiten und eine »toxische« Beschäftigung mit dem eigenen Privatleben. (Geheimnisse sind »toxisch«, erfahren wir auch von der Präsidententochter Patti Davis in *Vanity Fair*, die damit ihre Entscheidung rechtfertigt, ein Enthüllungsbuch über ihre Eltern Ronald und Nancy Reagan zu schreiben.)

Co-Abhängigkeit wird entweder auf schlechte Behandlung durch die Eltern oder, dramatischer, auf Kindesmißbrauch zurückgeführt. Sie wird dadurch zu einer Krankheit, die mehrere Generationen befällt: Kindesmißbrauch – der nach der weit gefaßten Definition jegliche seelische oder körperliche Vernachlässigung oder Mißachtung einschließt – führt zu Kindesmißbrauch, Magersucht und anderen Formen der Selbstverstümmelung. Und darauf ist mit Sicherheit ein Teil der Faszination zurückzuführen, die das Konzept der Co-Abhängigkeit auf die Menschen ausübt. Wir waren alle von unseren Familien fasziniert. Keine Seifenoper kann spannender sein als unsere eigene.

Bücher über Co-Abhängigkeit führen Sie in Ihre Kindheit zurück, damit Sie erkennen können, auf wie viele Arten Sie mißbraucht worden sind und welche »negativen Botschaften« Sie verinnerlicht haben. Übungen, Quizfragen und Satzergänzungen wie zum Beispiel »Mir fällt es schwer, in Anwesenheit meines Vaters meine eigenen Gefühle zu erleben, wenn …« sollen Sie bei der Auswertung und der obligatorischen »Trauerarbeit« unterstützen. Am Ende eines jeden Kapitels werden Ihnen Fragen gestellt, mit denen getestet wird, ob Sie das Gelesene auch verstanden haben. (Die meisten dieser Bücher erinnern mich an meine Schulbücher.) Meditationen und Visualisationen helfen Ihnen, sich durch Ihre verstopften Energiesysteme durchzuarbeiten. Mit Hilfe simpler diagnostischer Formeln können Sie Ihren Co-Abhängigkeitswert, Ihren Platz auf einer Sorgenskala oder den Durchschnittswert Ihrer posttraumatischen Streßstörung (PTSD = post-traumatic stress disorder) bestimmen. Sie werden aufgefordert, ein »Tagebuch« zu führen, in dem Sie jeden Tag Ihre Gefühle protokollieren. (Einige der Bücher über Co-Abhängigkeit, sog. »Arbeitsbücher«, enthalten hierfür leere Seiten.) Und Sie können Ihr eigenes Syndrom unter dem üblichen Sammelsurium von Fallgeschichten aufspüren, in denen das Leben angeblich tatsächlich existierender Menschen, die als Kind mißbraucht worden sind, bis ins Erwachsenenalter verfolgt wird. Sehr wahrscheinlich handelt es sich hier um fiktive Fälle. Der Leser wird aufgefordert, seine eigene Vergangenheit zu rekonstruieren, indem er Familienstammbäume (»Genogramme«) zeichnet, in denen die Geschichte seines Mißbrauchs dargestellt wird: Großvater war Alkoholiker, die Mutter muß zwanghaft immer wieder alles ins Lot bringen, und Onkel Murray wiegt 250 Pfund. Vater ist ein Sexomane, die Schwester magersüchtig, und Sie selbst haben nur mit verheirateten Männern Verhältnisse.

Hinter all dieser Dummheit und hinter dem Jargon können sich vernünftige Gedanken verbergen, die etwas darüber aussagen, wie sich die Persönlichkeit im Drama des Familienlebens entwickelt. Das Problem besteht darin, daß ein anderer das Drehbuch für die Konsumenten der Co-Abhängigkeitsbücher schreibt. Man ermuntert sie, sich als Opfer des Familienlebens zu betrachten und nicht als selbstbestimmte Teilnehmer. Sie sollen glauben, daß die Autonomie des Individuums etwas Unmögliches ist; zumindest bietet die Literatur über Co-Abhängigkeit wenig Lektionen an, in denen ein Mensch etwas über den Grad der Selbständigkeit erfährt, den er erreichen kann. Das Selbst wird selten für sich betrachtet.

»Wir können nicht ganz für uns allein eine Identität haben«, betont John Bradshaw in seinem Buch *Bradshaw On: The Family,* dem 1988 erschienenen Bestseller, den er auf der Grundlage seiner Fernsehserie geschrieben hat. »Unsere Realität wird von Anfang an durch eine *Beziehung* bestimmt.«[5] Ich habe keine Zweifel am Wahrheitsgehalt dieser Behauptung, ich stelle nur ihren Stellenwert in Frage. Unsere Realität wird auch durch unsere Gesellschaft und durch unsere Kultur geprägt – durch unsere Rasse, unsere Religion und unseren sozioökonomischen Status –, ebenso durch das Wetter. Irgendwie sind wir letzten Endes jedoch für uns selbst verantwortlich; man kann sich darüber streiten, welche Faktoren uns geformt haben. Es mag sein, daß die Autoren der Bücher über Co-Abhängigkeit dieses Argument berücksichtigen, aber es erstickt bei ihnen unter einem Berg von Familiengeschichten und Beziehungsdiagrammen. Diese Experten erzählen uns, daß Menschen durch ihre Familie geprägt werden, und tun so, als wäre das etwas ganz Neues und als würde die Geschichte der Persönlichkeit mit dem Leben in der Ursprungsfamilie enden, während sie in Wirklichkeit dort erst beginnt. Für eine Selbsthilfebewegung ist die Recovery auffallend deterministisch.

Die Persönlichkeit eines Kindes aus einer gestörten Familie – auf welche trifft dieses Attribut nicht zu? – wird angeblich schon ganz früh durch die schlechten Beziehungen geprägt: Bei Co-Abhängigen ist die »Individuation« gestört, sie haben Abgrenzungsprobleme, sind verwirrt und wissen nicht genau, wo sie selbst aufhören und die anderen Menschen beginnen. »Erwachsenwerden heißt, daß wir unsere fundamentale Einsamkeit akzeptieren«, verkündet Bradshaw,[6] obwohl in der Recovery keiner jemals allein ist; außerhalb ihrer Therapiegruppe ist Gott bei ihnen. Aber die Verfasser der Bücher über Co-Abhängigkeit sind sehr oft inkonsequent; wie Politiker sagen sie mitunter etwas, das im Augenblick richtig klingt. Die Individuation wird als Ziel der Recovery angesehen, aber es fällt einem schwer, sich vorzustellen, wie man dieses Ziel jemals erreichen soll, da man ja über keine eigene Identität verfügt. Ich vermute, daß die Co-Abhängigen, die sich in Recovery befinden, die mißlungene Individuation als Vorwand mißbrauchen, um die wirkliche Individuation nicht anstreben zu müssen. Gestörte Familien opfern ihre Mitglieder dem Familiensystem, versichert uns Bradshaw: *»Das Individuum dient dazu, das System im Gleichgewicht zu halten.«*[7]

In unserer Kultur haben die Frauen seit jeher den größten Teil der Verantwortung für das seelische Gleichgewicht der Familie getragen, und Co-Abhängigkeit wird oft als weibliche Krankheit beziehungsweise Weiblichkeit als eine Form der Co-Abhängigkeit bezeichnet. Co-Abhängigkeit ist die »Grundprogrammierung der Frau«, schreibt Charlotte Davis Kasl in *Women, Sex and Addiction* (Frauen, Sex und Sucht), einer der wenigen einigermaßen intelligenten feministischen Analysen der Sucht.[8] Die populäre New-Age-Feministin Anne Wilson Schaef versichert in *Co-Dependence: Misunderstood – Mistreated:* »Die nichtemanzipierte Frau ist gleichzeitig die co-abhängige Frau.... Sie orientiert sich bei ihrer Identitätssuche ausschließlich an der Außenwelt.«[9] Viele Co-Abhängige, die in den Büchern über Co-Abhängigkeit beschrieben werden, sind Männer, aber der größte Teil dieser Bücher wurde für Frauen geschrieben – für Frauen, die sich sowohl für ihre Männer und Väter interessieren als auch für sich selbst. Nach den Aussagen eines Verlegers besteht der Markt für Bücher über Co-Abhängigkeit zu 85 Prozent aus Frauen.

Es gibt unterschiedliche feministische Ansichten über dieses hauptsächlich weibliche Phänomen. Das Programm der Recovery enthält auch einige populäre feministische Ideale: Die Frauen werden ermutigt, sich weder unterdrücken zu lassen noch sich selbst zu verleugnen. Wenn man allerdings Weiblichkeit als Krankheit bezeichnet, verwischt man die Tatsache, daß viele Frauen durch die äußeren Umstände und nicht durch ihre eigene Schwäche in eine Zwangslage geraten und mißbraucht werden. Weil sie die Situation falsch einschätzen oder ganz einfach Pech haben, landen sie in einer Ehe, in der sie mißbraucht werden, ohne sich dessen bewußt zu sein. Und das hat nichts mit Masochismus zu tun; sie harren dann aus, weil sie es sich nicht leisten können wegzugehen, entweder weil ihnen eine hinreichende Ausbildung fehlt und ihre Arbeitsmöglichkeiten begrenzt sind oder weil sie kleine Kinder haben und es keinen Tageskindergarten gibt. Solche Probleme sind sowohl politischer als auch persönlicher Natur; sie erfordern sowohl kollektives als auch persönliches Handeln, sowohl Objektivität als auch Introspektion.

Die Ansicht, die nichtemanzipierte Frau sei krank, steht der Meinung der Feministinnen entgegen, die sie als Unterdrückte sehen. Zwischen beiden schafft die Auffassung von der gesunden Emanzipation einen Ausgleich. Die Theorie der Co-Abhängigkeit birgt in sich einige abgeschwächte feministische Ideale, die häufig im New-Age-Jargon formuliert werden: John Bradshaw beschreibt eine gute Beziehung als eine, die »auf Gleichheit basiert, auf der Gleichheit zweier sich selbst verwirklichender spiritueller Wesen, die sich auf ihrer Seinsebene miteinander verbinden«.[10]

Was auch immer »sich selbst verwirklichende spirituelle Wesen« sein mögen, sie sind in unserer Kultur dünn gesät, ganz gleich, ob männlich oder weiblich, darüber sind Bradshaw und die anderen sich einig: Die Frauen stehen mit ihrem Problem nicht allein da. Die Männer sind in einer komplementären Weise krank, und die Gesellschaft selbst ist süchtig – Rüstungswettlauf, Unterdrückung der Gefühle, Anhäufung von Kapital, Vergrößerung des Ozonlochs. Diese Suchtformen sind Ausdruck dessen, was implizit als Krankheit der Maskulinität verdammt wird – das rationalistische Denken, das Denken mit der linken Hirnhälfte. In *When Society Becomes an Addict* (Wenn die Gesellschaft süchtig wird) schreibt Anne Wilson Schaef, daß das »System der weißen Männer«, von dem wir beherrscht werden, süchtig sei.[11] Bescheiden kommentierte sie in ihrem ersten Buch *Co-Dependence: Misunderstood – Mistreated*: »Wenn wir über

Sucht reden, reden wir über die Zivilisation, so, wie wir sie kennen.«[12]

Wenn man auf diese Weise Co-Abhängigkeit als epidemische, institutionalisierte Krankheit betrachtet, spricht man als Autor nicht nur den größtmöglichen Leserkreis an – nämlich jeden –, sondern erfüllt die Leser auch mit messianischem Eifer. Co-Abhängigkeit wird sowohl für den einzelnen als auch für die ganze Nation als verhängnisvoll angesehen. Sie verursacht Krebs und andere Erkrankungen, die mit Streß in Verbindung gebracht werden, führt zur Umweltverschmutzung und zum Krieg; das erklären jedenfalls die Experten.

Wenn die ganze Gesellschaft und jeder einzelne süchtig, selbstzerstörerisch und mit einer aus der linken Hirnhälfte stammenden Rationalität infiziert ist, dann gehören die Recovery-Leute zu einer auserwählten kleinen Elite erleuchteter, wenn auch irrationaler Selbstverwirklicher, die glauben mit ihrer Weisheit die Welt retten zu können. Nur die Menschen, die sich auf dem Weg der Gesundung von den Auswirkungen dieses von Sucht geprägten Systems befinden, können dazu beitragen, es zu heilen.[13] Sogar die Fachleute müssen also zugeben, daß sie selbst rekonvaleszierende Co-Abhängige sind, und die Bücher über Co-Abhängigkeit stellen daher zumindest teilweise Bekenntnisse dar, wie wir sie von den Anonymen Alkoholikern kennen: »Guten Tag. Ich heiße Carla und erhole mich gerade von ungefähr jeder Form der Sucht, die es gibt«, bekennt Carla Wills-Brandon munter auf der ersten Seite ihres Buches *Is It Love or Is It Sex?* (Ist es Liebe, oder ist es Sex?)[14] Eigene Erfahrungen mit Suchtkrankheiten haben als Referenzen den gleichen Stellenwert wie akademische Titel, was zum Teil damit zusammenhängt, daß die Berufswelt der Therapeuten selbst angeblich ein Nest »praktizierender« Co-Abhängiger ist. Lynne Namka, Verfasserin des Buches *The Doormat Syndrome* (Das Fußabtretersyndrom), warnt davor, sich einen Therapeuten zu suchen, »der weniger seelische Probleme hat als Sie selbst«.[15]

Solche Bekenntnisse können dem Leser bestenfalls für kurze Zeit das Gefühl einer gleichberechtigten Beziehung zwischen ihm und dem Experten vermitteln. Trotzdem bleibt es eine Tatsache, daß der eine Ratschläge verkauft und der andere sie kauft. Trotz ihrer scheinbaren Identifikation mit den anderen Co-Abhängigen, die Heilung suchen, weisen die Experten gern auf ihre beruflichen Referenzen hin und vergessen nie, ihre akademischen Titel zu erwähnen: Sie sind Doktoren der Medizin oder Magister der Erziehungswissenschaften, und hin und wieder tauchen auch einmal ein paar Doktoren der Philosophie auf, die sich nicht entblöden, sich mit der Aura des Fachmanns zu umgeben, obwohl sie gar keiner sind. Sie beschwören die moralische Autorität der Opfer, die sich zu ihrer Sucht bekennen, und fordern Respekt vor den »Überlebenden«. In den neunziger Jahren wollte jeder ein Überlebender sein, so als gäbe es nur die Wahl zwischen Überlebendem oder Opfer. »ÜBERLEBENDER DES ERDBEBENS SIEDELT UM, sucht ›humanistisch‹ orientiertes männliches Wesen«, stand in einer Anzeige der *New York Review of Books*. Auf T-Shirts findet man Aufdrucke wie »Ich habe den U-Bahn- Streik, den 88er Sommer, meinen ersten Mann überlebt«. Leute, die sich in der Recovery befinden, können sich ähnlich wie die Witzfiguren im *New Yorker* auf einer Cocktailparty brüsten: »Ich habe die Co-Abhängigkeit überlebt.«

Der Prozeß der Recovery – denn sie ist, wie die Experten wiederholt erklären, kein Ereignis – kann mehr bringen als nur das Überleben. Der durch die Recovery gewonnene neue »Lebensstil« soll angeblich zu einer Wiedergeburt führen. Sein Ziel ist die Heilung des »inneren Kindes« – des verletzten Kindes, das sich vor der Deprivation und dem Mißbrauch in die hintersten Winkel Ihrer Seele geflüchtet hat.

Möglicherweise ist das innere Kind auch die Seele: »*Wir alle tragen in uns ein ewiges Kind*«, schreibt Jeremiah Abrams in *Reclaiming the Inner Child* (Die Rückforderung des inneren Kindes), einer eklektizistischen Sammlung von Aufsätzen über das innere Kind, die entweder banal, dümmlich oder unverständlich sind.[16] Die Theorie vom inneren Kind ist eine ähnlich eklektizistische Mischung aus Jung, New-Age-Mystizismus, Mythologie des göttlichen Kindes, populärer Psychologie, der psychoanalytischen Theorie des Narzißmus und der Schaffung eines falschen Selbst, das Gefühle vortäuscht, ohne sie wirklich zu erleben.

Die Co-Abhängigkeit, zu der der Narzißmus und die meisten anderen Störungen zählen, wird häufig als die Unfähigkeit beschrieben, echte Gefühle zu erleben: Die Sucht »maskiert« die echten Gefühle und das wahre, kindliche Selbst. Co-Abhängige werden als »erwachsene Kinder« betrachtet. Auch wenn manche mehr an Scrooge als an Peter Pan erinnern, verbirgt sich doch in jedem ein Däumling.

Das innere Kind ist immer gut – unschuldig und rein –, so wie die meisten, sehr gefühlvoll dargestellten Figuren bei Charles Dickens, und das heißt, daß die meisten Menschen im Grunde gut sind und vor allem erlöst werden können: Selbst ein Schwerverbrecher hat ein inneres Kind. Das Böse ist nur eine Maske – eine Störung oder »Dysfunktion«.

Die therapeutische Auffassung, daß das Böse eine Krankheit und keine Sünde ist, ist ein wesentliches Kennzeichen der Theorie von der Co-Abhängigkeit – sie ist keine Höllenfeuer-Theologie. Kinder zu »beschämen«, indem man ihnen sagt, sie seien böse, wird als eine Grundform des

Mißbrauchs betrachtet. Schuldgefühle und Scham »bringen im Leben keinen Nutzen«, schreibt Melody Beattie ganz ernst in *Codependent No More.* »Schuldgefühle machen *alles* nur noch schwieriger. ... Wir müssen uns verzeihen.«[17] Beattie sollte sich ins Gedächtnis rufen, daß wir Menschen, die weder Schuldgefühle noch Scham kennen, Soziopathen nennen. Wir sollten froh sein, daß Schuldgefühle so etwas wie Mord und moralische Korruption »schwieriger« machen.

Es ist allerdings nicht ganz fair, wenn man Beattie und anderen Co-Abhängigkeitsexperten vorwirft, sie relativierten die Moral, denn sie machen einen Unterschied zwischen gesundem und ungesundem Verhalten. Außerhalb der Kirche oder des Gerichts ist der Unterschied zwischen Krankheit und Sünde womöglich tatsächlich nur semantischer Natur. Krankheit läßt sich allerdings besser vermarkten als Sünde: Leser, die es gut und praktisch finden, als Opfer einer Krankheit diagnostiziert zu werden, hätten es wahrscheinlich nicht so gern, wenn man sie als böse bezeichnen würde. Die Lehre vom inneren Kind garantiert uns, daß jedem vergeben wird und jeder gerettet werden kann. Das, was zunächst wie eine therapeutische Betrachtung des Bösen aussieht, entpuppt sich letzten Endes als Religion: Die Theorie der Co-Abhängigkeit ersetzt Freuds Unbewußtes mit seinen bösen Impulsen und dramatischen inneren Konflikten durch die friedliche, glückliche Vision eines inneren Kindes. Da niemand böse oder »ungesunde« Triebe in sich birgt, da sich im Inneren eines jeden Süchtigen ein göttliches Kind danach sehnt, befreit zu werden, enthält die Recovery die Verheißung der Erlösung.

Diese Religiosität unterscheidet die Literatur der Co-Abhängigkeit von den Büchern der siebziger und frühen achtziger Jahre, die vornehmlich die Persönlichkeitsentwicklung und Beziehungsprobleme behandelten. Typische Bücher wie Colette Dowlings *The Cinderella Complex* (Der Aschenputtelkomplex) und Dr. Joyce Brothers *How to Get Whatever You Want Out of Life* (Wie Sie vom Leben all das bekommen können, was Sie sich wünschen) beschäftigten sich mit der seelischen und nicht mit der spirituellen Gesundheit des Menschen – bei ihnen geht es um Glück, Selbstbewußtsein, Liebe und Erfolg im Diesseits, nicht um Erlösung. Die Literatur der Co-Abhängigkeit verbindet die populäre Psychologie und den Pop-Feminismus dieser Bücher mit dem Spiritualismus des New Age und vor allem mit bestimmten Idealen der Evangelien. Sucht und Recovery erinnern stark an Sünde und Erlösung. Die Sucht wird oft als Anbetung eines falschen Gottes betrachtet; die Recovery führt zum wahren Gott. Das Leid, das mit der Sucht verbunden ist, hat einen Sinn, reinigt die Seele und bereitet Sie darauf vor zu dienen. John Bradshaw schreibt: »Ohne das Leid, das ich durchgemacht habe, wäre ich nicht in der Lage, Zeugnis abzulegen.«[18] Die Sünde kann der niedere Weg zur Erlösung sein, erklärt Jimmy Swaggart. Viele Co-Abhängige sind in einer vertrauten, konfessionellen Weise stolz auf ihre Störungen, so, als wäre jede Form der Sucht eine Feuerprobe.

Es ist nicht weiter verwunderlich, daß die Theorie der Co-Abhängigkeit von einer neuen Generation selbsternannter »christlicher Therapeuten« begeistert aufgenommen wurde. Thomas Nelson, ein Verleger religiöser Literatur, gibt in Zusammenarbeit mit der Minirth-Meier-Klinik, einer christlich orientierten psychiatrischen Klinik in Texas, eine Reihe von Büchern über Co-Abhängigkeit heraus. Statt ganz allgemein von einer höheren Macht zu sprechen, beziehen sich die Autoren von Minirth-Meier direkt auf Gott und behaupten, bei Jesus wäre jeder besser aufgehoben. Außerdem neigen sie dazu, die traditionellen Geschlechterrollen zu propagieren und den Feminismus zu verdammen: Abtreibung ist Sünde, und Mütter, die sich politisch betätigen, mißbrauchen ihre Kinder (hier wird klar, auf welche Weise die sehr breit angelegten Definitionen des Kindesmißbrauchs gegen die Frauen verwendet werden können). Aber trotz der offensichtlich christlichen Tendenz dieser Bücher ähneln sie im Grunde stark der eher weltlich orientierten Literatur über Co-Abhängigkeit. Bei der Vorstellung ihrer Fallgeschichten, ihren Analysen des Familienlebens und ihrer Darstellung der Sucht verwenden sie den gleichen Jargon. Da die Theorie der Co-Abhängigkeit im Grunde religiös und im wesentlichen christlich orientiert ist, brauchen die christlichen Therapeuten sich nicht an die Co-Abhängigkeitstheorie anzupassen; sie können sie direkt übernehmen.

Die Krankheit der Co-Abhängigkeit ist wahrscheinlich eine Art Fieber, das etwas mit der Jahrtausendwende zu tun hat. Im letzten Jahrzehnt des zwanzigsten Jahrhunderts möchte jeder wiedergeboren werden; und in der Recovery geschieht das auch. Ganz gleich, wie böse Sie in den narzißtischen siebziger und den habgierigen achtziger Jahren waren, ganz gleich, wie viele Drogen Sie zu sich genommen, wieviel Sex Sie praktiziert haben oder wie korrupt Sie waren, Sie sind trotz allem im Grunde unschuldig: Das göttliche Kind in Ihrem Inneren wird selbst durch die schlimmsten Sünden, die Sie begehen, nicht berührt.

Dieser unerbittliche Optimismus ließ mich bei Kafka, diesem unverbesserlichen, verstockten Co-Abhängigen, und bei einigen altmodischen Predigten Zuflucht suchen. Gott gibt eine Menge negativer Botschaften von sich (Du sollst nicht ...), daran erinnert uns Rabbi Harlan J. Wechsler, ein gescheiter, wenn auch etwas onkelhafter Anwalt des Gewissens und der Vernunft, in seinem Buch *What's So Bad About Guilt?* (Was ist so schlimm an Schuldgefühlen?). Gebrauchen Sie Ihren Verstand, wenn Sie moralische Urteile fällen, und denken Sie sich konstruktive Bestrafungen für sich selbst und für andere aus, lauten seine gotteslästerlichen Vorschläge: »Wenn Ihr Mann Sie wegen einer jüngeren Frau verläßt, sollten Sie ihn beschimpfen, bestrafen und ihm die Hölle heiß machen.«[19]

In der Recovery gibt es natürlich keine Rache und nur selten alttestamentarische Gerechtigkeit. Gott äußert nur süßliche, positive Botschaften – Zusicherungen wie »Du bist liebenswert«. Eine wichtige Methode der Recovery besteht darin, daß man sich täglich selbst Zusicherungen gibt. Dazu kommen die Visualisierungen – Sehen Sie sich selbst als glücklichen Menschen, als spirituelle »Ganzheit« oder als Ihr inneres Kind. »Die Energie folgt auf den Gedanken«, erklärt Lynne Namka in *The Doormat Syndrome.* »Sie werden das, was Sie denken.«[20]

»Stellen Sie sich etwas bildlich vor«, befahl uns Norman Vincent Peale 1952 in seinem Buch *The Power of Positive Thinking* (Die Macht des positiven Denkens). Wenn Ihr Mann Sie verlassen will, stellen Sie sich vor, wie er zufrieden in seinem Lieblingssessel sitzt, dann wird er bleiben, sagt Peale. Das ist zwar absolut magisches Denken, aber Peale behauptet: »Was man tief im Herzen erwartet, wird man erreichen.«[21] Er gibt seinen Lesern den Rat, sich eine »Glücksgewohnheit« anzueignen, indem sie sich täglich glückliche Gedanken machen. Wenn Sie sich vorstellen, daß Sie erfolgreich sind, werden Sie es auch sein, genau wie die kleine Lokomotive in dem Märchen (The Little Engine That Could).

Die Autoren der Bücher über Co-Abhängigkeit scheinen

nicht ganz so materialistisch zu sein wie Peale, und sie übersehen auch nicht wie er die sozialen Ungerechtigkeiten – (für Peale sind alle Probleme auf falsche Einstellungen zurückzuführen). Sie behaupten auch nicht, Recovery sei leicht. Trotzdem schulden sie ihm viel – wie er beziehen sie sich auf einfache, allgemein anwendbare Methoden, mit denen eine Veränderung des Individuums bewirkt werden kann, und auch sie glauben an automatische Verhaltensweisen wie zum Beispiel das tägliche Herbeten von Zusicherungen. Der Recovery-»Lebensstil« verspricht uns, daß wir nicht die Opfer unserer Familien bleiben müssen; die Verletzungen der Kindheit müssen nicht unheilbar sein. Genau wie Peale sind die Autoren der Co-Abhängigkeitsbewegung davon überzeugt, daß Glück, Gesundheit und spirituelles Wohlbefinden für jeden erreichbar sind, wenn er nur an die Methoden glaubt und sie gehorsam anwendet.

Recovery ist jedoch kein Willensakt. Eigenwilligkeit hat zur Sucht geführt; die Absage und nicht das ständige Bekenntnis zum Willen ist die Heilung. (Ich hörte einmal, wie ein Alkoholiker zur Erklärung eines Rückfalls sagte: »Ich habe mir meinen Willen zurückgeholt.«) Bei der Recovery besteht der erste Schritt daraus zuzugeben, daß man keine Macht über seine Sucht hat und nicht in der Lage ist, die eigene Willenskraft einzusetzen, um wieder gesund zu werden; der nächste Schritt ist die Unterwerfung des Willens unter eine höhere Macht. Die Recovery-Bewegung verlangt die Unterwerfung des Selbst und ist damit nicht psychotherapeutisch, sondern im wesentlichen religiös. Sie erinnert stark an die Erweckungsbewegung und zum Teil auch an die »Christliche Wissenschaft«.

Stellen Sie sich einmal vor, die Parole der Recovery – »Gib zu, daß du ohnmächtig bist, und unterwirf dich!« – wäre eine politische, dann wird Ihnen sofort klar, was an dieser Bewegung nicht stimmt. Das ist kaum der passende Leitspruch für Demokratie und Mitbestimmung. Und auch bei einer quasi religiösen Bewegung ist er kaum weniger besorgniserregend, vor allem wenn man an die jüngste Geschichte der Kultbegeisterung in unserem Land denkt. Ich will damit nicht sagen, daß die Recovery ein Kult ist (dazu ist sie viel zu schlecht organisiert) oder daß ihre Experten alle kleine Jim Jones sind. Zwar werden einige von ihnen von ihren Anhängern verehrt und dulden kaum Widerspruch, viele sind jedoch vermutlich redliche und relativ gutmütige Ratgeber. Sie betonen, daß die Forderung nach Unterwerfung durch die Tatsache gemildert wird, daß das Konzept einer höheren Macht sich als ein sehr persönliches darstellt: Jeder Mann und jede Frau soll sich seiner oder ihrer eigenen Vorstellung von Gott unterwerfen, was zweifellos besser ist, als einen fremden Gott anbeten zu müssen. Aber wenn wir uns ein Bild von uns selbst machen, wenn wir uns als aktiv oder passiv, abhängig oder unabhängig betrachten, ist es nicht so wichtig, wie wir uns unsere Götter vorstellen. Entscheidend ist, ob unser Verhältnis zu ihnen unterwürfig oder partnerschaftlich ist.

Recovery-Experten würden sagen, daß die Botschaft über die Unterwerfung der Menschen nicht den Sinn hat, ihnen die Verantwortung für ihre eigene Gesundung abzunehmen, und das stimmt zumindest teilweise. Die Überwindung einer echten Sucht oder eines destruktiven Verhaltensmusters erfordert offensichtlich individuelle Motivation und Selbstdisziplin. Es trifft auch zu, daß das religiöse Ideal der Unterwerfung des Selbst, das die Grundlage der Recovery-Bewegung darstellt, ziemlich komplex sein kann, das beweisen zahlreiche Disputationen über Willensfreiheit und Erlösung.

Die moderne Erweckungsbewegung, die auf den Anfang des 18. Jahrhunderts zurückgeht, stellte zum Teil eine Revision der ziemlich deprimierenden und ihrem Wesen nach unamerikanischen, calvinistischen Gedanken dar, nach denen das Schicksal des Menschen vorbestimmt und die Menschheit nicht in der Lage ist, sich selbst zu erlösen. Die ersten populären Vertreter der Erweckungsbewegung des 19. Jahrhunderts, vor allem Charles Grandison Finney, lehnten die Vorstellung ab, daß die Menschen nur passive Empfänger von Gnade oder Verdammnis seien: Sie können den Weg zum Heil durch ihr eigenes Zutun abkürzen, indem sie ihre Herzen für Gott öffnen und sich bekehren lassen. Die Erweckungsbewegung führte den Gedanken menschlichen Handelns in das Drama der Erlösung ein.[22]

Wenn jeder Mann und sogar jede Frau in diesem Drama eine Rolle spielten, waren Erweckungsprediger wie Finney die Stars. Wanderprediger, die das ganze Land durchstreiften, beschleunigten die Bekehrungen, indem sie bewußt die Emotionen der Leute weckten und manipulierten und sich dabei auf ihre natürliche Begabung für Massenpsychologie verließen. Diese Handelsvertreter Gottes wußten genau, wie man erfolgreich wirbt. Finney verfaßte sogar ein Buch mit Anleitungen für Leute, die Prediger werden wollten, ein »professionelles Handbuch der Erweckungsmethoden«.[23]

Die Erweckungsbewegung fühlte sich ziemlich stark dem Gleichheitsgedanken verpflichtet, umging die etablierten Kirchen und konzentrierte sich auf die Beziehung des einzelnen zu Gott. Auch die Recovery-Bewegung wird gewöhnlich wegen ihrer Gleichberechtigung gepriesen; ihre Befürworter behaupten, daß die Support-Gruppen eine kostenlose, nicht autoritäre Alternative zu den herkömmlichen

Therapiemethoden bieten, und sie betonen ganz besonders, daß die Recovery – ähnlich wie die Erlösung – einen individuellen Weg einschlägt. Aber es ist kein autonomer Weg, keine Reise, die man allein antritt. Paradoxerweise wird bei der Erweckung und bei der Recovery individuelle Erlösung durch Eintauchen in die Menge gesucht.

Die Recovery hat uns allerdings nicht die gleiche, alte Religion zurückgebracht; sie bietet uns einen freundlicheren, sanfteren Gott, der uns nicht verurteilt. Ihre Experten halten nichts von strengen, furchteinflößenden Predigten; in ihrer Theologie ist die Verweigerung das Schlimmste, was einem passieren kann, man muß jedoch nicht mit ewiger Verdammnis rechnen. Häufig kritisieren sie ganz offen die strenge Autorität der Kirche oder der Familie. Tadelnde, an Regeln gebundene Eltern erzeugen bei ihren Kindern »toxische« Scham, tadelnde, an Regeln gebundene Prediger erzeugen »toxischen« Glauben, das gilt für die Gurus des New Age, für Führer bestimmter Kultgemeinden und andere Verkünder des »falschen« Glaubens (auch Religion kann toxisch sein, warnen die Fachleute). Experten für Co-Abhängigkeit sind in ihren Büchern auf eine sehr sanfte Weise autoritär. Sie übernehmen die Rolle mustergültiger Eltern, und ihre erwachsenen Kinder haben keine Angst vor ihnen, sondern lieben sie und vertrauen ihnen.

Die Recovery-Bewegung ähnelt einer modernen Werbekampagne: Beide lassen dem Betroffenen scheinbar seine Freiheit. Die Leute werden nicht so offensichtlich manipuliert, daß es ihnen bewußt wird; die Rollen der Menge und die der Experten sind subtiler definiert als in der Erweckungsbewegung. Den Verbrauchern ist es freigestellt, ob sie ein Buch über Co-Abhängigkeit kaufen oder nicht, und sie bestimmen selbst, ob und wie oft sie an einer der

Support-Gruppen teilnehmen wollen, die im allgemeinen jedem offenstehen. Niemand muß etwas sagen, und direkte Reaktionen auf die Bekenntnisse anderer Teilnehmer oder Kommentare zu den Problemen anderer Leute werden in der Regel mißbilligt. Die Gruppen sollen keine Urteile fällen, und jeder soll möglichst nur über sich selbst reden.

Wenn Sie jedoch erleben, wie jeder rekonvaleszierende Co-Abhängige seinen Kampf im gleichen Jargon und mit den gleichen Klischees beschreibt, dann hören Sie die Stimme der Masse. Natürlich wird eine Gruppe unter anderem dadurch zusammengehalten, daß alle die gleiche Sprache sprechen, und der Erfolg eines jeden kulturellen Phänomens drückt sich unter anderem durch das Maß aus, in dem sein Vokabular in den allgemeinen Sprachgebrauch übergegangen ist. Wir wußten genau, daß die Gegenkultur ihren Höhepunkt erreicht hatte, als Leute der Mittelschicht von den »abgehobenen« (»far-out«) Dingen redeten, mit denen sie sich gerade beschäftigten. Heute reden die Leute, die an der Kasse des Supermarkts in der Schlange stehen, über ihre »dysfunktionalen« Familien.

Vielleicht kann man eigene Gedanken im Jargon eines anderen ausdrücken. Andererseits prägt der Jargon womöglich den Gedanken. Wenn jedoch die Beziehung zwischen Sprache und Gedanken ein Geheimnis ist, dann ist klar, daß die rekonvaleszierenden Co-Abhängigen nicht nur die gleiche spezialisierte Sprache verwenden, sondern auch häufig das gleiche sagen, denn im Hinblick auf Suchtkrankheiten, Mißbrauch und ihre eigene Traumatisierung teilen sie mit den anderen die populären Einstellungen.

Ich vermute, daß diese Einmütigkeit als Beweis für den Wahrheitsgehalt ihrer Ansichten oder zumindest für deren Zweckmäßigkeit angesehen wird. »Warum sollte man etwas in Frage stellen, das funktioniert?« wurde ich oft gefragt. (»An ihren Früchten sollt ihr sie erkennen.«) Viele Leute sagen, daß sie in der Recovery Antworten auf ihre Fragen, Hilfe, eine Stärkung des Selbstwertgefühls und einen »Lebensstil«, wie die Experten das nennen, gefunden haben. »Sie hat mir das Leben gerettet«, erklären einige und verteidigen die Recovery in vehementer Weise. Wenn es stimmt, sollte mich das für sie freuen.

Ohne ihnen jedoch das Recht streitig zu machen, ihren eigenen Heilsweg zu finden, darf ich doch sowohl ihre Beurteilung als auch die immer wieder aufgestellten Behauptungen in Frage stellen, die sich auf die Wirksamkeit der Zwölf-Schritte-Gruppen beziehen. Niemand kann genau sagen, wie gut die Recovery funktioniert. Leuten, denen in einer Zwölf-Schritte-Gruppe geholfen wurde, hätte möglicherweise auch eine andere Behandlung oder ein anderes Überzeugungssystem genausogut geholfen. Die tatsächlichen Erfolgs- und Mißerfolgsquoten bestimmter Behandlungsprogramme mit Modellcharakter wie die AA sind in glaubwürdiger Weise von anderen »Experten auf diesem Gebiet« in Frage gestellt worden.[24] Aber man muß kein Therapeut, Arzt oder ein diplomierter Experte auf dem Gebiet des Alkohol- oder Drogenmißbrauchs sein, um sich über eine Gesellschaft zu wundern, in der die Leute so darauf aus sind, sich selbst als süchtig oder mißbraucht zu bezeichnen.

Ob Alkoholismus eine Erbkrankheit oder ein erlerntes Verhalten ist, ist immer noch umstritten, und ich selbst habe dazu keine Meinung. (Ich bezweifle allerdings, daß jeder, der entweder regelmäßig oder exzessiv Alkohol zu sich nimmt, das Opfer seiner Gene ist.) Solche Drogen machen süchtig, das ist unbestritten. Auf den Versammlungen der Anonymen Drogenabhängigen, an denen ich teilgenommen habe, ist mir Sinn und Zweck solcher Gruppen klargeworden. (Gelegentlich habe ich von Süchtigen, die auf dem Weg der Besserung waren, erfahren, daß zu dieser Unterstützung auch gewisse aktive Interventionen gehören.) Rauchen mag für viele Menschen eine Sucht sein, trotzdem haben viele es durch bloße Willenskraft und ohne irgendein Therapieprogramm geschafft, davon loszukommen. Bei manchen Leuten ist Essen, Einkaufen, Sex oder Zupfen an den Haaren zwanghaft, ich bezweifle jedoch, daß es hilfreich wäre, sie davon zu überzeugen, daß sie diesem Zwang ausgeliefert seien und aus eigener Kraft nicht mehr davon loskommen könnten. Solche Eßsüchtigen, Einkaufsabhängigen und zwanghaften Haarzupfer werden ähnlich wie die Drogensüchtigen sogar vor dem Versuch gewarnt, aus eigener Kraft das Essen, Einkaufen oder Haarezupfen aufzugeben: Der Glaube an so etwas wie Selbstdisziplin ist ein Symptom für Co-Abhängigkeit und den »Perfektionismus-Komplex«. Die Recovery stilisiert jede Schwäche, jede schlechte Angewohnheit und Beschwerde zur Störung hoch. Sie entzieht unser Verhalten unserer Kontrolle, bezeichnet uns als erwachsene Kinder und macht uns so zu Behinderten. Auch wenn sich der Prozeß der Recovery Selbsthilfe nennt, ändert das nichts an der Art und Weise, in der er den Leuten die Kraft nimmt.

Es ist ein seltsames Programm zur Stärkung des Selbstwertgefühls, das Leute belohnt, wenn sie sich als hilflos, kindlich, süchtig und krank bezeichnen, und sie bestraft, wenn sie behaupten, gesund zu sein. Geben Sie zu, daß Sie krank sind, dann sind Sie bei den Leuten der Recovery willkommen; wenn Sie es abstreiten, »verweigern« Sie sich. Die Suche nach der Identität wird auf diese Weise pervertiert: Alle Ihre schlechten Verhaltensweisen und unerwünschten Gefühle werden zu Bedingungen Ihres Seins. Sie sind nicht mehr jemand, der raucht, sondern ein Nikotinsüchtiger. Sie sind nicht mehr gelegentlich deprimiert, sondern süchtig nach Traurigkeit. (Gefühle können auch süchtig machen, erklärt man uns.)

Die Beliebtheit solcher Diagnosen hängt zum Teil damit zusammen, daß viele Menschen lieber an einer Krankheit – an Co-Abhängigkeit – leiden, die behandelt werden kann, als daß sie sich mit den unangenehmen Gefühlen auseinandersetzen müssen, unter denen jeder gelegentlich zu leiden hat. Experten für Co-Abhängigkeit betonen, daß das englische Wort *disease* »*dis-ease*« (etwa Störung des Wohlbefindens) bedeutet. Das ist so eine Art von Tiefsinn-Ersatz, den man von Pubertierenden kennt, die feststellen, daß *god* (Gott) von hinten gelesen *dog* (Hund) heißt; aber im Gegensatz zu den Pubertierenden verfehlen die Experten die Pointe. Indem sie Co-Abhängigkeit als etwas definieren, was manche als die Conditio humana bezeichnen würden, entkräften sie ihre eigene Behauptung, sie sei eine definierbare Krankheit, von der die Menschen geheilt werden könnten.

Wenn die Leute alle ihre Probleme zu Symptomen einer Krankheit erklärt haben, finden sie in der Recovery nicht nur das Versprechen der Heilung, sondern auch eine äußere Ursache für das, was sie quält – die gestörte Familie (das heißt vor allem ihre eigene). Experten für Co-Abhängigkeit behaupten, daß praktisch jeder als Kind mißbraucht worden ist, dabei fassen sie den Begriff Mißbrauch so weit, daß die Behauptung schließlich zutreffen muß. Wer von uns hat schon eine ungetrübte Kindheit erlebt oder ist als Vater oder Mutter perfekt?

Die mangelnde Bereitschaft, die unvermeidlichen Konflikte und Unvollkommenheiten des Familienlebens zu tolerieren oder gar darüber zu lachen, kann bei Heranwachsenden bitter sein, bei Erwachsenen ist sie lähmend. Sie erschwert außerdem die Versuche, Kriterien für echten Mißbrauch zu finden. Wenn man jeden kleinen Fehler der Eltern dramatisiert, wird das wirklich schlimme Verhalten bestimmter Eltern trivialisiert. Wenn man jede unvollkommene Erziehung als Kindesmißbrauch bezeichnet, wird eine Vergewaltigung durch den Vater in die gleiche Kategorie eingeordnet wie seine mangelnde Zuwendung oder die Tatsache, daß er dem Kind nicht bei den Hausaufgaben hilft. Wenn alles Kindesmißbrauch ist, dann ist nichts mehr Kindesmißbrauch.

Die leidenschaftliche Art und Weise, wie manche rekonvaleszierende Co-Abhängige sich selbst als Mißbrauchsopfer bezeichnen und Anspruch auf die Dornenkrone erheben, hat etwas Erbärmliches und Schäbiges an sich. Erwachsene Kinder von Alkoholikern (EKAs) seien wie Überlebende des Holocausts und litten unter einer posttraumatischen Streßstörung, schreibt Bradshaw ziemlich dreist.[25] Die Recovery gestattet es den Leuten, immer zuerst sich selbst zu sehen, zum Teil, weil sie ihnen im Hinblick auf ihre Beschwerden kein Gefühl für Perspektive vermittelt: Das Schimpfen und Nörgeln der Eltern ist nicht gleichzusetzen mit körperlichen Mißhandlungen und Entbehrungen, ganz zu schweigen von Völkermord; vage Andeutungen eines Unwohlseins sind nicht das gleiche wie Krebs. In der Recovery spricht niemand über das, was bei ihm gut gelaufen ist. Ich habe noch nie jemanden sagen hören: »Manchen Leuten geht es noch schlechter als mir.« Alle beteuern, daß sie miteinander reden und sich umeinander kümmern würden, trotzdem gibt es in der Recovery mehr Selbstmitleid als Mitgefühl.

Da diese Leute aber nicht bereit sind einzusehen, daß menschliches Leid verschiedene Dimensionen haben kann, werfen die Kritiker der Recovery und anderen Persönlichkeitsentwicklungs-Moden Egoismus und Narzißmus vor. Das ist jedoch nicht dem Individualismus anzulasten. An sich selbst zu denken und seine existentielle Autonomie zu berücksichtigen bedeutet nicht, den Sinn für seinen Stellenwert in der Gesellschaft und das Verständnis dafür zu verlieren, daß die Probleme anderer Menschen dringender sein können als die eigenen. Der Egoismus der Recovery ist eher auf ein Versagen der Gemeinschaft zurückzuführen; zumindest spiegelt er einen sehr schwach ausgeprägten Begriff von Gemeinschaft wider, die nicht nur aus einer Gruppe von Menschen besteht, die sich alle mit sich selbst beschäftigen und davon ausgehen, daß sie in ihrem Schmerz alle gleich sind. Gemeinschaft erfordert ein Bewußtsein für die Unzulänglichkeiten der Menschen, den Wunsch, sie zu korrigieren, und den Glauben an die eigene Fähigkeit, das auch tun zu können – die Überzeugung, daß der Wille des Menschen manchmal für das Gute eingesetzt werden kann und nicht nur das verkümmerte und verleugnete Herzstück einer Krankheit ist. *»Der Wille ist der kränkste (dis-eased) Teil der Co-Abhängigkeit eines jeden erwachsenen Kindes«,* schreibt Bradshaw,[26] und da praktisch jeder angeblich ein erwachsenes Kind ist, muß jeder seinen Willen aufgeben, um wieder gesund werden zu können, und das läßt uns wenig Raum für willentliche, moralische Aktionen. Daß die Recovery von ihren Anhängern als Vorbild einer Gemeinschaft gepriesen und von ihren Kritikern wegen ihres exzessiven Individualismus verdammt wird, zeigt, wie groß unsere Verwirrung im Hinblick auf die Begriffe Individualismus und Gemeinschaft ist. Darüber hinaus spiegelt sich hier die enorme Faszination wider, die die Opferrolle als wichtigste Quelle der Identität ausübt. Die erwachsenen Kinder, um die sich alles dreht, die Opfer ihrer Familien, die ausgenützt werden und immer betrübt sind, können kaum Vorbild für individuelle oder gemeinschaftliche Aktionen sein. Trotzdem hat die Betonung der grundsätzlichen Hilflosigkeit des Individuums eine perverse Faszination. Sie bietet Absolution und Befreiung von jeder Verantwortung; statt Handlungsfähigkeit zu fordern, verspricht sie jedem Mitgefühl, Unterstützung und Wiedergutmachung.

Der phänomenale Erfolg der Recovery-Bewegung spiegelt zwei fundamentale Wahrheiten wider, die sich schon in der Pubertät zeigen: Jeder redet gern über sich selbst, und die meisten Menschen sind wütend auf ihre Eltern. Sie müssen nicht unbedingt ein »Verweigerer« sein, um zu bezweifeln, daß uns solche Erkenntnisse befreien können.

2. KAPITEL

Bekenntnisse: Das Fernsehen

Kitty Dukakis, die als Alkoholabhängige Mitglied der Recovery ist, berief einmal eine Pressekonferenz ein, um ihren Abstieg in den Alkoholismus anzukündigen. Gleichzeitig bat sie darum, ihr Privatleben zu respektieren. Das war kurz nach der Wahlniederlage ihres Mannes im Jahre 1988. Sie war zu der Zeit für die Presse weniger interessant als die Perlen, die Barbara Bushs Hals zierten. Ich wunderte mich zunächst über das Spektakel, bei dem eine Frau eine Pressekonferenz einberief, um ihre Intimsphäre zu schützen, sich gleichzeitig aber in aller Öffentlichkeit zu ihrer Sucht bekannte. Es gibt Menschen, vor allem berühmte oder solche, die schon einmal berühmt waren, die ihr Privatleben offenbar nur in der Öffentlichkeit genießen können. Falls es Sie interessiert, Kitty Dukakis gab ihrem Buch den Titel *Now You Know* (So, jetzt wissen Sie es).

Ich glaube aber, daß Millionen von Lesern, die sich weder für Mrs. Dukakis noch für alle die anderen Persönlichkeiten interessieren, die sich in Recovery befinden, neugierig sind. Autobiographien, in denen Berühmtheiten der zweiten Garnitur sich zu allem möglichen bekennen, finden reißenden Absatz (und was würden die Talk-Shows ohne sie anfangen?). Ali MacGraw enthüllt ihre Sucht nach Sex und die peinlichen Einzelheiten ihrer Ehe mit Steve McQueen.

Suzanne Somers berichtet über ihr Leben als EKA (Erwachsenes Kind eines Alkoholikers). Michael Reagan und Patti Davis, Kinder des ehemaligen Präsidenten, geben die Geschichte ihres Mißbrauchs preis.

»Ich hoffe inständig, daß mein Buch anderen hilft, gesund zu werden«, liest man in den Tagebüchern der Berühmtheiten. Manche versichern uns, daß sie ihre Bücher aus therapeutischen Gründen geschrieben haben (und wenn man mir Geld dafür geben würde, würde ich sie sogar lesen). Die Stars brauchten eigentlich gar nicht zu erklären, warum sie sich so vor aller Öffentlichkeit entblößen. In unserer Recovery-Kultur sind solche Geständnisse normal. Über sich selbst zu reden »gehört zum Heilungsprozeß«. Jemanden darauf hinzuweisen, daß er zuviel über sich selbst redet, ist eine Form der seelischen Mißhandlung. Wenn Sie nicht in der Lage sind, Interesse an seiner Geschichte zu heucheln, erwartet man von Ihnen zumindest, daß Sie in respektvollem Schweigen zuhören. In der Recovery, in der jeder den Anspruch erhebt, in seiner Familie eine Art Holocaust überlebt zu haben, erzählt früher oder später jeder seine Geschichte.

Vor Gericht auszusagen, in der Kirche zu beichten, sich in der Öffentlichkeit zu Gott zu bekennen oder sich über das Allgemeinwohl zu äußern ist eine ehrenwerte Sache, die ich nicht kritisieren möchte. Aber es ist auch eine Tradition, die es nicht verdient hat, dadurch entwertet zu werden, daß man solche Bekenntnisse mit einer Werbeaktion für die eigene Person verwechselt, mit deren Hilfe man die Sympathie der anderen erlangen oder auf sich aufmerksam machen will. Die Recovery-Bewegung verbindet die Tradition der Bekenntnisse, die einem höheren Ziel wie zum Beispiel der Gerechtigkeit dienen, mit der therapeutischen Tradition, nach der das Reden über die eigene Person an sich schon ein Gewinn ist. Sie macht darüber hinaus in großzügiger Weise Anleihen bei der alten Erweckungsbewegung, die besagt, daß man sich bekennen muß, um seine eigene oder möglicherweise die Seele anderer Menschen retten zu können: In der Recovery wird selbst dem trivialsten Geständnis ein hoher Wert beigemessen.

Ich will damit weder die Therapie noch die Religion angreifen, aber ich wünschte, die Leute würden nicht so damit hausieren gehen. Die Religion hat natürlich, was ihre Ausübung oder ihren Mißbrauch betrifft, eine sehr komplizierte, kontroverse Geschichte, die den Rahmen dieses Buches sprengen würde. Therapie wurde dagegen als eine private Aktion zwischen einem Therapeuten und seinem Patienten (Experten und Klienten) oder einer Gruppe von Patienten, Klienten, Leuten, denen es um ihr Wohlbefinden geht, konzipiert. Wenn dagegen jemand Zeugnis ablegte, tat er das in der Öffentlichkeit. Die Recovery-Bewegung verwischt den Unterschied zwischen der Beichte und dem Zeugnis-Ablegen und macht auf diese Weise auch die Therapie zu einem öffentlichen Prozeß, der gelegentlich sogar im Fernsehen stattfindet.

Die meisten von uns reden nur zu gern über sich selbst, auch wenn sie das insgeheim als ein verbotenes Vergnügen betrachten oder ein Stundenhonorar dafür bezahlen. Benimm-Bücher aus dem letzten Jahrhundert ermahnen ihre Leser ganz freundlich, die Kunst des Zuhörens zu kultivieren. Die Autoren gingen dabei offenbar davon aus, daß die Menschen von Natur aus keine Manieren haben und entweder Angeber oder Langweiler sind. Erfolgsbücher haben immer schon darauf hingewiesen, daß man gut zuhören können muß, um weiterzukommen: Hören Sie jemandem, der mächtig ist und gern über sich selbst redet, aufmerksam zu, dann wird er von Ihrem Scharfsinn beeindruckt sein. Dale Carnegie schreibt, Zuhören sei eine nützliche Form der Schmeichelei, und sagt damit den Männern etwas, was die Frauen schon immer wußten. Flirten ist eine bestimmte Art des Zuhörens (Feminismus ist, wenn die Frauen reden).

Frauen, die im Laufe ihrer Sozialisation gelernt haben zuzuhören, erleben es womöglich als eine Art Rebellion, wenn sie in unkritischer Weise zuviel über sich selbst reden. Vielleicht hat sich Kitty Dukakis durch ihr Buch befreit gefühlt. Persönliche Entwicklung wird mit Politik verwechselt, und das, was man früher einmal Jammern genannt hat, wird heute als Selbstfindungsprozeß gepriesen; die ausschließliche Beschäftigung mit der eigenen Person wird als eine Ausdrucksform des Selbst betrachtet, so, als bestünde kein Zusammenhang zwischen kreativen Aktionen und der Auseinandersetzung mit der Welt. Die Feministinnen haben tatsächlich gesagt, daß das Persönliche politisch sei, aber was sie damit gemeint haben, war, daß die privaten Beziehungen zwischen den Geschlechtern die Machtverteilung in der Öffentlichkeit widerspiegelten und daß scheinbar private Ereignisse, wenn zum Beispiel eine Frau von ihrem Mann geschlagen wurde, von öffentlichem Interesse seien. Sie haben nie behauptet, daß es schon eine politische Aktivität sei, sich selbst kennenzulernen. Die Schärfung des Bewußtseins sollte zum Handeln inspirieren. Feminismus heißt, daß die Frauen reden, aber nicht, daß nur die Frauen reden, und auch nicht, daß sie nur über sich selbst reden.

Talk-Shows und die Aufwertung des Klatsches zu einem intellektuellen Diskurs sind schließlich postfeministische, postmoderne Phänomene. An den Universitäten, an denen Klatsch und Tratsch inzwischen ein Lehrfach geworden ist, durchforsten poststrukturale Wissenschaftler die Geschich-

te nach privaten, besonderen Erlebnissen gewöhnlicher Leute, die »keine Macht hatten«; wie Figuren aus dem Frühstücksfernsehen reden diese Akademiker eine Menge über sich selbst und nehmen dabei ihre eigenen klassenspezifischen, rassischen oder ethnischen Vorurteile auseinander, um sich auf diese perverse Weise mit den anderen, ihrer Meinung nach ebenfalls völlig subjektiven Individuen solidarisch zu erklären. In den Talk-Shows finden ganz gewöhnliche Leute, die das Thema der Wissenschaftler von morgen sind, Gehör. Männer, aber hauptsächlich Frauen, die sich nur durch die Zahl oder die Art ihrer Seitensprünge oder der Geschichte ihrer Drogenabhängigkeit voneinander unterscheiden, bekommen die gleiche Sendezeit wie Filmschauspieler, Serienstars oder gelegentlich auch Haarstylisten. Jetzt hat jeder die Chance, sechzig Minuten lang berühmt zu sein, wenn man von der Zeit absieht, die für die Werbespots draufgeht.
Ich wundere mich inzwischen kaum noch über Leute, die fast eine Stunde lang vor Millionen fremder Menschen über sich selbst reden. Sie meinen, daß es sie »bestätigt«. Ähnlich wie die Bäume, die im Wald gefällt werden, sind sie nicht sicher, ob sie wirklich existieren, wenn niemand ihnen zuschaut. Ich habe gelernt zu akzeptieren, daß das die menschliche Natur der Postmoderne ist. Ich staune allerdings noch immer über den Eifer und den Stolz, mit dem sie im landesweiten Fernsehen etwas enthüllen, was für mich in die Intimsphäre gehört – sexuelle Probleme und Verdauungsstörungen, persönliche Konflikte mit den Eltern, Kindern, Ehepartnern, Liebhabern, Chefs und mit den besten Freunden. Und noch mehr verwundert mich die Aufmerksamkeit, mit der das Publikum zuhört.
Warum langweilt so etwas die Leute nicht? Es könnte sein, daß das Zuhören nur der Preis dafür ist, daß auch sie sich

bald das Mikrofon ergreifen und zu Wort kommen dürfen, um dann – wie Experten – Kritik und Ratschläge zu erteilen. Sie sind aber ganz offensichtlich von den im Grunde unbedeutenden Einzelheiten im Leben der anderen Menschen und von ihren Gefühlen fasziniert. Ich weiß, daß irgend etwas in uns eine Schwäche für Seifenopern hat, aber wenn man diesen Talk-Shows zuhört, ist das etwas anderes als »Dallas« oder »Days of Our Lives«. Die Gäste sind nicht gerade sehr sprachgewandt, außer bei »Geraldo«, einer Sendung, vor der die Teilnehmer offensichtlich gut trainiert werden. Sie bringen selten ihre Sätze zu Ende, sondern lassen sie mit Phrasen wie »Sie wissen, was ich meine?« enden. Die meisten Gäste sind weder witzig noch gescheit, sie sind nicht einmal telegen. Sie sind nicht raffiniert, sondern einfach Leute, die Sie in der Schlange an der Kasse im Supermarkt gar nicht wahrnehmen würden.

Ich weiß auch nicht, wie wir dazu gekommen sind, die Beichten, die Zwangsvorstellungen oder die Eigenwerbung anderer Leute unterhaltsam zu finden. Mir ist schleierhaft, wieso das Anschauen von Amateurfilmen anderer Menschen auf einmal solchen Spaß macht, mir ist es ein Rätsel, warum »Americas Funniest Home Videos« für viele so attraktiv sind. Eines ist jedenfalls klar: Die Beliebtheit der Fernsehsendungen, in denen »Menschen wie du und ich« auftreten – also Talk-Shows und Home-Videos –, hat weder etwas mit Mitgefühl noch mit dem Wunsch nach Gemeinschaft zu tun. Wenn sich in der U-Bahn irgendeiner an Sie wendet und Ihnen – so wie der alte Seemann – seine Geschichte erzählen will, dann drehen Sie sich um oder nicken und hoffen, daß er bald wieder aufhört, und das nicht etwa, weil Sie Angst haben, er wäre womöglich verrückt. Wenn derselbe Mensch jedoch der Kamera seine Geschichte erzählt, hören Sie womöglich gebannt zu. Wenn wir fremde Leute im Fernsehen beobachten oder als Publikum im Studio auf sie reagieren, sind wir davon nicht betroffen, sondern unbeteiligt – Voyeure, die mit den Exhibitionisten in einer rituellen Pseudogemeinschaft ihren Neigungen nachgehen. Nie zuvor haben so viele Menschen so viel von Leuten gewußt, die ihnen so wenig bedeuteten.

Eine Frau tritt in der Sendung »Oprah Winfrey« auf und erzählt der ganzen Nation, daß sie sich selbst haßt, weil sie sich für häßlich hält. Oprah und die anderen Experten reden mit ihr über Selbstwertgefühl, und die Frau sonnt sich – so sehe ich das jedenfalls – in ihrer Aufmerksamkeit. Das ganze Spektakel ist peinlich und armselig, und ich fühle mich als Zuschauer beleidigt.
Oprah betrachtet ihre Show offenbar als eine Art von Öffentlichkeitsarbeit. Die Frau, die sich selbst für häßlich hielt, trat in einem Teil der Sendung auf, in dem es darum ging, daß wir alle von dem Gedanken besessen sind, gut aussehen zu müssen. Wir leben in einer Gesellschaft, in der gutaussehende Leute höher bewertet werden als häßliche, erklärt Oprah; vielleicht ist es ja legitim, sich mit einem solchen gesellschaftlichen Problem zu befassen und dabei eine private Krankengeschichte zu verwenden.
Das Tagesfernsehen ist allerdings stolz auf seine Krankengeschichten. In der Sendung »Geraldo« berichtet eine rekonvaleszierende Sexomanin die Geschichte ihres Inzests – sie war sowohl von ihrem Vater als auch von ihrem Stiefvater vergewaltigt worden; ihr Mann und ihre Kinder sitzen währenddessen neben ihr auf dem Podium. Das nennt man Familientherapie. (Eine Familie, die gemeinsam solche Bekenntnisse abgibt, hält auch zusammen.) Ihre Tochter redet darüber, wie es ist, lesbisch zu sein. Zwei

Experten – ein Mann und eine Frau, »Partner im Beruf und im Leben« – geben Erklärungen ab und reden über die Sucht nach Sex und Liebe. »Das ist keine Frage der Häufigkeit«, antworten sie auf die Fragen, wie oft Sexomanen sexuell aktiv sind. Anonyme Suchtkranke rufen an und erzählen ihre eigenen langweiligen, peinlichen Geschichten: »Ich benutze Sex hauptsächlich, um mich besser zu fühlen«, gesteht ein Anrufer. Wer tut das nicht?
Geraldo, seine Experten und sein Publikum reden über das Problem der Promiskuität mit einem Ernst, mit dem andere Moderatoren über die Hungersnot in Somalia diskutieren. Wenn ich Anhänger der Recovery-Bewegung wäre, würde ich sagen, sie leiden unter einer Melodramsucht. Geraldo hat tatsächlich eine Sendung, in der Leute zu Wort kommen, die »süchtig nach Aufregungen – dramatischen, gefährlichen und selbstzerstörerischen Situationen – sind«. Solche Menschen bringen sich bewußt in kritische Situationen. Er bietet Ihnen die Möglichkeit, sich selbst zu beurteilen und »entscheiden zu können, ob Sie eine Seifenopernprimadonna sind«. Sind Sie unterwegs wütend auf andere Autofahrer? Reden Sie häufig mit anderen Leuten über Ihre Probleme? Solche Fragen machen uns alle zu Süchtigen, das jedenfalls hoffen offenbar die Experten. Wenn man Ungeduld im Straßenverkehr als Krankheitssymptom bewertet, schafft man einen Markt für die entsprechenden Therapien; und Joy Davidson, die Expertin und Autorin, die uns das »Seifenopernsyndrom« erklärt hat, preist in »Geraldo« ihr Buch an.
Das Publikum ist fasziniert. Leute stehen auf und berichten von ihren eigenen Erlebnissen mit der Sucht nach dramatischen, aufregenden Ereignissen. Eine Frau sagt in der Art, in der ein Patient seine Symptome beschreibt, daß sie häufig ohne triftigen Grund Meinungsverschiedenheiten

mit ihrem Mann hat. Ein anderer gesteht, daß er sich immer Sorgen macht.

Niemand erklärt Davidson, daß es auch eine Überdramatisierung ist, wenn man die Frustrationen und Sorgen des Alltags als Krankheitssymptome darstellt. In der Sprache der Recovery-Bewegung könnte man sagen, daß Davidson eine »Ermöglicherin« ist, daß sie ihre Leser dazu ermuntert, sich ihrer Sucht nach dem Melodramatischen hinzugeben, oder wir könnten sagen, daß sie selbst eine praktizierende Melodramsüchtige ist. Ein Mann weist darauf hin, daß es »in den Armenvierteln genügend Leute« gibt, die sich ihre Krisen nicht erst selbst fabrizieren müßten. Wenn Davidson die Pointe verstanden hat, weicht sie ihr sehr geschickt aus. Ja, gibt sie zu, die Krisen im Ghetto sind real, aber es kommt darauf an, wie man mit ihnen umgeht. Norman Vincent Peale würde sagen, Leute, die in einer Krise leben, brauchen nur eine »Glücksgewohnheit« zu entwickeln.

In der Zwischenzeit üben die Amerikaner der Mittelschicht im Tagesfernsehen eifrig ihre »Sorgengewohnheiten« ein, indem sie Geschichten über Krankheiten und alle möglichen Exzentrizitäten austauschen. Hier einige Beispiele aus der Sendung »Oprah«: Abgesehen von der üblichen Ansammlung von Gästen, die zuviel essen, trinken, einkaufen, zuviel Sorgen oder Sex haben, gibt es Väter, die mit den Freundinnen ihrer Söhne schlafen (oder es zumindest versuchen), Mädchen, die mit dem Freund ihrer Schwester, Frauen, die mit den Söhnen ihrer besten Freundin oder mit dem Chef ihres Mannes schlafen (um die Karriere ihres Mannes zu fördern), Männer, die nur hübsche Frauen einstellen, und Männer und Frauen, die nur mit Angehörigen einer anderen Rasse schlafen. Paare, die sich einander entfremdet haben, schütten ihr Herz aus, während ein

Experte sie in der Sendung berät: »Warum haben Sie solche Angst, Ihren Ärger an ihr auszulassen?« fragt er den Ehemann. »Warum lassen Sie ihn nicht für sich selbst sprechen?« tadelt er die Frau. Die Eheleute blicken sich wütend an, mitunter weinen die Frauen, während der Experte ihnen immer wieder den Rat gibt, sich mit ihren Gefühlen auseinanderzusetzen und ihr Selbstwertgefühl zu stärken. Die Möglichkeit, an einer Therapiesitzung anderer Menschen teilnehmen zu können, macht unter anderem den Reiz des Tagesfernsehens aus. Wenn Donahue Kinder von Prostituierten befragt, hat er einen Experten zur Hand, der ihnen sagt, wie sie sich fühlen.

Niemand weiß, wie vielen Zuschauern in derartigen Sendungen geholfen wird, aber eins ist klar: Für viele Branchen sind sie ein wahrer Segen – für die Verlagshäuser, die Therapeuten und natürlich für die Recovery. Oft werden die Shows von Werbespots unterbrochen, die in Zusammenhang mit dem jeweiligen Thema stehen. Eine Sendung über Eßsucht wird von einer Firma für Schlankheitsdiäten gesponsert: »It's not what you're eating. It's what's eating you« (etwa: »Es hängt nicht davon ab, was Sie essen, sondern von dem, was Sie auffrißt«), versichert die Werbung dem ängstlichen Vielfraß. Sendungen über Alkohol- und sonstigen Drogenmißbrauch werden auf idyllischen Waldlichtungen inszeniert und von Therapiezentren gesponsert. Die Verkäufer sind sanfte, nur ein bißchen ernste Typen, die an einem See stehen oder sich an einen Baum lehnen – elegisch; sie könnten genausogut Beerdigungszeremonien verkaufen statt Recovery-Lebensstil und verstärktes Selbstwertgefühl.

In fast jeder Sendung kommt mit Sicherheit irgendwann jemand auf das Selbstwertgefühl; die meisten Formen des Fehlverhaltens sind angeblich auf ein schwaches Selbstwertgefühl zurückzuführen. In anderen Sendungen redet immer wieder jemand über Sucht. Das Publikum beherrscht gewöhnlich die Sprache der Recovery perfekt. Wenn Sie in der Sendung »Oprah« über Ihr inneres Kind oder Ihre Trauerarbeit sprechen, wird Sie niemand fragen, was Sie damit meinen. »Ich nehme an einem Zwölf-Schritte-Programm teil, das mir hilft, mich mit dem Krankheitskonzept meiner Sucht [zuviel zu essen] auseinanderzusetzen«, sagt ein Mann aus dem Publikum. Niemand fragt: »Was ist ein Zwölf-Schritte-Programm?« oder »Was verstehen Sie unter Sucht?« Sogar Oprah selbst bekennt sich: »Ich bin auch immer noch süchtig [nach Essen]. Ich werde nie davon loskommen.«

Auf dem Podium schwört eine Diskussionsrunde, die aus rekonvaleszierenden Eßsüchtigen besteht, niemals wieder eine Schlankheitskur zu machen. »Wir müssen uns die Möglichkeit geben, uns zu lieben«, sagen sie, und Oprah stimmt ihnen zu. »Ich werde nie wieder ein Stück Huhn abwiegen.« Diese Frauen sind es leid, sich immer beherrschen zu müssen, sie wollen ihr Gewicht akzeptieren und nicht ständig mit den Pfunden kämpfen müssen. Ich wünsche ihnen Glück. Schönheit mag zwar kein moralischer Wert sein, aber sie ist nützlich, und das, was man gemeinhin scheußlich findet – Fettleibigkeit und einen wirklich schlechten Teint –, ist eine unangenehme Belastung, das machen die Frauen in »Oprah« klar. Sie haben sich offensichtlich die längste Zeit ihres Lebens wegen ihres Körpers geschämt; jetzt in der Recovery reden sie über die »Scham« des Dickseins. In der Opferrolle finden sie ein gewisses Selbstwertgefühl. Keine von ihnen ist ein Vielfraß, sondern alle sind »Opfer eines Krankheitsprozesses«. Es ist nicht ihre Schuld, daß sie dick sind. Die Heilung von der Fettleibigkeit »hat nichts mit Selbstbeherrschung zu tun«, sagt

eine Frau und verleiht damit dem Ethos der Recovery Ausdruck, demzufolge der Mensch ohne seinen Willen auskommt. »Es hat etwas mit Selbstliebe zu tun.«
In einer Sendung über Eheschwierigkeiten, die Oprah am nächsten Tag bringt, gibt der Therapeut – ein gewisser Dr. Ron – einer Frau, die darunter leidet, daß ihr Busen zu klein ist, den Rat, sich Implantate machen zu lassen. Er beschimpft den ungetreuen Ehemann, weil der nicht bereit ist, sie darin zu unterstützen, obwohl es ihr selbst, ihrem Selbstwertgefühl guttun würde und ihre Ehe retten könnte: Das negative Selbstbild, das sie hatte, war einer der Gründe, warum er fremdgegangen ist. Daß man von einer Frau mit einem kleinen Busen nicht erwarten kann, daß sie ihr Selbstwertgefühl ohne Implantate erhöht, scheint für Dr. Ron und alle Studiogäste klar zu sein. Niemand stellt sein Wissen in Frage, nicht einmal Oprah, die gerade lernt, sich selbst zu lieben und die sich noch von ihren Schlankheitskuren erholt.
Ich schweife ab, aber das tun Geraldo, Donahue und Oprah auch. Wenn ich über solche Sendungen rede, fällt es mir schwer, klar und verständlich zu bleiben, denn Verständlichkeit würde diesem Sammelsurium an Beschwerden, Meinungen, Vorurteilen, Enthüllungen und Lobhudeleien, aus dem sie sich zusammensetzen, nicht gerecht werden. Geraldo diskutiert mit jungfräulichen Frauen und Helen Gurley Brown über den Zölibat. »Der Zölibat birgt keinerlei gesundheitliche Risiken«, versichert uns ein Arzt. Adoptierte Kinder und ihre leiblichen Eltern oder Geschwister, die seit der Geburt voneinander getrennt waren, treffen sich nach zwanzig Jahren in Geraldos Sendung zum erstenmal wieder. (Die Show nennt sich »Wiedervereinigungen des Herzens: Man findet seine alte Liebe wieder«.) »Willkommen daheim, Bruder Brian, wir

haben dich sehr vermißt«, verkündet Geraldo und wird dabei von donnerndem Applaus begleitet, während Brian die Bühne betritt. Eine Fernsehminute lang umarmen sich die Leute und schluchzen vor den Kameras, so, wie sie es vor Jahren in der Sendung »This Is Your Life« getan haben. Ich wünschte mir, jemand aus dem Publikum würde sie einmal fragen, warum sie ihre Wiedervereinigung nicht privat unter sich feiern, aber ich kenne die Antwort auch so. »Wir möchten, daß andere Menschen unsere Liebe und das Glück dieses Augenblicks mit uns teilen«, würden sie sagen. »Wir möchten andere Leute aus zerbrochenen Familien dazu anregen, die Suche nicht aufzugeben.« Ich glaube, das Publikum kennt diese Antworten auch schon. Alle klatschen, manche weinen (sogar Geraldo hat feuchte Augen), fühlen sich mit einbezogen, sind gerührt und bieten Hilfe und Bestätigung an: »Es ist wirklich wunderbar zu sehen, wie Sie von all Ihrem Kummer geheilt worden sind«, erklärt eine Frau aus dem Publikum. Geraldo plädiert für die offene Adoption, ich glaube, er hat da ein Problem.

Mitunter sind die Sendungen auch so informativ, wie sie gedacht sind, und nicht nur Porträts der Popkultur. Donahues Sendungen über Großeltern, die die Kinder ihrer drogensüchtigen Kinder großziehen, schaffen es, so etwas wie Würde zu haben, auch wenn sie traurig sind. Er spricht mit übergewichtigen Kindern, ohne ihren Kampf über Gebühr zu dramatisieren oder sie auszunutzen. (Donahue kann es gut mit Kindern.) Oprah wirkt selbst in ihren dümmlichsten Sendungen sympathisch und clever, und hin und wieder bringt eines der Bekenntnisse tatsächlich Licht in das Dunkel: wenn es zum Beispiel um eine Vergewaltigung bei einem Rendezvous oder um Schulfeste, die nach Rassen getrennt sind, geht.

Das ist der neue Journalismus – Probleme werden im Zusammenhang mit Anekdoten präsentiert, die wahr sein können oder auch nicht. Als alternative Methode, die gelegentlich bei der Vermittlung und Analyse von Tagesereignissen eingesetzt wird, kann so etwas sympathisch wirken, als vorherrschende Methode ist es jedoch nicht nur trivial, sondern auch dümmlich. Wenn wir alle Probleme personalisieren, verlieren wir die Fähigkeit, Ideen zu entwickeln, wie wir das Allgemeine unserer eigenen oder der Erfahrungen eines anderen Menschen erkennen können oder lernen, abstrakt zu denken. Dann tritt Sentimentalität an die Stelle des Denkens.

Der neue Journalismus ist sicher keine Erfindung der Talk-Shows, und das Fernsehen dürfte auch kaum die einzige Instanz sein, die ihn mißbraucht. Aber solche Sendungen sind repräsentativ für die weitverbreitete Unsitte, Gefühlen den Vorzug vor Gedanken zu geben. Auch die Recovery und andere Bewegungen, die sich mit der Persönlichkeitsentwicklung befassen, setzen diese Priorität. Es ist kein Zufall, daß diese beiden Trends – Talk-Shows und Recovery – sich gegenseitig befruchtet haben. Die Shows machen häufig den Eindruck gut organisierter Support-Gruppen; die Selbsthilfegruppen muten dagegen wie Proben für eine solche Sendung an.

Wenn man einer Talk-Show den Vorwurf macht, keine kritische Analyse der Probleme anzubieten, ist das etwa so, als würde man »Ozzie and Harriet« vorwerfen, sie würden die Kernfamilie idealisieren. »Er kämpft mit dem Offensichtlichen«, sagte eine meiner Freundinnen von einem besonders langweiligen Redner, und ich möchte nicht mit dem Fernsehen kämpfen. Ich möchte nur auch ein Bekenntnis ablegen.

Ich habe selbst einmal in der »Oprah Winfrey Show« als eine von sechs Experten und Expertinnen teilgenommen. Es handelte sich um eine Veranstaltung, die als »Diskussion« über Co-Abhängigkeit bezeichnet wurde. Auf dem Podium waren noch zwei weitere Gegner und drei Befürworter der Co-Abhängigkeit. (Beide Parteien wurden mit verschiedenen Limousinen zum Studio gebracht und vor der Sendung in getrennten Zimmern untergebracht.) Oprah war mehr oder weniger für die Co-Abhängigkeit – jemand sagte mir, sie käme gerade von einer Bradshaw-Klausur –, und das Publikum bestand offenbar nur aus strenggläubigen Anhängern der Zwölf-Schritte-Therapie. »Steigen Sie gleich ein. Warten Sie nicht, bis man Sie auffordert«, sagte uns einer von Oprahs Leuten, als man uns auf die Sendung vorbereitete. »Sie meinen, wir sollen einander mitten im Satz unterbrechen?« fragte ich. Die Frau nickte. »Sie möchten also, daß wir uns richtig schlecht benehmen und einander ins Wort fallen?« Sie nickte noch einmal. »Wir sollen uns also benehmen wie eine große, schlecht erzogene Familie beim Thanksgiving Dinner?« Sie lächelte und sagte. »Sie haben es begriffen!«

Ich hatte viel Spaß, und die Oprah-Show hat alles bezahlt. Ich wurde in einer großen Limousine herumchauffiert, wohnte in einem Fünf-Sterne-Hotel und fühlte mich wie Aschenputtel, vor allem als ich dann wieder nach Hause kam. Mir hat es selbst fast genausoviel Spaß gemacht, im Fernsehen aufzutreten, wie es meiner Mutter Spaß gemacht hat, mich auf dem Bildschirm zu sehen. Außerdem liebe ich solche chaotischen Familienfeste, aber ich käme nie auf die Idee, das, was beim Truthahnessen stattfindet, mit einer Diskussion zu verwechseln.

Das Problem der Talk-Shows besteht darin, daß sie so tun, als wären sie viel mehr als bloße Unterhaltung; sie geben vor, zu informieren und den Leuten etwas klarzumachen. Sie sind marktbeherrschend und tragen dazu bei, daß die Allgemeinheit neuen Gedanken mit Feindseligkeit begegnet.

Das ist wahrscheinlich keine besondere Erkenntnis, aber wenn man in einer Talk-Show auftritt, wird man mit dieser harten Wahrheit konfrontiert. Mein Auftritt in der »Oprah Show« hat mich schockiert, auch wenn mich dieser Schock nicht überrascht hat. Ich sehe mir ziemlich viele Talk-Shows an und habe Verständnis für die Notwendigkeit, sich in Klangbrocken auszudrücken, obwohl mir das nicht immer gelingt. Ich weiß, daß »Diskussionen« in Talk-Shows gewöhnlich nicht unbedingt klar und verständlich sind; sie laufen in der Regel nicht nach dem Muster Behauptung und Reaktion ab. Sie ergeben keinen Sinn. Der Gastgeber ist weniger ein Moderator als ein Verkehrspolizist. Die Leute reden nicht wirklich miteinander; ihre Worte sind nicht einmal an einen anderen Menschen gerichtet. Sie reden mit der Kamera. Deshalb überraschte es mich nicht, als Oprahs Assistentin uns aufforderte, gleich »einzusteigen«. Ich hatte damit gerechnet, daß die Sendung chaotisch ablaufen würde, aber die Realität übertraf meine kühnsten Erwartungen. Was ich nicht erwartet hatte, womit ich aber hätte rechnen müssen, war das völlige Desinteresse, mit dem das Publikum jede Art von Argumentation aufnahm; die Leute wollten nur Bekenntnisse austauschen. Ich hatte den Studiogästen nichts zu sagen – und sprach deshalb auch nur mit der Kamera –, denn ich hatte keine persönlichen Erfahrungen mit Sucht oder Recovery, über die ich hätte reden können. Die beliebteste »Expertin« in unserem Team war gleichzeitig die melodramatischste: Lois, eine rekonvaleszierende Co-Abhängige aus Texas, erklärte wiederholt – ohne damit auf irgendein besonderes

Argument zu reagieren –: »Meine Eltern sind an dieser Krankheit gestorben!« (»An welcher Krankheit?« fragten wir vergeblich.) »Recovery hat mir das Leben gerettet!« Ein-, zweimal äußerte sie geheimnisvoll: »Ich sollte eigentlich gar nicht geboren werden! Ich war ein Unfall!«, und das Publikum applaudierte.

In den Shows des Tagesfernsehens besteht eine Diskussion gewöhnlich daraus, daß sich Leute aus der Diskussionsrunde oder aus dem Publikum über ihre persönlichen Vorlieben äußern und sich dabei häufig auf irgendein persönliches Erlebnis berufen, das sie sehr betroffen hat. Bei der Diskussion darüber, ob die Recovery uns hilft, sagen die einen: »Tut sie nicht!« und die anderen: »Tut sie doch!« »Ich bin Rekonvaleszent, und ich sage Ihnen, diese Bewegung hat mir das Leben gerettet«, erklärten Leute aus dem Publikum in der Oprah-Show. »Wenn diese Bewegung nicht gewesen wäre, wäre ich heute tot!«

Über solche Bekenntnisse kann man nicht diskutieren. Man kann ihnen höchstens ein eigenes Bekenntnis entgegensetzen. (»Tut sie nicht!«, »Tut sie doch!«) Solche Bekenntnisse haben als Argument keinen Wert. Man weiß nicht einmal genau, ob sie als Bekenntnisse einen Wert haben. Stimmt das überhaupt? Was meinen die Leute, wenn sie sagen, sie seien süchtig? Süchtig wonach und um welchen Preis? Was meinen sie, wenn sie sagen, sie seien mißhandelt worden? Reden sie von körperlichen oder seelischen Mißhandlungen? Haben diese Mißhandlungen tatsächlich oder nur in ihrer Phantasie stattgefunden? Haben ihre Eltern sie geschlagen oder nur ignoriert? »Wovon heilt ihr euch eigentlich alle?« fragte ein Mann aus dem Publikum, der in einer der hinteren Reihen saß, mehrmals vergeblich, während die selbsternannten Recovery-Leute Zeugnis ablegten.

Wenn man eine solche Aussage jedoch weder bewerten noch über sie diskutieren kann, dann kann man mit Recht sagen, daß sie irrelevant ist. Die Meinung von hundert Leuten eines Studiopublikums über Co-Abhängigkeit sagt uns nicht viel über die Auswirkungen, die sie auf unsere Kultur hat, und noch viel weniger über ihre Erfolgs- und Mißerfolgsquote im Einzelfall. Solche Bekenntnisse entziehen sich meist jeder Überprüfung. Was mir an dem »Oprah«-Publikum besonders aufgefallen ist, war die kollektive Unfähigkeit oder mangelnde Bereitschaft der Leute, das Phänomen der Recovery einmal rational und ohne Gefühle zu betrachten. Wenn sie die Recovery überhaupt als ein kulturelles Phänomen betrachteten, verallgemeinerten sie in Wirklichkeit nur ihre eigenen Erfahrungen: »Mir hat es geholfen, also wird es auch allen anderen helfen.«

Bekenntnisse abzulegen, statt zu denken, ist ansteckend. Sie können so etwas sogar in den Universitäten antreffen. Als ich Erstsemester unterrichtete, fiel mir sehr bald auf, daß meine Hörer nur an Problemen interessiert waren, die einen dramatischen Aspekt hatten – an fiktiven Geschichten, Memoiren oder an populärem Journalismus. Da sie mit »Donahue« und dramatisierten Dokumentarspielen groß geworden waren, erlebten sie die bloße Diskussion über Ideen als »zu trocken und akademisch«. Heute darf man nicht einmal mehr an einer Akademie akademisch sein. Die Studenten wollten Bekenntnisse hören und keine Theorien.

Auch bei den graduierten Studenten und bei den Professoren ist Subjektivität schon seit mehreren Jahren modern. Die Verschiedenartigkeit der Studentenpopulationen und die Bemühungen um eine Multikultur haben aus subjektiven Erfahrungen und Ansichten politische Forderungen werden lassen. In den Theorien der Literatur und des Rechts und in der Geschichtsforschung ist es modern, Wissen als eine Frage der Perspektive zu betrachten, das »Vortäuschen« von Objektivität ist in Verruf geraten. Die Gelehrten reden jetzt über sich selbst. Theorie ist nichts anderes als das Ablegen von Bekenntnissen.

Ich will damit nicht sagen, daß die toten weißen Männer, die einst die Welt beherrscht und Normen aufgestellt haben, alle Antworten wußten, oder daß eine Vielfalt von Perspektiven in der Politik und in der Theorie nicht willkommen ist. Und ich will auch nicht sagen, daß die Analyse von der Erfahrung getrennt werden sollte. Ich sage nur das Offensichtliche – daß Analyse und Erfahrung in einem ausgeglichenen Verhältnis zueinander stehen müssen. Es ist immer noch ein erstrebenswertes Ziel, einen gewissen Grad an Objektivität zu erreichen.

Es dürfte überflüssig sein zu erwähnen, daß individuelle Vorlieben nicht immer der beste Maßstab für das Gute sind. Eine Lücke im Steuergesetz, die Ihnen hilft, Geld zu sparen, kann trotzdem insgesamt ungerecht sein. Natürlich kann man die Recovery-Bewegung nicht mit der Steuermoral vergleichen. Sie wird uns nicht aufgezwungen. Sie stellt keine politische Maßnahme dar, über die man nachdenken und diskutieren kann. Ich möchte hier nicht den Unterschied zwischen öffentlichen Aktionen und privaten Experimenten mit der persönlichen Entwicklung verwischen, sondern ihn eher betonen.

Eine auf persönlichen Erfahrungen basierende Bewertung einer Selbsthilfebewegung ist wahrscheinlich unumgänglich und bis zu einem gewissen Grad auch angebracht. Eine so geartete Bewertung politischer Aktionen kann dagegen katastrophale Folgen haben. An den Talk-Shows stört mich vor allem, daß man bei den Diskussionen über private

Probleme einen Solipsismus erkennen kann, der dann auch bei Diskussionen über allgemeine Fragen vorherrscht. In der Oprah-Show erleben Sie das gleiche wie in der politischen Arena. Auch bei der Wahl unserer Volksvertreter und der Planung politischer Aktionen lassen wir uns davon leiten, welche Gefühle sie in uns auslösen. (Jimmy Carters größter Fehler war, daß er uns deprimiert gemacht hat.) Wir beurteilen sogar Kriege danach, wie sie sich auf unser Selbstwertgefühl auswirken: Vietnam hat uns deprimiert. Der Golfkrieg hat uns wie ein gutes Selbsthilfeprogramm von unserem »Vietnam-Syndrom« geheilt und uns »unseren Stolz wiedergegeben«, so, wie General Motors das mit dem Chevrolet zu tun hofft. Norman Schwarzkopf und Colin Powell befriedigten unsere Sehnsucht nach Helden, sagte ein jeder. Die Fernsehsender verwöhnten uns mit Videomontagen gutaussehender, junger Soldaten, die sich lässig an Tanks lehnten, kühn in die Wüste blickten, »ihren Auftrag erfüllen« und dann wieder nach Hause wollten. Nach vorsichtigen Schätzungen wurden in diesem Krieg 150 000 Menschen direkt getötet; die Zahl derer, die noch an Krankheiten, Mangelerscheinungen und Umweltschäden sterben werden, läßt sich wahrscheinlich gar nicht abschätzen. Ganz gleich, ob dieser Krieg geführt werden mußte oder nicht, ob es ein wirklicher Sieg war oder nicht, sollten wir ihn nicht schon deshalb als Erfolg betrachten, weil er uns Siegesparaden und einen stolzen Unabhängigkeitstag beschert hat. Die Kultur der Recovery ist heimtückisch: die moralische Berechtigung eines Krieges wird daran gemessen, wie wir uns dabei fühlen.

»Versuchen Sie doch einmal, Ihre eigenen Erfahrungen mit der Recovery und die Gefühle, die Sie dabei gehabt haben, außer acht zu lassen«, schlug ich dem Publikum in der Oprah-Sendung vor. »Überlegen Sie einmal, was die

Faszination von der Sucht für unsere Kultur bedeutet. Denken Sie einmal darüber nach, welche politischen Folgen es hat, wenn man den Menschen den Rat gibt, ihren Willen aufzugeben und sich einer höheren Macht anzuvertrauen.« Die Leute aus dem Publikum sahen mich verständnislos an. Als wir später im Auto saßen, schüttelte einer meiner Diskussionspartner (auch ein Gegner der Co-Abhängigkeit) den Kopf, lächelte sanft und sagte: »Das war wie ein Kommentar aus dem heute-journal.«

Ein paar Monate später spielte ich einer Gruppe von Kollegen an der Uni bei einem Glas Wein das Oprah-Band vor. Keiner von ihnen hat etwas mit der Recovery-Bewegung zu tun, und keiner kennt sich mit den entsprechenden Programmen und mit dem Jargon aus. Nachdem sie erlebt hatten, wie die sechs Diskussionsteilnehmer und das Studiopublikum versucht hatten, möglichst viel von der Sendezeit zu ergattern, die aus Achtminutensegmenten bestand, zwischen denen Werbespots gesendet wurden, konnte keiner von ihnen in der Oprah-Show irgendeinen Sinn erkennen. So wie der Mann aus dem Publikum, der immer gefragt hatte: »Wovon erholt ihr euch eigentlich alle?«, waren sie hinterher völlig ratlos. »Sie müssen mit dem Herzen denken und nicht mit dem Kopf«, ermahnte uns ein Pro-Co-Abhängigkeits-Experte am Ende der Sendung, während der Abspann lief.

3. KAPITEL

Mach dir keine Sorgen, sei glücklich: Vom »positiven Denken« bis »Est«

Seit mehr als zweihundert Jahren entdecken Selbsthilfeexperten immer wieder aufs neue das Geheimnis des Reichtums, der Gesundheit und des spirituellen Wohlbefindens: Amerikas Faszination von der Selbsthilfe ist älter als die Republik. Schon die Kolonialisten konnten in den puritanischen Selbstverbesserungsbüchern nachlesen, wie man ein gottesfürchtiges, protestantisches Leben führt. Später erklärte ihnen Benjamin Franklin, wie man auch im weltlichen Leben Erfolg hat. Im 18. Jahrhundert dienten Bücher über Etikette, Weiblichkeit, Haushaltskunde, sexuelle Tugendhaftigkeit und Erfolg Männern und Frauen als Führer durch eine immer komplizierter werdende industrialisierte Welt. Auch die populäre Belletristik hatte einen belehrenden Charakter: Das renommierte Frauenmagazin des 19. Jahrhunderts *Godey's Lady's Book* enthielt moralisierende Geschichten über weibliche Tugenden und über das Familienleben. Beide Geschlechter suchten spirituelle Orientierung. Vor dem »New Age« gab es den »New Thought«, ein Konglomerat von Glaubenssätzen über die Macht der Seele und des Geistes, mit deren Hilfe man angeblich die bloße materielle Wirklichkeit transzendieren (und es zu Wohlstand bringen) konnte. Schon vor Norman Vincent Peale, Werner Erhard und Shirley MacLaine gab es Mary Baker Eddy, die Begründerin der »Christlichen

Wissenschaft«, und Napoleon Hill, den vielversprechenden Verfasser von »Denke und werde reich«.

In der Welt der Selbsthilfe ist alles möglich: Jeder kann reich, schlank und gesund werden. Jeder findet seinen Glauben, Disziplin und die Bereitschaft, sein Leben in die Hand zu nehmen. Dieser pragmatische Optimismus ist offenbar eine typisch amerikanische Erscheinung, und wir sind in dem Maße stolz auf die Selbsthilfetradition, in dem wir in den Gedanken verliebt sind, ein Land zu sein, in dem sich die Leute ständig wieder selbst entdecken.

Das »How-to-Phänomen« spiegelt den demokratischen Glauben an die Fähigkeit des einzelnen wider, der die von der Natur und durch seine Klassenzugehörigkeit gegebenen Umstände überwinden kann – aber nur dann, wenn er sich strikt an die Methoden hält, die von Experten entdeckt oder entwickelt wurden. Die Selbsthilfebewegung ist bloß das letzte Glied einer Kette von Methoden zur Persönlichkeitsentwicklung, die uns zur Aufgabe des eigenen Willens zugunsten einer bestimmten Methode oder gar einer höheren Macht auffordern und von uns verlangen, daß wir die Ratschläge irgendeines Experten kritiklos übernehmen. Die Selbsthilfe-Tradition bekennt sich zwar zu einigen demokratischen Idealen, unterminiert sie aber gleichzeitig wieder, indem sie die Leute daran hindert, selbständig zu denken oder die angebotenen Allheilmittel in Frage zu stellen. Die Leichtgläubigkeit vieler Selbsthilfe-Konsumenten stellt eine potentielle Gefahr dar, die durch die schiere Dummheit des populärsten, die Zeit überdauernden Selbsthilfe-Ideals demonstriert wird – durch das sogenannte positive Denken.

»Man kann sich das Glücklichsein angewöhnen, indem man ganz einfach übt, glücklich zu denken«, versicherte Norman Vincent Peale Amerika bereits 1952 in seinem

Buch »Die Macht des positiven Denkens«, das eine Millionenauflage erreichte und auch heute noch gedruckt wird. Peale erklärte, daß das größte Problem der Amerikaner ihr »Mangel an Selbstbewußtsein« sei (solche Enthüllungen von Experten über das Selbstwertgefühl sind kaum etwas Neues). Peale gab zu, »daß es in diesem Leben auch so etwas wie ›schlechte Karten‹ gibt«, aber er glaubt nicht wirklich daran und ist genausowenig bereit zuzugeben, daß es soziale Ungerechtigkeit gibt.[1]

Das Geheimnis des Erfolgs besteht also ganz einfach darin, daß man von seinem eigenen Erfolg überzeugt ist und an Jesus Christus glaubt. Wie kann man seine Zweifel loswerden und gläubig werden? Die »einzig richtige Methode zu glauben besteht einfach darin, daß man gläubig ist«, erklärte Peale in einem seiner früheren Bücher *Faith Is the Answer*[2] (Glauben ist die Lösung). Wie sieht diese »wissenschaftliche« Methode aus, die den Menschen Glück und Wohlstand bringt? Machen Sie sich eine Liste glücklicher Gedanken, nehmen Sie sie auf Band auf und spielen Sie sie täglich ab. »Beim Anziehen, Rasieren oder beim Frühstück sollten Sie beispielsweise folgendes sagen: ›Ich glaube, das wird heute ein wunderschöner Tag.‹« Wenn man ein paar »besänftigende Worte« mehrmals vor sich hin spricht, nennt sich das »Affirmative Therapie« oder »Methode der suggestiven Äußerungen«. »Worte haben eine enorme suggestive Kraft«, bestätigt Peale. Allein dadurch, daß man das Wort »Ruhe« ausspricht, »erzeugt man einen Zustand der Ruhe«.[3]

Was an Peales geheimnisvollen wissenschaftlichen Methoden besonders auffällt, ist die Tatsache, daß sie weder Methoden noch geheimnisvoll, noch wissenschaftlich sind. Es sind einfach Maximen und Gebote: Glückliche Gedanken führen mit Sicherheit zu einem glücklichen Leben. Beten

Sie oder stellen Sie sich etwas vor. Stellen Sie sich das vor, was Sie haben wollen, und Sie werden es bekommen. Vor allen Dingen dürfen Sie sich keine Sorgen machen.

Peale gibt uns den Rat, keine »Sorgengespräche« zu führen. »Es ist wichtig, daß wir alle negativen Gedanken aus unseren Gesprächen verbannen, denn sie erzeugen innere Spannungen und Ärger ... Verringern Sie die Zahl der Sorgenwörter in Ihren Gesprächen ... [Sorgen] sind bloß eine ungesunde und destruktive Angewohnheit.«[4] Wer glaubt, daß es persönliche, politische oder soziale Probleme gibt, über die man sich mit Recht Sorgen macht, hat Peales Argumentation nicht begriffen: Eine negative innere Einstellung ist die Mutter aller Probleme. Wenn man Peales Philosophie gedankenlos nennt, macht man ihr sogar ein Kompliment: Ein leerer Geist ist ein Gefäß für den Glauben.

»Ich empfehle Ihnen, Ihren Geist mindestens zweimal täglich zu entleeren«, schreibt er. »Befreien Sie ihn von Furcht, Haß, von dem Gefühl der Unsicherheit, Reue und Schuldgefühlen.« Er nennt das einen »Prozeß der Drainage des Geistes, ... ängstliche Gedanken müssen drainiert werden, weil sie sonst den Geist blockieren und den Fluß der geistigen und spirituellen Kraft behindern.«[5] Heute neigen wir dazu, das Gehirn als einen Computer zu betrachten, der aktiv Informationen verarbeitet; Peale stellte sich das Gehirn als eine Küchenspüle und Gott als Installateur vor:

> Konzentrieren wir unsere Gedanken auf die Vorstellung, unsere sämtlichen Sorgen, Befürchtungen, Ängste und Nöte würden unser Bewußtsein verlassen. Stellen wir uns irgendein deutliches Bild vor, zum Beispiel eine Badewanne, bei der wir den Stöpsel herausziehen und deren trübes Wasser sich nun gurgelnd entleert. Je bildhafter und deutlicher wir uns

> den Vorgang vorstellen, um so wirksamer wird er sein. Sprechen Sie dabei ruhig und langsam die Worte: »Gott hilft mir nun, mein Denken von allen Sorgen und Ängsten zu befreien.« Wiederholen wir diese oder ähnliche Worte mehrmals, und geben wir uns dann die Versicherung: »Ich glaube, daß mein Denken nun völlig frei ist von allen Sorgen, Ängsten, Befürchtungen und Minderwertigkeitsgefühlen.« Danken wir Gott für die Befreiung, und schlafen wir dann ruhig ein.[6]

Wenn Sie erst einmal Ihren Kopf mit Gottes Hilfe geleert haben, kann er mit Glauben aufgefüllt werden:

> Sprechen wir darum wenn möglich laut Worte wie: »Gott erfüllt mein Denken mit Mut, Frieden und innerer Sicherheit. Gott beschützt mich vor Angst und Sorge.
> Gott führt mich. Gott hilft mir, richtige Entscheidungen zu treffen. Gott hilft mir weiter.«[7]

Peale sagt hin und wieder auch, daß Sie selbst die »Kontrolle über Ihr Leben« übernehmen sollen, aber er bietet nur Ratschläge an, wie man diese Kontrolle an Gott delegiert. Wie ein Vater, dessen Kinder nie erwachsen werden, paßt Gott immer auf, greift ein und ist ständig ansprechbar. Keine noch so kleine Einzelheit Ihres Lebens entgeht ihm; es gibt keine Entscheidung, die Sie allein treffen müssen, keine Konflikte oder Probleme, mit denen Sie sich konfrontieren oder die Sie lösen müssen; Sie können sie einfach ignorieren. Peales Rezept für ein automatisiertes Verhalten – regelmäßiges Aufsagen von Zusicherungen und Gebeten – raubt Ihnen womöglich den freien Willen, befreit Sie aber gleichzeitig auch von den Ängsten, die mit ihm verbunden sind.

Vergessen Sie Ihre Sorgen, seien Sie glücklich. Wir haben uns schon an dieses alte Lied gewöhnt, das auch Peale anstimmt. Er beschwört eine künstliche heile Welt, in der Ihr Lächeln der beste Regenschirm ist und in der Sie beim Besteigen eines jeden Berges nie allein sein werden. »Sein Optimismus ist mir zu willkürlich und keck«, beschwerte sich William James über Walt Whitman,[8] und wir können dasselbe von Peale sagen, der sehr großzügige Anleihen bei den positiven Denkern vom Ende des 19. Jahrhunderts, den Verfechtern der »mind cure« (extra wiederzugeben mit »Seelenheilung«, nicht aber mit »Geistheilung«, bei der äußere Kräfte bestimmend sind; Anm. d. Red.), macht. James beschreibt und kritisiert die führenden Köpfe der »mind cure«-Bewegung seiner Zeit, die schon lange vor Peale eine gesunde seelische Einstellung zum Allheilmittel erklärten und vor der »Angewohnheit, Trübsal zu blasen«, warnten.

> Man hört von der »Bibel der Entspannung«, von einer »Mach dir keine Sorgen«-Bewegung, von Leuten, die sich morgens beim Anziehen ihr Tagesmotto vorsagen: »Jugend, Gesundheit, Kraft!« In vielen Haushalten darf man sich nicht einmal mehr über das Wetter beschweren; immer mehr Leute betrachten es als ungehörig, wenn man von unangenehmen Gefühlen redet oder sich zuviel über die gewöhnlichen Unannehmlichkeiten und Plagen des Lebens ausläßt.[9]

James respektierte die Nützlichkeit der »mind cure«, weil er erkannt hatte, daß »die weite Verbreitung dieser Bewegung auf ihre praktischen Erfolge zurückzuführen ist«. Er stellte jedoch das in Frage, was wir heute ihren egozentrischen Aspekt nennen würden: Ähnlich wie die Selbsthilfebewegung befaßt sich die »mind cure« ausschließlich mit der individuellen und nicht mit der sozialen Gesundheit. Vor allem moniert James in seiner Kritik, daß die positiven Denker keine Erklärung für das Böse haben, das schließlich auch »einen echten Teil der Wirklichkeit darstellt«.[10] Für die Leute, die an die »mind cure« glaubten, war das Böse bloß eine Lüge oder eine Täuschung. Peale würde es als Folge falscher Einstellungen bezeichnen.

Machen Sie sich keine Sorgen, seien Sie glücklich. Es fällt einem schwer, sich vorzustellen, daß sich viele Leute an Peales Gebote halten, aber es kann einem auf der anderen Seite angst und bange werden, wenn man sich vorstellt, was passieren würde, wenn sie es tatsächlich täten. Wenn die Vermeidung von Konflikten das höchste Ziel ist, muß die Demokratie zwangsläufig an die zweite Stelle treten, ganz abgesehen von der Gerechtigkeit, die mitunter auf eine Konfliktlösung folgt. Der Marktplatz der Ideen wird zu einem Marktplatz der Maximen. Peale verspricht uns den Seelenfrieden, aber es ist ein langweiliger Frieden, bei dem alle brav sind und freiwillig über alles hinwegsehen.

Er beschert uns die Vision von Menschen, die »sich bewußt bemühen, *nicht* bewußt zu sein«, bemerkt Donald Meyer, einer der schärfsten Kritiker des positiven Denkens.[11] »Zeigen Sie stets, daß Sie bereit sind, Gottes Willen zu akzeptieren«, betont Peale. »Bitten Sie um das, was Sie haben wollen, seien Sie aber bereit, das zu akzeptieren, was Gott Ihnen gibt. Es ist womöglich besser als das, um das Sie ihn gebeten haben.« Positives Denken bedeutet also, daß man Gott sowohl sein Urteilsvermögen als auch seinen Willen überantworten soll: »Er leitet Sie, so daß Sie sich gar nicht erst etwas wünschen, was nicht gut für Sie ist oder nicht mit Gottes Willen übereinstimmt.«[12] Wenn Sie positiv denken, können Sie sogar auf Ihre Wünsche verzichten.

Es ist klar, daß Peale sich nicht an Menschen wendet, die

daran interessiert sind, ihre Welt oder ihren Glauben selbst zu prägen. Der typische Mann, an den er sich wendet, ist der Konformist der fünfziger Jahre, der in einer großen Firma arbeitet, unbedingt die Regeln lernen will und nie seinen Platz in der Hierarchie aus dem Auge verliert; die typische Frau ist seine Ehefrau. Peale versprach den Männern den Aufstieg in der Firma und den Frauen eine gute Partie: Glauben macht schön und steigert den professionellen Sachverstand (»Gott führt einen Schönheitssalon«).[13]
Peale beschreibt die starren Geschlechterrollen, die typisch für die fünfziger Jahre waren: Eine Frau, die von ihm wissen möchte, wie sie einen Mann finden kann, wird eine sanfte Kritik einstecken, weil sie eine so »dominierende Art« hat. (Sie hatte Peale Vorwürfe gemacht, weil er zu spät zu ihrer Verabredung gekommen war.)

> »Sie haben eine sehr entschlossene Art, Ihre Lippen zusammenzupressen ... Ich kann mir vorstellen, daß Sie eine sehr anziehende Frau wären, wenn Sie diese zwei harten Falten um Ihren Mund zum Verschwinden bringen könnten. Was Ihnen fehlt, ist etwas Weichheit, Zärtlichkeit – und Ihre Mundlinie ist zu hart, um diese Gefühle aufkommen zu lassen, ... aber ich glaube nicht, daß Ihnen das Kleid sehr gut steht ...« Dann schlug ich ihr vor, ihre Haare ein bißchen anders und attraktiver aufzumachen. Ich empfahl ihr auch, einen kleinen Hauch Parfüm nicht zu verschmähen.[14]

Peale ist sich – ähnlich wie Gott – nicht zu schade, sich um Details zu kümmern.
Alle diese Anekdoten beweisen, daß der Glaube einen ganz diesseitigen, praktischen Nutzen hat. Er fördert nicht nur Ihre Karriere oder sorgt dafür, daß Sie unter die Haube

kommen, er verbessert auch Ihre Schlagtechnik beim Golf und befreit Sie von allen möglichen Wehwehchen. »Sechzig Prozent der Bewohner meiner Stadt sind krank, weil ihre Geistesverfassung und ihr Gemütsleben nicht in Ordnung sind«,[15] berichtet Peale.

»Ich beginne jetzt zu erkennen, daß die Grundsätze des Christentums keine leeren Theorien sind«, bemerkt »Bill«, angeblich einer von Peales zufriedenen Kunden. (Peales Gesprächspartner klingen alle gleich; das heißt, sie klingen alle wie Peale.) Das Christentum ist eine angewandte Wissenschaft, erklärt Bill. »Wir haben ein Problem nach klaren geistigen Prinzipien gelöst, und es graut mir, daran zu denken, was geschehen wäre, wenn ich mich hätte verleiten lassen, meine Arbeit einfach hinzuwerfen.«[16]

Welches Problem haben sie denn gelöst? Bill war bei der Wahl des neuen Geschäftsführers seiner Firma übergangen worden. Und wie sah das wissenschaftliche Rezept aus, das Jesus verordnet hat? Es bestand aus Peales Bitte um Führung und Gottes Segen und der Versicherung, »daß der neue Posten genau das richtige für Bill und er der Firma an diesem Platz zu noch größerem Nutzen wäre als vorher«. Was bei diesem Gebetsexperiment herauskam? Bill wurde bald darauf doch noch zum Geschäftsführer ernannt.

Glaube ist das Zauberwort in Peales System; Glaube ist die »Wissenschaft«, die Erfolg und das spirituelle Wohlbefinden bringt, das angeblich mit ihm verbunden ist. Wenn die Kraft des positiven Denkens auch zu nichts anderem nütze ist, so kann man an Hand dieses Buches zumindest lernen, wie man einen Selbsthilfe-Bestseller schreibt: Machen Sie aus dem, womit sich die Menschen zur Zeit am meisten beschäftigen – Reichtum oder Gesundheit –, eine primäre moralische Forderung. Verbrämen Sie das Ganze mit Platitüden über positives Denken, Beten oder Affirmationsthe-

rapie, die Sie als todsichere wissenschaftliche Methoden deklarieren.
1936 schrieb Napoleon Hill »Denke und werde reich«. Ähnlich wie die »Kraft des positiven Denkens« war auch dieses Buch zu seiner Zeit ein Bestseller und wird auch heute noch verlegt.[18] Man kann es sogar als Tonkassette kaufen, wie ich neulich abends in einem Fernsehwerbespot feststellen konnte. »Lernen Sie das Geheimnis der berühmten reichen Leute!« verkünden die Sprecher, während Ihnen Bilder von Master Cards und 800 Telefonnummern durch den Kopf gehen. »Denke und werde reich« ähnelt den »magischen Schlankheitsgürteln«, für die auch spätabends geworben wird (Nicht erhältlich in Geschäften!), mit denen »Sie Ihre Pfunde im Schlaf verlieren«.
Napoleon Hill versprach, uns Andrew Carnegies »Zauberformel« für das Reichwerden zu verraten. Hill behauptete, er habe »Hunderte von bekannten Männern analysiert«, die »ihren riesigen Reichtum mit Hilfe von Carnegies Geheimnis angesammelt« hätten. Er ist allerdings etwas zurückhaltender, wenn es darum geht, genau zu sagen, worin denn dieses Geheimnis bestehe: »Es hat keinen Namen, denn es funktioniert offenbar besser, wenn man es einfach nur offenbart, so daß diejenigen, die bereit dazu sind und danach suchen, es nutzen können.«[19] Hills Buch wird dadurch zu einer Art Schatzsuche, bei der getestet wird, wie groß die Ausdauer der Leser ist und ob sie würdig sind, in den Genuß dieser Wahrheit zu kommen.
Trotzdem ist es nicht so schwer, das Geheimnis zu begreifen: »Wünsche können in Gold verwandelt werden ... Reichtum beginnt mit einem bestimmten Bewußtseinszustand.« Diese Botschaft, die mit anregenden Geschichten von positiv denkenden Größen aus der Finanzwelt garniert ist, stellt den Kern der Hillschen Philosophie dar, die als Parodie des ame-

rikanischen Materialismus einfach zu schön ist, um wahr zu sein. Sie müssen »so von dem Wunsch nach Geld durchdrungen sein, daß dieser Wunsch zu einer Besessenheit wird«, erklärt Hill und fügt hinzu, daß Amerika seine Freiheit dieser Besessenheit von dem Gedanken des Wohlstands verdankt. »Der Wohltäter der Menschheit ist das Kapital!« Und im Vorwort des Herausgebers zu »Denke und werde reich« liest man, daß das, was in der Welt des Kapitals geleistet wird, zu einer »tiefen spirituellen Befriedigung führt«.[20]

Hills Leistung bestand darin, daß er die gegenwärtige Habgier nicht nur als eine soziale und spirituelle Errungenschaft darstellte, sondern auch als die Wissenschaft des Erfolgs. Habgier verwandelt sich mit Hilfe eines wissenschaftlichen Prozesses in Gold (so, wie Verlangen in sein »monetäres Äquivalent mutiert« wird), erklärt Hill, eines Prozesses, »der die magnetischen Kräfte der Gedanken ausnützt, die mit Gefühlen gemischt sind, wobei die Fähigkeit des Gehirns, ›Schwingungen anzuziehen, die mit den vorherrschenden Vibrationen harmonisieren‹, eine wichtige Rolle spielt«.[21]

Eine seltsame Physik:

> Unser Gehirn wird durch die vorherrschenden Gedanken, die wir in unserem Kopf haben, magnetisiert; auf eine Weise, über die kein Mensch etwas sagen kann, ziehen uns diese »Magnete« zu den Kräften, den Menschen und den Lebensumständen, die mit dem Wesen unserer *vorherrschenden* Gedanken eine harmonische Einheit bilden.[22]

Der Glaube ist der magische Bestandteil dieses mysteriösen Prozesses:

> Wenn sich Glaube und Gedanke vermischen, nimmt das Unbewußte die Schwingungen sofort auf und

übersetzt sie in ihr spirituelles Äquivalent und überträgt es auf die Unendliche Intelligenz, so, wie es beim Beten geschieht.[23]

Wie findet man den Glauben? Wie Norman Vincent Peale war auch Hill davon überzeugt, daß der Glaube automatisch durch das Aufsagen von Zusicherungen, diesen wiederholten Instruktionen an den »unbewußten Verstand« oder durch »Autosuggestion« erworben werde.[24] In dieser Welt brauchen Sie nicht einmal mehr Ihren Willen, um glauben zu können, Ihr Wunsch genügt.

Es lohnt sich, Hill ausführlich zu zitieren, nicht weil irgendeine seiner Behauptungen einen Sinn hätte, sondern weil das Gegenteil zutrifft; es ist unnötig, eine Satire über ihn zu verfassen, es genügt, wenn man ihn zitiert. Man könnte ihn als einen armen Irren abtun, wenn er nicht so viele Leser angezogen hätte, wenn seine »Theorien« nicht in den Kreisen des »New Thought« (Motto »Gedanken sind Dinge«) auf so fruchtbaren Boden gefallen wären und wenn die gleichen Theorien nicht immer noch von den Unternehmern der New-Age-Bewegung wie Werner Erhard, Begründer von »Est«, der sich nach eigener Aussage Napoleon Hill verpflichtet fühlt, wiederverwendet würden. Hill ist in jüngster Zeit als Co-Autor von *Think and Grow Rich: A Black Choice* wieder in Erscheinung getreten. Es handelt sich dabei um ein Selbsthilfe-Buch für die schwarze Gemeinde von Dennis Kimbra, einem der Dozenten an der Napoleon-Hill-Stiftung.

Hills Buch war keines jener kurzen »Wie man über Nacht reich wird«- Traktate für das Nachtprogramm des Fernsehens, sondern eher eine quasireligiöse Abhandlung, die einige der weitverbreiteten Ideale, wenn nicht sogar die Hauptströmungen vertrat. Ziel der Autosuggestion und

Kontrolle des eigenen Unbewußten war die Verbindung zu Gott, oder, wie Hill ihn nannte, zu der Unendlichen Intelligenz. (Den Vertretern der »mind cure« zufolge war Gott Geist.) Für Hill war Gott außerdem ein Kapitalist: Die »Unendliche Intelligenz« konnte »dazu veranlaßt werden, bei der Umwandlung der Wünsche in eine konkrete oder materielle Form zu helfen«.[25] Carnegies Geheimrezept bestand darin, Gott auf seine Seite zu bekommen.

Wie die meisten Selbsthilfe-Autoren macht auch Hill Zugeständnisse an das Ideal der Selbstbeherrschung, die allerdings reine Lippenbekenntnisse sind. Er spricht davon, daß wir unser Schicksal meistern können, wenn wir unsere Seele in den Griff bekommen; aber das, was er meistern nennt, scheint im wesentlichen aus einer Selbstzensur zu bestehen: Sie müssen sich dazu zwingen, keine schlechten Gedanken mehr zu haben, und dürfen nicht »versagensbewußt« sein. Kritisches Denken wird von den Philosophen des positiven Denkens nicht nur abgewertet, sondern sogar völlig verdammt, weil es angeblich wie eine Barriere zwischen uns und dem Erfolg und Gott steht. Hill, Peale und andere, die uns zur »mind cure« bekehren wollen, unterscheiden zwischen angemessenem und unangemessenem Denken; Gedankenkontrolle durch »Autosuggestion« und nicht etwa die freie Entfaltung der Intelligenz ist es, die wir mit der Selbstverwirklichung in Verbindung bringen sollen.*

Hill und Peale predigen Selbsthypnose und versichern ihren Lesern, daß sie gewissermaßen im Schlaf reich werden können.

Das hat kaum noch etwas mit protestantischer Ethik zu tun. Da das »positive Denken« oder die »mind cure« das Ideal

* Abraham Maslows Bücher über die Selbstverwirklichung werden auf den Seiten 88 bis 94 behandelt.

moralischer Selbstbestimmung durch das Versprechen der Erfüllung aller Wünsche ersetzt hat, standen sie immer im Widerspruch zur Tradition des liberalen Protestantismus, der Erfolg, Leistung und die Beherrschung der Umwelt stets als bewußte Willensakte betrachtete. Diese Tradition, nicht Selbsthilfebewegungen wie die »mind cure«, spiegelt ein Ideal wider, das die Erfindung des Selbst zum Inhalt hatte. Der Glaube des liberalen Protestantismus an die Wirksamkeit des Willens und an das Handeln des einzelnen hat womöglich dazu beigetragen, daß einige Aspekte des Mißbrauchs des Kapitalismus rationalisiert wurden, indem man die Fähigkeit der Armen und Entrechteten, sich selbst helfen zu können, übertrieben darstellte.

Auf der anderen Seite wurde aber auch der Glaube an soziale Reformen bestärkt. Es ist wichtig festzuhalten, daß die »mind cure«, die den Willen entwertet und von der Vorstellung ausgeht, wir könnten ohne ihn leben, sich – wie William James bemerkte – überhaupt nicht um die sozialen Mißstände oder die Beziehungen des einzelnen zu seiner Gemeinde kümmert. Die Christliche Wissenschaft, der bekannteste, immer noch in voller Blüte stehende Ableger der »mind cure«, war eine Kirche, die sich überhaupt nicht um Wohltätigkeitsaspekte scherte; das bemerkt Mark Twain in einer beißenden Kritik an dieser Institution:

> Ich habe gesucht und gesucht und gesucht, ich habe korrespondiert und alle anderen Möglichkeiten ausgeschöpft, ohne auch nur einen einzigen Hinweis darauf zu finden, daß der »Trust« (vermutlich die »Christliche Wissenschaft«, A. d. Ü.) jemals auch nur einen roten Heller für einen guten Zweck gespendet hätte. Es gibt keine einzige Wohltätigkeitsinstitution,

die von ihm unterstützt wird oder der er eine Spende zukommen läßt. In den Inseraten des »Trusts« und in den Äußerungen seiner Organe sucht man vergeblich nach einem Hinweis darauf, daß er auch nur einen Pfennig für die Waisen, Witwen, für entlassene Sträflinge, Armenschulen, Nachtasyle, Stadtmissionen, Bibliotheken, Altenheime oder irgendein anderes Objekt ausgegeben hätte, das den Weg zum Portemonnaie des Menschen über sein Herz findet.[26]

Wenn der Wille entwertet wird, werden auch das Handeln, das selbständige Denken und die sozialen Beziehungen entwertet. Wir werden zu Automaten, die Zusicherungen oder die Äußerungen irgendeines Experten herbeten, die kaum einen Sinn haben. »Je besser der Irrtum die Wahrheit simuliert und die sogenannte Materie ihrem Wesenskern, dem sterblichen Geist, ähnelt, um so ohnmächtiger wird der Irrtum als Glaube«, erklärte Mary Baker Eddy in *Science and Health* , ihrem erleuchtenden und angeblich unfehlbaren Buch.[27] Mark Twain bemerkte dazu: »Sie hat ein absolut erstaunliches Talent, ihre Worte so zu setzen, daß es unmöglich ist, dahinterzukommen, was sie eigentlich sagen will.«[28] Das konnte die Gläubigen jedoch nicht davon abhalten, sie weiter zu zitieren. Indem sie Gott als Seele und nicht als Willen verstehen, betrachten die Christliche Wissenschaft und die »mind cure« den Menschen ganz allgemein nicht als Gottes selbstbestimmtes Geschöpf, das in sich die Möglichkeit einer Entwicklung birgt, sondern als komplette, in sich geschlossene »Individualisierung« Gottes.[29] Dieser Glaube ist gar nicht so ungefährlich: Auf dem Gebiet der Politik stellt die Auffassung, jeder Mann und jede Frau seien eine Individualisierung des Staates, den Wesenskern des Totalitarismus dar. Das soll nicht heißen, daß alle positiven Denker Stalinisten oder Nazis sind oder eine politische Bedrohung darstellen. Da die populären Selbsthilfebewegungen widersprüchlich sind, sich in der Regel aus vielen Quellen bedienen, den Menschen dazu auffordern, sich zu unterwerfen, gleichzeitig aber eine Schwäche für den Individualismus zeigen, sind sie weit weniger gefährlich als Bewegungen, die sich einem ideologischen Puritanismus verschrieben haben. Trotzdem enthält die Tradition der Selbsthilfe einen Zug von Selbstverleugnung, die am deutlichsten in der »mind cure« und beim positiven Denken zu erkennen ist und eindeutig totalitären Charakter hat.

Ein Gegenmittel gegen das positive Denken und die Verlockungen eines automatisierten Verhaltens war der Gedanke der Selbstverwirklichung, der von dem Psychologen Abraham Maslow eingeführt wurde. Während Peale sich an Männer und Frauen wandte, für die Identität eine Frage des gesellschaftlichen Status war, die dazu neigten, Motivation, Urteilsfähigkeit und Kreativität als Attribute Gottes zu betrachten, entwarf Maslow das Bild des unabhängigen, selbständigen Individuums, das, vorausgesetzt, man läßt ihm die Möglichkeit einer freien Wahl, immer eine »vernünftige Entscheidung« treffen würde. Sein Ideal war die »Selbststeuerung« und »Selbstkontrolle« anstelle der Unterwerfung, wie er es in seinem Buch »The Farther Reaches of Human Nature« (Weitere Errungenschaften der menschlichen Natur) zum Ausdruck bringt:

> Es ist vernünftig anzunehmen, daß praktisch jeder Mensch und ganz sicher jedes Neugeborene von dem aktiven Willen beseelt sind, gesund zu sein, zu wachsen oder seine Möglichkeiten als Mensch auszuschöpfen.[30]

In seiner »Psychologie des Seins« heißt es:

> Der Mensch ist so geschaffen, daß er nach immer vollerem Sein drängt, und das bedeutet, er drängt auf das, was die meisten Menschen gute Werte nennen würden, Heiterkeit, Freundlichkeit, Mut, Ehrlichkeit, Liebe, Selbstlosigkeit und Güte.[31]

Bei dieser Betrachtungsweise hat jeder von uns einen einzigartigen inneren Kern, der entweder von Natur aus gut oder zumindest moralisch neutral ist. (Ironischerweise entwirft Maslow ein bedeutend positiveres Menschenbild als das sogenannte positive Denken.) Das Böse, ob gesellschaftlich oder individuell, ist auf die Frustrationen innerer Grundbedürfnisse zurückzuführen. Die Neurose ist eine »Mangelerkrankung«, eine Art von seelischer Unterernährung.[32] (Peales Leser litten wahrscheinlich an einem Mangel an Wünschen.)

Dieser optimistische Glaube an die Fähigkeit des Menschen, sich in die richtige Richtung zu entwickeln, sobald seine Grundbedürfnisse im Hinblick auf Nahrung und Sicherheit gestillt sind, stellt den Kern des »Human Potential Movement« oder der humanistischen Psychologie dar, die von Maslow, Carl Rogers und Gordon Allport zu einer Zeit populär gemacht wurde, in der Peale seine positiven Gedanken hatte. Die humanistische Psychologie entwarf ein hoffnungsvolles Bild vom natürlichen Potential des Individuums, das durch das Bewußtsein des Versagens sozialer und politischer Institutionen in der Nachkriegszeit einen Dämpfer bekommen hatte. Während Peale die Schrecken des Zweiten Weltkriegs einfach ignorierte, setzte sich Maslow zwar nur kurz, aber mit einer gewissen Intensität damit auseinander: In den fünfziger Jahren, so bemerkte er, waren Amerikaner und Europäer mit dem »totalen Zusammenbruch aller Werte, die außerhalb des Individuellen lagen, konfrontiert«.[33]

Ziel der humanistischen Psychologie war die Entdeckung – nicht Erfindung, wie Maslow betonte – eines »natürlichen Wertesystems ... Es gibt keinen anderen Ort, an dem man die Werte finden kann, als im Inneren des Selbst.«[34] Subjektivität war ganz offensichtlich eine Tugend, womöglich sogar die Haupttugend dieser Philosophie, durch die jedes Individuum ins Zentrum seines moralischen Universums gestellt wurde. Die Beziehung zwischen dem Therapeuten und seinem Klienten sollte aus diesem Grund antiautoritär und »klientenzentriert« sein, wie Carl Rogers betonte. Aufgabe des Therapeuten war es, die Entwicklung des Klienten in einer indirektiven Weise zu fördern.

Diese Verherrlichung der Subjektivität hatte jedoch nichts mit Relativismus zu tun, wie oft angenommen wurde. Maslow hat nie behauptet, daß alles menschliche Verhalten gesund sei, sondern er ging davon aus, daß alles gesunde Verhalten selbstbestimmt ist. Er idealisierte die Selbstverwirklicher, weil er sie als moralische »Wegbereiter« für die Neurotiker unter uns betrachtete: »Die gesündesten Leute« haben »eine sensiblere Wahrnehmung« und können »uns weniger Sensiblen sagen, was unsere Werte sind«.[35] Nur gesunde Menschen »haben Sehnsucht nach dem, was gut für sie ist ... Sie neigen dazu, spontan richtig zu handeln, weil es das ist, was sie tun *wollen*, was sie tun *müssen*, was ihnen Freude macht und was sie selbst auch für richtig halten.«[36]

Maslows Konzept vom selbstverwirklichten Menschen unterscheidet sich gar nicht so sehr von den traditionellen religiösen Gedanken vom Menschen, der in der Gnade Gottes lebt: Wenn man Gottes Liebe annimmt, wird man von seinem Willen und seinen Werten beseelt. Der wahrhaft gläubige Mensch kann nur das tun, was Gott will; er will nur das Gute. In gewisser Weise hat Maslow Gott nur einen neuen Platz im Inneren des Individuums zugewiesen, oder, wie andere sagen würden, er hat ihn degradiert. Die Selbstverwirklicher unterschieden sich von den anderen durch ihre Vereinigung mit dem »Gottgleichen« in sich selbst.

Maslow ist wahrscheinlich vor allem durch seine Untersuchungen von außergewöhnlichen Erlebnissen bekannt geworden. Dabei geht es um Augenblicke der »Ekstase«, die mit schöpferischen Akten assoziiert werden und Sprossen auf der Leiter zur Selbstverwirklichung darstellen. Er beschreibt diese Erlebnisse auf eine mystische Weise: Sie gehen mit einem Verlust des Ichbewußtseins einher, so, als befände man sich »außerhalb von Zeit und Raum«, mit einem Gefühl des »Einsseins«, der Wahrnehmung des Universums als im wesentlichen gut oder neutral und einem Verschmelzen der Werte und Fakten. Bei solchen Erlebnissen gibt es keinen Unterschied zwischen dem, was sein sollte, und dem, was ist. »Peakers«, das heißt Menschen, die überdurchschnittlich häufig solche »Spitzenerlebnisse« haben, sind subjektiv, aber keine Egoisten: Sie fühlen sich häufig »aufgerufen«, etwas für die Welt zu tun. Ein solches ekstatisches Erlebnis ist ein Augenblick, in dem »der Durchschnittsmensch« in der Lage ist, andere Leute und Ereignisse unabhängig von seinen eigenen Bedürfnissen und Wünschen objektiv wahrzunehmen. Bei einem »Peaker« *»kann die Wahrnehmung vorübergehend das Ich transzendieren, vergessen, ohne Ich sein«.*[37] Die Subjektivität markierte den Weg zur Selbstverwirklichung, Objektivität war jedoch ihr Ergebnis.

Man kann Maslow manches vorwerfen – daß er elitär war und die Selbstverwirklicher als einige wenige Auserwählte betrachtet, und einer »Verbesserung des Lebens« für die seelisch Tüchtigen auf Kosten der Untüchtigen das Wort geredet hat[38] –, man kann aber nicht behaupten, daß er egozentrisch oder relativistisch gewesen wäre, und er hat die Suche nach der Identität auch nicht simplifiziert; es wäre fairer zu sagen, daß er sie mystifiziert hat. Zumindest hat er keine Rezeptbücher geschrieben. Er hätte das auch gar nicht gekonnt, nicht nur weil er ein akademischer Autor war, sondern weil jeder ideale Selbstverwirklicher ein Improvisator ist, ein Mensch, der weder Rat noch Landkarten, Rollenmodelle oder Erfolgsversprechungen braucht; er hat das Selbstvertrauen und die Fähigkeit, »in einer Situation zu improvisieren, die es noch nie gegeben hat«.[39]

Die »How, to«-Bücher der Pop-Psychologen, die Maslow folgten, übernahmen den Terminus *Selbstverwirklichung*, führten aber das Konzept ad absurdum, indem sie Richtlinien und Methoden entwarfen, die zum Ziel führen sollten. Heutzutage versprechen die Selbsthilfeexperten, die sich Maslows Formulierungen über die individuelle Ganzheit und Autonomie ausborgen, jedem die Selbstverwirklichung, der bereit ist, die Anweisungen für die Befreiung des inneren Kindes zu befolgen, so, als könnte jeder von uns, der in einem Malbuch Zahlenfelder ausmalt, ein Matisse werden. Das Befolgen von allgemein anwendbaren Methoden hat mit Selbstverwirklichung so viel zu tun, wie das Aufsagen eines Gedichts etwas mit dem Dichten zu tun hat.

Maslows Theorien wurden in sehr geschickter Weise von den politischen Aktivisten der sechziger Jahre übernommen, für die Maslow selbst wenig übrig hatte. Das »Port Huron Statement«, das Glaubensbekenntnis, das die ganze Studentenbewegung befruchtet hat, pries »Selbst-Kultivierung, Selbst-Leitung, Selbst-Verstehen und Kreativität« und forderte eine bilderstürmerische »Qualität des Geistes, ... die sich offen mit den Problemen konfrontiert, die uns Sorgen bereiten und noch nicht gelöst sind; eine Qualität, die ein intuitives Wahrnehmen der Möglichkeiten, eine aktive Neugier und die Bereitschaft und Fähigkeit zu lernen umfaßt«.[40] So wie sich die nüchterne Leidenschaftlichkeit dieser Aussage auf Maslows Bemerkung stützte, daß die Selbstverwirklicher womöglich die Welt retten könnten, stützte sich Abbie Hoffmans spielerischer Anarchismus auf den Respekt vor der individuellen Freude, die seine Arbeit verlangte. Um das Selbst retten zu können, schrieb Maslow, »muß man wieder in der Lage sein, seine eigene Freude wahrzunehmen«.[41] Bei Hoffman bedeutete diese Freude Revolution, eine Revolution aus reinem Vergnügen, und dieses Vergnügen bestand aus »dem intensiven Erlebnis, sein volles Potential ausschöpfen zu können ... Ich möchte Spaß haben und das tun, was mir gerade in den Sinn kommt. Ich verlasse mich dabei auf meine Impulsivität«, erklärte er.[42] Seine Argumentation für die Revolution sah so aus:

> Hör zu, du möchtest mehr Spaß haben, du möchtest öfter mit jemandem ins Bett gehen, du möchtest gemeinsam mit deinen Freunden high werden, du suchst eine Möglichkeit, deine Kreativität auszudrücken, steig aus der Schule aus, häng deinen Job an den Nagel. Komm aus deinem Mauseloch heraus und hilf mit, die Gesellschaft aufzubauen und zu verteidigen, die du gern haben möchtest. Hör auf, alle möglichen Leute zu organisieren, organisiere nur dich selbst. Lebe endlich deine Vision aus.[43]

Hoffman bekannte sich eindeutig zu Maslow, sehr zu dessen Leidwesen.[44]

Auch wenn Abraham Maslow etwas gegen die Art und Weise hatte, in der seine Ideen von den Radikalen der sechziger Jahre übernommen wurden, fällt es doch schwer, denen zuzustimmen, die sagen, man habe ihn mißverstanden. Für Maslow war der Ort des Gewissens und der Moral das Individuum und nicht die politischen Institutionen; er stellte eine Verbindung zwischen ethischem Verhalten und einem Bewußtsein für das Selbst her (die Therapie selbst war ein »Suchen nach Werten«); er machte die Entwicklung des individuellen Potentials zu einer moralischen Forderung und erkannte gleichzeitig, daß »gute Menschen in der Regel eine gute Gesellschaft brauchen, um sich entwickeln zu können«.[45] Abbie Hoffman bezog seinen Mut aus Maslows Überzeugungen.

Die humanistische Psychologie glaubte an das Individuum, ganz gleich, in welcher idealisierten Form; abweichendes Verhalten hatte daher einen höheren Stellenwert als Konformität. Eigenwillige Aktionen des einzelnen wurden nicht nur als eine von verschiedenen Möglichkeiten betrachtet, sondern als eine Tugend. So wurde eine Theorie der individuellen Entwicklung entworfen, die die Bildung politischer Gemeinschaften förderte – die »Demokratie der individuellen Teilnahme«, wie sie im »Port Huron Statement« vorgestellt wurde. Die humanistische Psychologie prägte die Nachkriegsphilosophie der Identitätsbildung, die man mit Fug und Recht als Selbsthilfe bezeichnen kann und die bestimmte demokratische Ideale widerspiegelte, was nach einer gewissen Zeit ihre kommerzielle Attraktivität verminderte. Die Theorie der Selbstverwirklichung, die der Bilderstürmerei und dem Gedanken der Improvisation einen hohen Wert beimaß, war auf dem Markt der Methoden nicht konkurrenzfähig. Und es gelang ihr auch nicht, den Gedanken am Leben zu erhalten, daß die persönliche

Entwicklung nur ein geringes Maß an selbstloser sozialer Interaktion erfordere; das trug uns den Egoismus der letzten zwanzig Jahre ein. In den siebziger Jahren verwandelte sich die Selbstverwirklichung unmerklich in eine Pseudowissenschaft von der Selbstverherrlichung.

In ihrem Buch *How to Get Whatever You Want Out of Life* (Wie Sie alles erreichen können, was Sie vom Leben erwarten), das 1978 erschienen ist, kombinierte Dr. Joyce Brothers positives Denken mit der Terminologie der Selbstverwirklichung zu einem Bestseller, der davon handelt, wie man seine Träume verwirklichen kann.[46] Nur Sie, Ihr »inneres Ich, weiß wirklich«, was Sie vom Leben erwarten, schreibt Brothers, und nur sie kann Ihnen offenbar sagen, wie Sie das erreichen können. »Liebe, Macht, Reichtum, Erfolg, eine gute Ehe, eine befriedigende sexuelle Beziehung, Erfüllung ... gehören Ihnen, wenn Sie es nur wollen«, das heißt, wenn Sie ihr Buch kaufen. »Ein Selbsthilfebuch kann Ihr Leben verändern«, erklärt Brothers, ohne rot zu werden.[47]

Ihr Buch bietet die übliche Ansammlung von Plattheiten, aufmunternden Worten und Fallgeschichten von Leuten, die sich etwas gewünscht, auf etwas gehofft und durch bloßes Denken Erfolg und Selbstverwirklichung erreicht haben, womit man inzwischen einen »befriedigenderen Lebensstil« meint. Sie garniert das Ganze mit »wissenschaftlichen Methoden« wie der »Methode der schnellen Liste«: Schreiben Sie drei Wünsche auf, und zwar »so schnell Sie können«, ohne nachzudenken, sagt sie wie eine gute Fee. Aber sie ist Wissenschaftlerin, und die Methode der schnellen Liste ist ein »sehr wirksames psychologisches Werkzeug«. Um diese Effektivität zu beweisen, erzählt Brothers die Geschichte von »Norman«, der eine schnelle Wunschliste geschrieben hat und sich anschließend vom durchschnittlichen Verkäufer zum wohlhabenden Unternehmer und stolzen Besitzer »eines silbermetallicfarbenen Sportwagens mit roten Lederpolstern« mauserte.[48] Die Wunschliste muß also offenbar sehr detailliert sein.

Brothers' Ratschläge gehen auch bis in die Details. In ihrer Sammlung besonderer psychologischer Lernmethoden entwirft sie ein Lernprogramm: »Nehmen Sie ein leichtes Abendessen zu sich, und fangen Sie um sechs Uhr mit Ihrer Arbeit an ... Unterbrechen Sie die Arbeit um 8.30 Uhr für eine halbe Stunde ... Trinken Sie in dieser halben Stunde eine Tasse koffeinfreien Kaffee oder leichten Tee, oder essen Sie einen Apfel, ... trinken Sie keine alkoholischen Getränke.« Ein weiteres Geheimnis dieser Lerntheorie ist, daß man in einem kühlen, ruhigen Zimmer arbeiten soll: »Für geistige Tätigkeiten ist ein kühles Zimmer am günstigsten, also sorgen Sie dafür, daß der Raum kühl ist – bei sechzehn bis maximal achzehn Grad lernt es sich am besten.« Brothers verrät uns auch ihr eigenes Geheimnis: »Ich habe den größten Teil dieses Buches im Flugzeug geschrieben«, vertraut sie uns an, ich glaube ihr das unbesehen.

Man kann sich gut vorstellen, daß es den Leuten gefällt, wenn man ihnen sagt, daß sie nur den Thermostat herunterzudrehen brauchen, um konzentriert und schöpferisch arbeiten zu können. Schwieriger ist es dagegen, sich vorzustellen, daß die Leser sich Gedanken über Banalitäten machen, nur weil sie als wissenschaftliche Methoden verkauft werden – aber manche tun das tatsächlich. Das ist das Geheimnis des Erfolges der Frau Doktor. »Sie werden mehr und schneller lernen, ... wenn Sie sich immer im gleichen Zimmer, am gleichen Schreibtisch und zur gleichen Zeit hinsetzen und lernen«, erklärt sie. »Das trägt dazu bei, daß Sie sich selbst so zum Lernen konditionieren, wie Pawlow seinem Hund beigebracht hat, auf einen Glockenton mit

Speichelfluß zu reagieren.«[50] Brothers redet von Selbstverwirklichung, ist aber – ähnlich wie Norman Vincent Peale – in Wirklichkeit eine Pawlowianerin. Sie bietet ihr psychologisches Fachwissen als »Werkzeug« an, mit dem Sie sich selbst und andere manipulieren können.

»Die Fähigkeit, wirksam zu manipulieren, ist der Schlüssel zur Macht«, teilt sie in den Kapiteln mit, in denen es um Erfolg geht.[51] In den einführenden Kapiteln schreibt Brothers, daß man Glück »nur bis zu einem gewissen Grad« für Geld kaufen könne, aber genau dabei will sie Ihnen helfen; es zeigt sich, daß die Ansammlung von Geld und Macht ihr Hauptthema ist.

Wie ein Berufsberater bietet sie Tips für Einstellungsgespräche: Rauchen Sie nicht, kommen Sie nicht zu spät, achten Sie darauf, daß Sie den Namen der Person kennen, die Sie interviewt. Als Frau von Welt ermuntert sie Sie dazu, Ihre Beziehungen auszunutzen: »Es kommt darauf an, wen Sie kennen«, sagt sie. Sie ist eine Pragmatikerin und im Grunde amoralisch: »Es ist verhältnismäßig einfach, Leute durch Schuldgefühle zu manipulieren«, stellt sie fest; und obwohl so etwas »ziemlich unangenehm« ist, muß sie zugeben, daß es ein wichtiges psychologisches Werkzeug ist.[52]

Ein Kapitel widmet Brothers dem Thema »Wie man Leute dazu bringt, das zu tun, was man will«. Sie wird Ihnen dabei helfen, ein »Machtmensch« zu werden, der weiß, wie man das »psychologische Instrumentarium am besten einsetzt«, um Leute zu manipulieren: »Zuerst mit Komplimenten, dann durch Belohnungen und schließlich durch Schuldgefühle und Angst – in genau dieser Reihenfolge.« Komplimente sind ihr Lieblingsthema: »Jeder Mensch hat einen Minderwertigkeitskomplex«, deshalb ist jeder empfänglich für die Komplimente eines routinierten Schmeichlers, der weiß, wie man aus der inneren Unsicherheit des anderen Kapital schlagen kann. »Nehmen Sie die Gebiete ins Visier, die der Person, der Sie schmeicheln wollen, viel bedeuten. ... Stärken Sie ihr Ego auf den Gebieten, auf denen sie sich offenbar unsicher fühlt«, lautet Brothers' Rat. Üben Sie »Methoden des sensiblen Zuhörens«.[53]

Schreiben Sie Ihr eigenes »Handbuch der Manipulation«, sagt sie zum Schluß. Es wird Ihnen helfen, Macht und Freunde zu gewinnen.[54]

Wie die meisten erfolgreichen Selbsthilfeexperten faßt Brothers eigentlich nur die Aussagen ihrer Vorgänger zusammen. »Im Denken liegt Macht«, verkündet sie.[55] Am stärksten haben sie offenbar Peale und Dale Carnegie beeinflußt. Und sie geht mit der Zeit. Ende der siebziger Jahre ging es sowohl den Männern als auch den Frauen um Erfüllung durch Erfolg im Beruf. So etwas wie ein soziales Gewissen wurde als altmodisch und schrecklich naiv betrachtet, und Protest war nicht mehr modern. Während die sechziger Jahre von der humanistischen Psychologie bestimmt waren, regierte Ende der siebziger Jahre wieder das positive Denken, wie es sich am virulentesten in »Est« zeigt. Der phänomenale Erfolg dieser Bewegung spiegelte die zunehmende Beschäftigung mit dem privaten Glück auf Kosten des Interesses am öffentlichen Geschehen wider.

Werner Erhard, auch bekannt als Jack Rosenberg, gründete »Est«, nachdem er auf einer Autobahn in Kalifornien angeblich eine Erscheinung gehabt hatte: »Mir wurde plötzlich klar, daß ich gar nichts wußte ... Im nächsten Augenblick – nachdem ich das begriffen hatte – wurde mir plötzlich klar, daß ich alles wußte ... Es war so irrsinnig einfach, daß ich es nicht glauben konnte. Ich erkannte, daß es keinen verborgenen Sinn gab, daß alles so war, wie es ist, und daß bei mir bereits alles in Ordnung war. All das

Wissen, das ich angesammelt hatte, hatte nur dazu gedient, diese einfache Wahrheit und das Sosein von allem zu verdecken.« Er fühlte sich verpflichtet, andere an dieser Erleuchtung »teilhaben zu lassen« und ein Imperium aufzubauen.[56]

Seine Routine im Umgang mit dem psychologischen Kauderwelsch beweist, daß Erhard selbst ein begeisterter Konsument dieser Bewegung war, bevor er ein führender Kopf auf dem Gebiet der Persönlichkeitsentwicklung wurde. Er hat Napoleon Hill gelesen und gibt zu, wesentlich von ihm beeinflußt zu sein: »Ich weiß, daß es Menschen gibt, die sich über Leute wie Napoleon Hill lustig machen«, erklärte Erhard einem Biographen. »Wenn Sie aber einmal genau hinschauen, was er geschrieben hat, werden Sie Redlichkeit und Menschlichkeit entdecken.« Als er dann in den sechziger Jahren nach Kalifornien umgesiedelt war, kam Erhard mit dem »Human Potential Movement« in Kontakt, übernahm ihre Terminologie und wurde ein »Peaker«: »Das Schlüsselerlebnis, das ich 1963 hatte, betraf das, was ich das Selbst nenne ... Ich habe tatsächlich *das* Selbst erlebt – nicht *mein* Selbst: Das Wort ›mein‹ gehört in die Welt der *Konzepte* über das Selbst, nicht in die Welt des *Erlebens* des Selbst.« Dann ging er weiter über den Zen-Buddhismus zur Scientology, einem weiteren wichtigen Einfluß. »Erst als ich mit der Scientology in Kontakt gekommen war, konnte ich klar erkennen, daß GEIST (Mind) die Wurzel allen Übels ist und daß das Übel in seiner Positionalität liegt.« Schließlich absolvierte er einen Kurs bei Dale Carnegie zum Thema »Wie man Freunde gewinnt und Menschen beeinflußt«. Erhard war ursprünglich Verkäufer.

Mit seinem Verkaufstalent und seinen Anleihen bei praktisch allen bedeutenden modernen Bewegungen, die sich mit der Persönlichkeitsentwicklung befaßten, war Erhard

eine typisch amerikanische Erscheinung, ein Produkt der Selbsthilfekultur, deren führender Kopf er wurde. Oberflächlich und zungenfertig vermischte er die Terminologie verschiedener Bewegungen, entwickelte daraus ein eigenes Kauderwelsch, mit dem er die Leute davon überzeugte, daß er etwas völlig Neues sagte, und das dürfte kaum schwieriger gewesen sein, als ihnen weiszumachen, daß er überhaupt etwas zu sagen habe.
Ähnlich wie Napoleon Hill behauptete Erhard im Grunde, er habe eine Möglichkeit entdeckt, wie man »denken und reich werden könne«. »Est« versprach in großzügiger Weise, die »Fähigkeit, das Leben zu erleben, zu verändern«, wie Barbara Grizutti Harrison 1976 in einem sowohl witzigen als auch beunruhigenden Exposé berichtete.[58] Das bedeutete eine Verlagerung »von einem Zustand, in dem Ihr Lebensinhalt aus dem Versuch besteht, Befriedigung zu erleben oder nur zu überleben, ... zu der unmittelbaren Erfahrung, zufrieden, ein Ganzes und vollständig zu *sein*«.[59] Verstanden? Nein? Ist auch nicht unbedingt nötig. Hinter diesen sinnlosen, hochtrabenden Formulierungen verbirgt sich nichts anderes als das, was Hill schon 1936 gesagt hatte: Wünsche können in Gold verwandelt werden. Gedanken sind Dinge. Erwartungen erfüllen sich stets von selbst.
Die Offenbarung der Geheimnisse mußte möglichst viel kosten und durfte nur unter Schmerzen zu erreichen sein. Vermutlich war das der Inhalt der »Erleuchtung«, deren Erhard teilhaftig wurde. Trainingssitzungen bei »Est« hatten mit Mystik sowenig zu tun wie die Schikanen in einem Studentenwohnheim oder die Strapazen eines Überlebenstrainings. Die Teilnehmer zahlten Hunderte von Dollars für das Privileg, sich gemeinsam in große Räume einsperren zu lassen, sich einer Art Psychoterror unterziehen zu dürfen

und beschimpfen zu lassen: »Ihr seid alle Arschlöcher«, sagten die »Est«-Trainer in der Regel.[60] Die häufig zitierte Tatsache, daß die Teilnehmer nicht ohne Erlaubnis auf die Toilette gehen durften, hatte offenbar nur den Effekt, daß »Est« noch attraktiver wurde. Wenn man das Training durchgestanden hatte, durfte man sich hinterher zur Elite zählen.

Es ist schwer zu sagen, was der einzelne »Est«-Absolvent bei diesem Training gelernt hat. Wie auch zu allen anderen Selbsthilfeprogrammen, gingen Leute mit unterschiedlichen Temperamenten, Wünschen und Ideen dorthin. Manche versicherten glaubhaft, daß »Est« ihnen das Gefühl einer »persönlichen Vitalisierung« vermittelt hätte, durch die sie zu sozialen Aktivitäten angeregt worden wären. Ich vermute allerdings eher, daß sich bei solchen Leuten schon vorher ein soziales Gewissen entwickelt hatte. Ihre Leistung bestand wahrscheinlich darin, daß sie es auch nach »Est« noch hatten. Die populäre Botschaft von »Est«, die in unserer gesamten Gesellschaft Anklang fand, bestand aus einer deutlichen Abwertung jeglichen Mitgefühls.

Wir haben unser Leben vollständig unter Kontrolle und sind für Erfolg und Mißerfolg ausschließlich selbst verantwortlich, verkünden die Bekehrer von »Est«. So etwas wie Glück oder Schicksal gibt es nicht (positive Denker glauben ganz allgemein nicht an das Glück), das heißt, es gibt keine vom Pech verfolgten Opfer, sondern nur Arschlöcher, die es sich selbst zuzuschreiben haben, wenn sie mißbraucht werden. »Est« war gleichbedeutend mit »noblesse« ohne »oblige«; Reichtum verpflichtete zu nichts, denn die Menschen waren ja freiwillig arm (und schliefen gern auf Parkbänken). In einem Jahrzehnt, in dem der Begriff Erfolg nach und nach das Streben nach sozialer Gerechtigkeit als vorherrschendes kulturelles Ideal ablöste, war das die perfekte Philosophie. Niemand ist es wert, daß Sie ihm helfen, und niemand könnte diese Hilfe richtig ausnützen, erklärte »Est«. Charakter ist Schicksal, Punktum.

Und dieser Charakter entwickelt sich in einem Vakuum. Während sich die Selbsthilfebewegung ausschließlich auf die Auswirkungen der Familie auf die Persönlichkeitsbildung konzentriert, wurde dieser Einfluß, so wie alle anderen Umstände, die nicht der Kontrolle des Individuums unterliegen, von »Est« völlig ignoriert. In Erhards Welt haben wir uns alle selbst erschaffen. Im Gegensatz zur Selbsthilfebewegung, die uns alle zu Opfern machte, gab »Est« uns die Legitimation, Raubtier und Jäger zu sein.

Obwohl die Selbsthilfeexperten einige Methoden des positiven Denkens – Zusicherungen und visuelle Vorstellungen – und das papageienhafte Nachbeten der Thesen von der Kraft des Geistes übernommen haben, machen sie kaum Anleihen bei der Ideologie des positiven Denkens. Es ist oft sehr schwer, die historischen Wurzeln der Selbsthilfebewegung zu finden, denn die Experten machen oft in einer völlig unlogischen Weise Anleihen bei allen möglichen populären Bewegungen. Ideologisch ist die Selbsthilfebewegung jedoch den populären protestantischen Gedanken wie zum Beispiel Erlösung durch Gnade und der Erweckungsbewegung des 19. Jahrhunderts verpflichtet, während »Est« tief in der »mind cure« wurzelt. Keine von beiden Bewegungen bietet eine ausgeglichene, differenzierte Sicht unserer Verantwortlichkeit für uns selbst und unsere Umwelt; keine bietet die Möglichkeit selbstbestimmten, moralischen Handelns. Aber während die Selbsthilfebewegung nur ärgerlich und pubertär ist, war »Est« grausam.

Erhards Philosophie bringt unverhüllt die asoziale Komponente der Tradition des positiven Denkens und der »mind cure« zum Vorschein, die Mark Twain bei der Christlichen Wissenschaft entdeckt hatte, die den Aspekt der Wohltätigkeit völlig vernachlässigte. Wenn sich jeder seine eigene Realität schafft, dann genügt sich jeder selbst, ist ein in sich geschlossenes System und eine jener individuellen Existenzen von Gottes Gnaden, als die die »mind cure« uns sieht. Erhard bestätigte mit Nachdruck die Botschaften des Norman Vincent Peale: Es gibt keine gesellschaftlichen Krankheiten, keine äußeren Kräfte, die unser Schicksal beeinflussen; es gibt nur das negative Denken, den inneren Feind. Reue ist überflüssig, denn Sie brauchen sich den Erfolg nur zu wünschen, um ihn zu erreichen. Mitgefühl ist pure Verschwendung seelischer Energie.

Heute gibt es »Est« in einer freundlicheren, sanfteren Verpackung, die sich Forum nennt. Teilnehmer an Forum-Seminaren dürfen auf die Toilette gehen, wann sie wollen, und werden auch nicht mehr so beschimpft wie früher. Aber die Botschaft, die sich aus der New-Age-Rhetorik des Forums ableiten läßt und die sich auf Phänomene wie zum Beispiel »empirische Rezeptoren des Seins« bezieht, ist die gleiche: Sie sind eine Ganzheit. Sie sind vollständig. Sie sind der Drehbuchautor, Regisseur und Star eines Einpersonenstücks.

Wenn nur den Leuten etwas zustößt, die negative Gedanken haben, dann ist das Böse selbst nach Meinung der führenden Köpfe der »mind cure« ein Fehler, ein Mißverständnis; das Böse ist eine Lüge. (Oder, wie Mary Baker Eddy es ausdrückte: »Das Böse ist die schreckliche Täuschung und Irrealität der Existenz.«[61]) Es gibt also keine Tragödien, keine Schicksalsschläge, keine Willenskonflikte, sondern nur falsche Wahrnehmungen, und es gibt auch keine Ungerechtigkeit. »Mind cure«, positives Denken und »Est« haben offenbar nie etwas von Hiob gehört.

Die Tatsache, daß man sich mit der Existenz des Bösen nicht auseinandersetzt, sie nicht einmal zugibt, läßt »mind cure« oder positives Denken als »Philosophie ungeeignet« erscheinen, wie William James betonte. James' Kritik war jedoch noch sehr milde. Da diese Ideologien die Existenz des Bösen leugnen, stellen sie eine faustische Philosophie dar, die den Seelenfrieden auf Kosten des Mitgefühls und des Willens, das Leid in der Welt zu lindern, verspricht. James hatte der »mind cure« gegenüber eine tolerante Einstellung und respektierte ihre praktischen Erfolge, aber er fühlte sich nie besonders zu ihr hingezogen. Sie sei »unheroisch«, sagte er; sie verlangt zuwenig von uns und bringt uns um das »anstrengende Leben«, das aus moralischen Konflikten im Dienste unserer Ideale besteht. »Es gibt auf der Welt ein Element wahren Unrechts, das man nicht ignorieren und dem man nicht ausweichen kann, sondern dem man sich stellen und das man überwinden muß, indem man die heroischen Quellen der menschlichen Seele aufruft und es durch Leiden neutralisiert und reinigt.«[62]

4. KAPITEL

Im Gleichschritt, marsch: Selbsthilfegruppen

Bei einem Treffen der »Anonymen Sex- und Liebessüchtigen« (Sex and Love Addicts Anonymous, SLAA) gesteht ein bärtiger Mann, daß er letzte Woche masturbiert habe. »Aber das ist in Ordnung. Ich habe damit keine Probleme«, versichert er uns. Er begreift jetzt, daß er beim Masturbieren seinen Zorn »ausagiert«. Als Rekonvaleszent befindet er sich in dem Prozeß, in dem er »Kontakt« mit seinem Zorn bekommt, und das heilt seine Sucht nach Sex. Jeder in dieser kleinen Gruppe, die aus fünfzehn oder sechzehn Leuten besteht, die in einem Kreis sitzen, nickt. Dann erzählt Pamela, eine junge Frau, die sich »in Beziehungen ohnmächtig fühlt«, von den inneren Kämpfen, die sie durchmachen mußte, als sie versuchte, ihren verflossenen Freund, mit dem sie vor einem Monat Schluß gemacht hatte, nicht anzurufen. Sie kann nicht gut allein sein. Ihr fehlt »nicht der Sex, sondern die Berührungen«, und sie fragt sich, ob dieses Verlangen nach Körperkontakt »Teil meiner Krankheit ist«. Wieder allgemeines Nicken. Joanne, eine rekonvaleszierende Sexsüchtige, bekennt, daß sie Sex dazu benutzt, andere zu beherrschen. Amy spricht davon, daß sie in Beziehungen die Kontrolle verliert. Carl berichtet von seinem schlechten Arbeitstag und von den Minderwertigkeitsgefühlen, die der Grund für seine Promiskuität sind. »Ich benutze die Sexualität, um mich angenommen und wichtig fühlen zu können«, vertraut er den anderen an, was nicht gerade sehr originell ist. Jetzt versucht er, davon loszukommen, und übt seine Zusicherungen: »Ich sage mir immer wieder, daß ich kein schlechter Mensch bin. Ich bin einfach süchtig, eine kranke, leidende Person«, sagt er und versucht sein Selbstwertgefühl zu stärken.

Zur gleichen Zeit sitzen ein paar Straßen weiter rekonvaleszierende Alkoholiker im Keller einer Kirche und erzählen sich erschütternde Geschichten von Blackouts und ausgedehnten Sauftouren. Wieder ein paar Straßen weiter reden rekonvaleszierende Eßsüchtige darüber, wie sehr sie ihren Körper lieben. Ein paar Stunden nach diesen Treffen, die um die Mittagszeit stattfinden, versammeln sich im Umkreis von nur einem Kilometer die erwachsenen Kinder von Alkoholikern (EKA), die anonymen Drogensüchtigen und die anonymen Co-Abhängigen. In meiner Heimatstadt und wahrscheinlich auch in Ihrer gibt es mittags, abends und manchmal sogar morgens solche Treffen, und das fünf- bis siebenmal die Woche, bei denen sich Zwölf-Schritte-Gruppen mit allen möglichen Arten der Sucht, schlechten Angewohnheiten oder sonstigen Beschwerden beschäftigen.

Die Geschichten, die man dort zu hören bekommt, wechseln schnell vom Trivialen zum Tragischen. Kaum hat eine Frau von den verheerenden Wirkungen der Wechseljahre berichtet, erinnert sich eine andere Frau daran, wie sie von ihrem Stiefvater vergewaltigt wurde. Völlig unterschiedliche und nicht zusammenhängende Geschichten wechseln in rascher Folge; mitunter kommt es einem vor, als verfolge man ein Programm des Musiksenders MTV. Während die Bekenntnisse variieren, bleibt die ernste Stimmung der Gruppe ziemlich konstant. Die Geschichte eines jeden Teilnehmers wird mit dem gleichen Ernst und der gleichen Betroffenheit aufgenommen. (Vergessen Sie nicht, alles Leid ist relativ.)

Auch der Ablauf der Sitzungen ist immer gleich. (Sie gleichen einander wie die Filialen eines Kaufhauskonzerns; ich glaube, Sie könnten überall im Land zu einer Zwölf-Schritte-Gruppe gehen und würden sich gleich wie zu Hause fühlen.) Die einzelnen Teilnehmer wechseln sich in der Leitung der Gruppe ab; in der Regel fangen sie an, mit dem Gebet der Anonymen Alkoholiker an: »Gebe Gott mir die Gelassenheit, das, was ich nicht ändern kann, so zu akzeptieren, wie es ist, den Mut, das zu ändern, was ich ändern kann, und die Weisheit, damit ich den Unterschied erkennen kann.« Dann liest der Gruppenleiter ein Manifest vor, das auch von den Anonymen Alkoholikern stammt und in dem es heißt, daß die Gruppe »eine Bruderschaft von Männern und Frauen ist, die ihre Erfahrungen austauschen und sich gegenseitig unterstützen und die Hoffnung vermitteln, daß sie die Probleme, unter denen sie gemeinsam leiden, lösen und anderen helfen, wieder gesund zu werden«. Das Manifest enthält darüber hinaus den Schwur, daß sich jeder Teilnehmer weder religiös noch politisch bindet oder eine Mitgliedschaft in einer anderen Gruppe anstrebt; er muß ausschließlich von dem Wunsch beseelt sein, wieder gesund zu werden.

Praktisch alle Selbsthilfegruppen verwenden die gleichen zwölf Schritte, die im Grunde eine Reihe von Maximen und Anweisungen darstellen, die von den Anonymen Alkoholikern aufgestellt wurden. Der erste Schritt besteht aus einer Aussage, die sich auf die Bedürftigkeit bezieht: »Wir haben zugegeben, daß wir keine Macht über – (hier können Sie Alkohol, Drogen, Essen, Sex, Einkaufen, Spielen, Religion oder irgendein Gefühl wie Traurigkeit oder Wut einsetzen) haben.« Der zwölfte Schritt ist eine Aussage, die sich auf den Erfolg und auf die Verpflichtung der Teilnehmer bezieht, sich als Bekehrer zu betätigen: »Nachdem wir als

Ergebnis dieser Schritte eine spirituelle Erweckung erlebt haben, versuchen wir, diese Botschaft anderen – (Alkoholikern, Drogenabhängigen, Leuten, die unter einem Kaufzwang oder unter Wutanfällen leiden, usw.) zu übermitteln und diese Prinzipien bei allem, was wir unternehmen, zu beherzigen.« Zu den dazwischenliegenden Schritten gehört eine »intensive, schonungslose moralische Inventur«, die »demütige« Bitte an Gott, »unsere Mängel zu beheben«, und das Versprechen, »allen Leuten, denen wir Schaden zugefügt haben, Besserung zu geloben«. Diese zwölf Schritte werden durch zwölf Grundsätze ergänzt, die auch für die Therapie von Drogensüchtigen geeignet sind. Der erste besteht aus einem Treueschwur der Gruppe gegenüber: »Unser gemeinsames Wohl muß an erster Stelle stehen; die Gesundung des einzelnen hängt von unserer Einigkeit ab.« Der zweite Grundsatz bezieht sich auf die Treue zu einem allgemeinen, »liebevollen Gott, wie er sich im Bewußtsein der Gruppe ausdrückt«. Darüber hinaus gibt es Grundsätze, die sich auf die Wahrung der Anonymität, auf das Verbot kommerzieller Unternehmungen und auf äußere Einflüsse auf die Gruppe beziehen. »Die Politik unserer Beziehung zur Öffentlichkeit basiert auf Attraktion und nicht auf Promotion«, lautet der elfte Grundsatz.

Viele intelligente Menschen arbeiten mit diesen einzelnen Schritten und erleben, daß sie ihnen helfen. Viele betrachten sie nicht als Aufforderung zur Selbstaufgabe, sondern fühlen sich dadurch angeregt, Verantwortung zu übernehmen. Mir ist natürlich klar, daß meine Interpretation der zwölf Schritte nicht die einzig mögliche ist. Einem Menschen, der alkohol- oder drogenabhängig ist und der das Gefühl hat, daß ihm ein solches Programm hilft, dürfte die Analyse eines Außenstehenden ziemlich egal sein.

Obwohl ich der Selbsthilfe und ähnlichen Bewegungen mit

einer instinktiven Skepsis begegne, kritisiere ich nicht ihre Vorläufer, die Anonymen Alkoholiker. Ich zähle mich allerdings auch nicht zu den Anhängern dieser Bewegung. Meine Kritik bezieht sich vor allem auf die immer weiter gefaßte Definition der Sucht und auf die vielen abgeleiteten Zwölf-Schritte-Gruppen für Leute, die nicht wirklich drogenabhängig sind, sondern nur unter schlechten Angewohnheiten oder Neurosen wie Freßsucht leiden oder »zuviel lieben«. Aber ich habe Menschen gekannt, die sich mit Alkohol oder Drogen selbst zerstört haben, und andere, denen die Anonymen Alkoholiker geholfen haben. Ich habe überzeugende persönliche Berichte von geheilten Alkoholikern gelesen, und ich habe weder die Absicht noch das Bedürfnis, das alles zu widerlegen; ich wäre dazu nicht einmal in der Lage. Ich habe Weihnachten an Treffen der Anonymen Alkoholiker teilgenommen und war von der Kameradschaft und der Hilfe beeindruckt, die sie anderen Leuten anboten. Da ich jedoch an solchen Gruppen der Anonymen Drogenabhängigen und der Anonymen Alkoholiker nur als Beobachterin teilgenommen habe, habe ich nur einen eingeschränkten Überblick über den Gesundungsprozeß. Ich weiß, daß mir die intime Kenntnis der Freundschaften fehlt, die bei den Anonymen Alkoholikern geschlossen werden: Ein rekonvaleszierender Alkoholiker erzählte mir einmal, daß die Treffen für ihn nicht annähernd so wichtig wären wie die anschließende Geselligkeit. Ich behaupte daher nicht, daß meine Bemerkungen über Zwölf-Schritte-Gruppen repräsentativ seien; es handelt sich dabei nur um persönliche Anmerkungen, die meine Reaktion auf diese Gruppen darstellen. Ich biete keine neuen Argumente über Suchtbehandlung. Ich möchte nur eine kritischere, politischere Perspektive des Phänomens der Zwölf-Schritte-Gruppen anbieten.

Die Zwölf-Schritte-Gruppen, die so viele Menschen als hilfreich betrachten, üben auf mich eine lähmende Wirkung aus. Stellen Sie sich vor, Sie müßten sich bei jedem Treffen immer wieder die gleiche Fürbitte um Gelassenheit, die gleichen Schritte und Grundsätze anhören. Nach der Fürbitte um Gelassenheit und dem Verlesen des Manifests reicht der Leiter gewöhnlich ein Blatt herum, auf dem die zwölf Grundsätze stehen, die dann abwechselnd von den Teilnehmern vorgelesen werden. Mir fällt es besonders schwer, diesen Teil auszusitzen; die Leute lesen in einem monotonen Tonfall tote Worte vor. Ein paar rekonvaleszierende Alkoholiker, die ich kenne, haben mir gestanden, daß auch sie nicht zuhören, wenn diese »Eröffnungsmantras« vorgelesen werden, ich glaube aber, daß viele andere Teilnehmer in diesen rituellen Vorlesungen auf eine ähnliche Weise Trost finden wie bei den Gebeten in der Kirche.
Man kann nur Vermutungen darüber anstellen, was der größte Teil der Leute in diesen Selbsthilfegruppen bei solchen und anderen Ritualen empfindet. Wir haben zwar anekdotenhafte Zeugnisse über die heilende Kraft der zwölf Schritte, aber keine hieb- und stichfesten, allgemeingültigen Beweise. Es ist wahrscheinlich unmöglich, etwas über die Millionen unterschiedlicher, anonymer Leute überall in der Welt zu erfahren, die in unkontrollierbarer Weise solchen Selbsthilfegruppen beitreten und sie mit unterschiedlichem Erfolg wieder verlassen. Bei solchen Gruppen ist die Fluktuation vermutlich höher als bei allen anderen privaten Verbindungen. Es gibt bei ihnen keine Aufnahmebedingungen, nicht einmal Mitgliedsverzeichnisse. Sie sind die losesten privaten Vereinigungen und propagieren allgemeine Verhaltensmaßregeln, die gewöhnlich befolgt, aber nicht aktiv erzwungen werden. Aus der Kirche kann man exkommuniziert, aus einem Club ausge-

schlossen werden, es ist jedoch praktisch unmöglich, daß einem der Beitritt zur Gemeinde der Zwölfschrittler verwehrt wird oder man aus ihr ausgeschlossen wird. Selbst wenn die Leute, die regelmäßig an einem bestimmten Treffen teilnehmen, Sie absolut unmöglich finden, können Sie immer noch die Gruppe wechseln und an einem anderen Treffen teilnehmen.

Das heißt also, daß dem Überfluß an anekdotenhaften Berichten der Mitglieder ein Mangel an empirischen Beweisen gegenübersteht. Ich habe bisher nicht eine einzige demoskopische Studie der Zwölf-Schritte-Gruppen finden können; das heißt, daß auch meine Beweise im wesentlichen anekdotenhaft sind.

Die meisten Gruppen, an denen ich teilgenommen habe, bestanden aus weißen Mittelklassebürgern, wie sie in meinem Viertel wohnen. Im Gegensatz zu den Leuten, die sich in Krankenhäusern kennenlernen, in denen Menschen aus verschiedenen Schichten behandelt werden, spiegeln die Selbsthilfegruppen offenbar die demoskopischen Parameter ihres jeweiligen Wohnviertels wider. (Die Teilnahme an einer Gruppe der Anonymen Alkoholiker in einem vornehmen Stadtviertel gilt schon seit langem als Geheimtip, wenn man sich eine gute Partie angeln will.) Früher nahmen ausschließlich Männer an AA-Gruppen teil, heute sind auch Frauen willkommen, so bestand die Hälfte der Gruppen, die ich beobachtet habe, aus Frauen. Vor allem bei den Anonymen Co-Abhängigen und den Anonymen Eßsüchtigen waren sie in der Überzahl. Die Gruppen der Anonymen Alkoholiker und Anonymen Drogenabhängigen waren im Hinblick auf Rasse, Geschlecht und, wie ich glaube, auch was die Klassenzugehörigkeit anbetrifft, besonders heterogen: Man traf dort sowohl Leute, die offenbar der Arbeiterklasse angehörten, als auch solche, die einen verhältnismäßig wohlhabenden Eindruck machten. Die Treffen der Anonymen Co-Abhängigen und die der erwachsenen Kinder von Alkoholikern waren die homogensten. Im allgemeinen macht die Sucht zwar alle gleich, aber manche Menschen scheinen sich sicherer zu fühlen, wenn sie »unter ihresgleichen« sind. Gelegentlich richten sich die Gruppen allerdings auch an sehr spezielle Gruppierungen, wie zum Beispiel an nichtrauchende lesbische Mütter von Söhnen.

Schwieriger ist es, eine Gruppe zu finden, die sich weder an Gott noch an eine sonstige höhere Macht wendet, obwohl vor kurzer Zeit ein paar solcher Gruppen für rekonvaleszierende Alkoholiker entstanden sind. Man kann den Drang zur säkularisierten Selbsthilfe – zumindest was den Alkoholismus anbetrifft – sogar schon als eine Bewegung bezeichnen: *Newsweek* hat diesem Thema eine Geschichte in der Rubrik »Lebensstile« gewidmet. (Dahinter steckt vor allem die Neigung der Verkehrsrichter, alkoholisierten Autofahrern die Auflage zu machen, an einem Selbsthilfeprogramm teilzunehmen; manche sehen in einem derartigen Urteil, das eine Teilnahme an einer AA-Gruppe fordert, eine Einschränkung ihrer Religionsfreiheit.) Die »Rational Recovery«, eine der größten weltlichen Selbsthilfegruppen für Alkoholiker, hat sich mit der »American Humanistic Association« verbunden und ist *Newsweek* zufolge bereits in hundertfünfzig Städten der USA vertreten.[1]

Trotzdem verfügt die »Rational Recovery« nur über zweitausend Mitglieder, während die Anonymen Alkoholiker über eine Million haben.[2] »Women for Sobriety« (Frauen gegen Alkohol), eine weitere weltliche Selbsthilfegruppe, behauptet, etwa fünftausend Mitglieder zu haben.[3] In meiner Heimatstadt, in der praktisch an jedem Wochentag Treffen der Anonymen Alkoholiker stattfinden, ist die Orts-

gruppe der »Women for Sobriety« allerdings eingegangen. Es gibt zwar einen Markt für weltliche Selbsthilfe, aber das Echo dürfte sich in einem Land, in dem Atheismus als unpatriotisch betrachtet wird, in Grenzen halten. Amerika glaubt an zwei Dinge: an das Geschäft und an die Religion.[4]
Ich habe noch nie an einer Selbsthilfegruppe teilgenommen, die sich nicht an eine höhere Macht gewendet hätte; wie ernst es die Leute damit meinen, kann ich nicht sagen. Einige rekonvaleszierende Alkoholiker »blenden« alle Hinweise auf Gott sowie manche Bekenntnisse, Schritte oder Grundsätze, die ihnen »nichts bedeuten«, einfach »aus«. Ich glaube, daß Leute, die clever sind und sich das aussuchen, was für sie wichtig ist, am meisten von der Selbsthilfe profitieren. Sie nehmen nicht an allem teil, was in der Gruppe geschieht, und ignorieren einen großen Teil dessen, was die Experten sagen.
Ich habe den Verdacht, ich vermute, ich kann mir etwas vorstellen. Aus solchen Verdachtsmomenten, Vermutungen und Vorstellungen besteht ein großer Teil dessen, was wir über die Selbsthilfegruppen wissen. Da es so schwierig ist, diese Bewegung zu dokumentieren, kann ich – wie die meisten anderen, die darüber schreiben – nur das kommentieren, was ich gesehen habe.

Das Treffen der Anonymen Drogenabhängigen, das in einem hiesigen Krankenhaus stattfindet, beginnt mit einer Fürbitte um innere Gelassenheit, einem Manifest und den zwölf Grundregeln. Die Leute lesen stockend und monoton, so wie jemand, der es nicht gewohnt ist, laut vorzulesen. Wenn man dann endlich bei der zwölften Grundregel angekommen ist, heißt der Leiter die »Neuankömmlinge in der Gruppe« willkommen. Einige von ihnen stehen auf und stellen sich vor, unter anderem eine Gruppe aus

Baltimore. »Ich heiße George und bin ein Drogenabhängiger aus Baltimore«, sagt einer, und alle applaudieren. »Ich heiße Bob und bin ein Drogenabhängiger aus Baltimore«, sagt der Mann, der neben ihm sitzt, und es gibt noch mehr Applaus. Dann werden noch zwei Männer aus Baltimore und ein Paar aus Worcester begrüßt. Hinter mir liegt eine schlimme Woche – ich habe meinen Job verloren und eine Beziehung beendet –, und einen Augenblick, einen winzigen Augenblick lang, spüre ich völlig unerwartet den Impuls, aufzustehen und zu sagen: »Ich heiße Wendy und bin eine Drogenabhängige aus New York.«

Dann beginnen die Bekenntnisse, und die Beziehung, die die Gruppe zur Sprache hat, verändert sich. Anstatt die Worte eines anderen zu zitieren, bemühen sich die Leute jetzt, eine eigene Sprache zu finden. Ein großer Teil der Bekenntnisse klingt relativ unbeholfen, und ihr Vokabular ist eng begrenzt: Jeder zweite Satz wird durch ein »Scheiß . . .« betont. Aber gerade weil sie ihre schrecklichen Kämpfe mit der Sucht in ihren eigenen Worten ausdrükken, sind sie sehr eloquent. Ein Mann, der nach eigenen Angaben seit sechs Monaten clean ist, berichtet, daß die Mitglieder der Gruppe auf ihn aufpassen, damit er nicht rückfällig wird. Es ist, als ob er an einer Klippe hängt und die Gruppe ihn an den Händen festhält. Sein Schicksal bewirkt in mir eine Veränderung: Die Gruppenarbeit erscheint mir in einem anderen Licht, und ein Teil Skepsis schwindet.

Bei diesem Treffen redet kaum jemand über Gott. Er wird nur während des Gebets und beim Aufsagen der Grundregeln erwähnt. Niemand bekennt sich zu Gott oder dankt ihm für seine Hilfe; darin unterscheidet sich dieses Treffen von vielen anderen, an denen ich teilgenommen habe.

Bei den Anonymen Alkoholikern wird bedeutend häufiger

über Gott geredet. »Meine höhere Macht hat etwas für mich getan, was ich selbst nicht leisten konnte«, höre ich einen Mann sagen, der beschreibt, wie Gott auf wunderbare Weise in sein Leben eingegriffen hat. »Ich hätte aus eigener Kraft nie mit dem Trinken aufhören können. Und als ich zum erstenmal [zu den Anonymen Alkoholikern] kam, glaubte ich noch nicht an Gott, und als ich ihn um Hilfe bat, habe ich das ohne innere Überzeugung getan.« Und dann erlebte er seine Bekehrung. »Ich sank auf die Knie, bekannte mich zu meiner Ohnmacht und betete: ›Lieber Gott, wenn du dort bist, bitte hilf mir‹, und er hat mir geholfen.«

Wenn Sie nicht religiös sind, können Ihnen solche Bekenntnisse ziemlich auf die Nerven gehen. Wenn Sie allerdings als nichtreligiöser Mensch die Anonymen Alkoholiker dringend brauchen, lernen Sie womöglich mit der Zeit, das alles »auszublenden«: die häufigen Aufforderungen, sich einer höheren Macht anzuvertrauen, die Diskussionen über die »spirituelle Bankrotterklärung« vor der Bekehrung durch die AA und die dankbaren Lobpreisungen der Güte Gottes. Wenn ich solche religiösen Bekenntnisse über mich ergehen lassen muß, bin ich immer dankbar, daß ich keine Alkoholikerin bin und mir so etwas nicht ständig anhören muß. Ein paar Atheisten, die ich kenne und die nach eigenem Bekunden ihre Heilung den Anonymen Alkoholikern verdanken, tun die Religiosität als eine unbedeutende Störung ab. Im Vergleich zu den organisierten Religionen ist die Selbsthilfe ihrer Meinung nach geradezu eine Cafeteria.

Die Möglichkeit, über manches hinwegzuhören, und die Freiheit, kommen und gehen zu können, wann man will, sprechen für die Anonymen Alkoholiker und die anderen Zwölf-Schritte-Gruppen. Flexibilität und das Fehlen von

Kontrollmechanismen unterscheiden die Recovery von den Kultgruppen. Ich glaube, daß viele Leute die Lehren der Recovery in Frage stellen und sie an ihre persönlichen Bedürfnisse anpassen, es ist jedoch unmöglich zu sagen, wie viele es sind. Wenn ich sehe, wie die Teilnehmer eines Selbsthilfetreffens zustimmend nicken, wenn die Experten etwas sagen, sich Notizen machen und nie Fragen stellen oder Behauptungen anzweifeln, kann ich mir kaum vorstellen, daß sich die Teilnehmer aktiv mit den Thesen der Selbsthilfe auseinandersetzen und sie kritisch bewerten. Bei den Treffen, an denen ich teilgenommen habe, höre ich immer nur das Echo auf die Thesen der Experten, daß man mit seinem Zorn in Kontakt kommen und ihn freisetzen muß; sie praktizieren offenbar eine Talk-Show-Therapie mit sich selbst.

In den Zwölf-Schritte-Gruppen habe ich nervöse, hilfsbedürftige und offene Leute erlebt, die verzweifelt an etwas glauben wollten. Man kann von einer zwanzigjährigen Streunerin mit einer abgebrochenen Schulbildung, deren Anamnese Alkohol- und Drogenabhängigkeit aufweist, nicht erwarten, daß sie die Ideologie der Selbsthilfe kritisch analysiert, vor allem wenn sie das Gefühl hat, daß ihr dort geholfen wird. Ich kann verstehen, daß sie der Gruppe dankbar ist und daß die Gruppe ihr viel bedeutet: »Es ist phantastisch, einfach reden zu können, ohne sich Sorgen machen zu müssen, daß die Leute einen für dumm halten«, sagte eine junge Frau wehmütig und berichtete über die Zeit ihrer Pubertät, in der sie bis zum Blackout getrunken hat, in fremden Wohnungen aufgewacht ist und nur noch verschwommene Vorstellungen davon hatte, wo sie wohl gewesen war. Wenn ich die Leute über die schrecklichen Folgen des Drogen- und Alkoholmißbrauchs reden höre, verliere ich etwas von meiner Skepsis im Hinblick auf diese

Gruppen, in denen ihnen offenbar geholfen wird. Gleichzeitig wundere ich mich aber doch, wie eingeschränkt die Kritikfähigkeit dieser Menschen ist.
Auf einem Treffen der »Erwachsenen Kinder von Alkoholikern« geben manche zu, daß sie nicht in der Lage sind, mit den verschiedenen Alltagsproblemen fertig zu werden, überzogenen Girokonten, Akten, die verlegt sind, Freunden, die sich Bücher ausleihen und sie nicht wiederbringen. Sie diskutieren darüber, wie man mit Bankmanagern, Automechanikern und Bekannten umgeht, als seien sie Beamte des Auswärtigen Amts, die eine Gipfelkonferenz vorbereiten müßten. Sollten Sie Ihren Nachbarn bitten, die Post für Sie anzunehmen, wenn Sie in Urlaub sind? Wie sollten Sie ihn darum bitten, wie sollten Sie die »Verhandlungen führen«? Können Sie sich auf Ihren Nachbarn verlassen? Können Sie ihm Ihren Briefkastenschlüssel anvertrauen, wird er eine Gegenleistung verlangen? Eigentlich würden Sie lieber einen Freund bitten, der am anderen Ende der Stadt wohnt, Ihre Post anzunehmen, aber Sie haben Angst, ihm gegenüber als zu hilfsbedürftig zu erscheinen.
Wenn ich höre, wie sich diese Menschen mit den Details jeder noch so trivialen Sache abquälen, frage ich mich, wie sie überhaupt den Tag überstehen, und ich danke meiner höheren Macht, daß ich keine Therapeutin bin.
Mir ist klar, daß viele Leute, die sich an die Selbsthilfe wenden, wirklich unglücklich sind und in ihren Beziehungen zu anderen Menschen große Schwierigkeiten haben, weil sie in ihrer frühen Kindheit mehr oder weniger schwer verletzt worden sind. Manche Menschen stehen trivialen Unannehmlichkeiten so hilflos gegenüber wie andere großen Krisen. Trotzdem hat mein Mitgefühl gelegentlich auch seine Grenzen. Die Probleme, die auf den Treffen der EKA und »Kinder drogenabhängiger Eltern« behandelt

werden, stehen in keinem Verhältnis zu denen armer Leute, die chronisch krank sind und über keine Krankenversicherung verfügen. Wenn ich höre, wie Fünfunddreißigjährige sich darüber beklagen, daß ihre Eltern sie nie verstanden hätten, muß ich plötzlich an die Kurden denken.

Bin ich vielleicht unfair oder unrealistisch? Als Pflichtverteidigerin habe ich sowohl Leute vertreten, die man schwerer Verbrechen angeklagt hatte, als auch solche, die man vorgeladen hatte, weil sie mit der U-Bahn schwarzgefahren waren. Es mag ja stimmen, daß es sich im letzten Fall nur um ein Protokoll handelt, sagte ich mir, als mich ein Schwarzfahrer ängstlich nach seinem Fall befragte, aber es ist sein Protokoll. Genauso könnte ein EKA sagen: »Es mag ja sein, daß ich einfach nur unvollkommene Eltern hatte, aber es sind meine unvollkommenen Eltern.«

Aber genau das sagen die EKA und andere Leute in der Selbsthilfe leider nicht (jedenfalls hat es bisher keiner zu mir gesagt). Viel häufiger beklagen sie sich darüber, daß ihre Eltern nicht nur unvollkommen sind, sondern sie mißbraucht haben. Sie bestehen darauf, daß das nicht nur ihre persönlichen Probleme, sondern auch unsere sind, also Symptome einer Krankheit der Gesellschaft. Praktisch alle amerikanischen Familien sind dysfunktional, wir leben in einer dysfunktionalen Gesellschaft, behaupten die Experten der Selbsthilfebewegung und weisen damit jeden darauf hin, daß praktisch alle ihre persönlichen Probleme automatisch von allgemeinem Interesse sind.

Auch außerhalb der Selbsthilfegruppen legen die Leute an den unmöglichsten Orten Bekenntnisse ab. Auf Cocktailpartys und bei Begegnungen mit flüchtigen Bekanntschaften erzählen sie unaufgefordert ihre Lebensgeschichte und bieten dabei Intimitäten an wie andere ihre Visitenkarten. Manchmal nehmen Leute aus der Selbsthilfebewegung bei öffentlichen Veranstaltungen – Lesungen oder einer Diskussion über Sicherheit im Straßenverkehr – die Gelegenheit wahr, den Anwesenden etwas über ihren Kummer zu erzählen. Auch auf den Universitäten stehen Ideen und Gedanken mit Gefühlen und persönlichen Erfahrungen in Konkurrenz. In einer Vorlesung über die Theorie der Psychoanalyse stehen manche in der Fragestunde auf und erzählen uns, wie sie als Kind mißbraucht worden sind. »Meine Mutter hat mich zum Analverkehr gezwungen«, erklärt ein Mann mehrmals und beglückt uns mit anschaulichen Einzelheiten. Dann stehen noch fünf oder zehn Leute auf – ich kann sie nicht mehr zählen – und stellen sich als Mißbrauchsopfer vor, während die Zuhörerschaft murmelt und beifällig nickt. (Wenigstens applaudiert niemand.) Ich frage mich, was diese Menschen unter Mißbrauch verstehen. Wurden sie alle von ihren Müttern zum Analverkehr gezwungen oder nur »beschämt« und ihres Selbstwertgefühls beraubt? Ich bezweifle, daß sie sich selbst fragen, ob die Zuhörer wirklich an ihren Problemen interessiert sind. Sie gehen entweder davon aus, daß wir sie unterstützen, oder fordern es einfach. In der Selbsthilfebewegung wird das Selbst zu einem sozialen Problem.

Die Neigung der Leute der Selbsthilfebewegung, davon auszugehen, daß ihre persönlichen Geschichten von allgemeinem Interesse seien, war auch ein Kennzeichen der frühen feministischen Selbsthilfegruppen. Aber von Anfang an war die Bewußtseinsveränderung von politischen Aktionen begleitet. Die Selbsthilfebewegung hat nicht einmal ein politisches Programm, und sie kümmert sich erst recht nicht um die Rechte und Pflichten der Bürger. In der Recovery ist es nicht nur so, daß das Persönliche politisch ist, sondern dort ist das Politische nur persönlich.

Die Selbstüberschätzung, die sich aus dieser Vermischung

von persönlichen und politischen Problemen ergibt, erleichtert die Unterscheidung der Selbsthilfebewegung von den traditionellen Psychotherapiemethoden und den zahlreichen Therapiegruppen, die nicht nach dem Vorbild der AA organisiert sind. Die Sprache der Selbsthilfebewegung ist überall gleich, aber nicht alle Therapiegruppen sind Zwölf-Schritte-Gruppen. Neben der Recovery gibt es bestimmte Gruppen für Menschen, die sich in einer Lebenskrise befinden – die mit einer Krebserkrankung konfrontiert sind, einen Todesfall in der Familie hatten oder eine Scheidung hinter sich haben. Diese Gruppen bilden sich als Reaktion auf die traumatischen Ereignisse im Leben dieser Menschen und haben nichts mit der chronischen Störung der Co-Abhängigkeit zu tun. Sie propagieren deshalb auch nicht bestimmte Persönlichkeitstheorien, geschweige denn die Vorstellung von Sünde und Reue. Sie wollen in der Regel niemanden bekehren.

Das soll nicht heißen, daß es außerhalb der Recovery-Bewegung nicht viele Therapiegruppen gäbe. *Newsweek* schätzt, daß etwa fünfzehn Millionen Amerikaner an Support-Gruppen teilnehmen, seien es Zwölf-Schritte-Gruppen oder andere.[5] Auf welcher Grundlage diese Schätzung durchgeführt wurde, ist mir nicht klar: Wie zählt man eine anonyme und ständig wechselnde Population? Aber ich glaube gern, daß es tatsächlich Millionen Menschen gibt, die an Therapiegruppen teilnehmen, die nicht zur Recovery-Bewegung zählen. Es findet sich wahrscheinlich für jeden nur vorstellbaren Bevölkerungsteil eine Null-Schritte-Gruppe, angefangen von Eltern, die gegen die Beschneidung sind, bis zu Leuten, die Besuche von Außerirdischen hatten. (Die Zwölf-Schritte-Gruppen haben die Dummheit nicht für sich gepachtet.) Da ihnen aber eine übergreifende Ideologie fehlt, stellen diese Gruppen innerhalb der Persönlichkeitsent-

wicklungs-Bewegung keine klar definierbare Größe dar. Manche sind natürlich therapeutischer Natur, aber angesichts des breiten Spektrums an Interessen, Anliegen und Problemen, mit denen sie sich beschäftigen, betrachtet man die Gruppen außerhalb der Selbsthilfebewegung am besten im Zusammenhang mit einer umfassenderen, pluralistischen Tradition privater Gruppierungen.
Aus diesem Grund ist es bei den Gruppen, die sich nicht an den zwölf Schritten der AA orientieren, noch schwieriger, einen gemeinsamen Nenner zu finden. Ich habe mich hauptsächlich deshalb auf die Zwölf-Schritte-Gruppen konzentriert, weil sie einerseits mit ihrem heimtückischen Jargon und einer entsprechenden Ideologie eine landesweite Bewegung darstellen und andererseits anonym und jedem zugänglich sind.
Nachdem ich jedoch an verschiedenen Treffen der Zwölf-Schritte-Gruppen teilgenommen hatte und mir anhören mußte, wie die Teilnehmer über ihre Eltern oder ihre Wechseljahre sprachen, wollte ich doch auch einmal Leute hören, die sich mit schlimmeren Problemen herumschlagen mußten. Es stimmt zwar, daß manche Probleme, die man in den Zwölf-Schritte-Gruppen zu hören bekommt, schlimm genug sind, so zum Beispiel die Probleme von Alkoholikern, Drogenabhängigen und Inzestopfern; ich finde nur, daß die Art, wie in diesen Gruppen geredet wird, wenig effizient ist, darüber hinaus finde ich ihre Ideologie besorgniserregend. Als eine Art Kontrastprogramm besuchte ich dann verschiedene andere Gruppen. Eine bestand aus Frauen, die aus Kambodscha geflohen und von den Roten Khmer verfolgt worden waren. Sie hatten Folter, Hungersnot, mehrfache Vergewaltigungen und Konzentrationslager überlebt und mit ansehen müssen, wie ihre Familien hingemetzelt wurden; was diese Frauen durchge-

macht hatten, überstieg meine Vorstellungskraft. Berichten zufolge haben die Roten Khmer zwischen 1975 und 1979 etwa eine Million Menschen umgebracht.
Diese Frauen sind wirklich Überlebende eines Holocausts, und mit ihnen vergleicht sich mancher rekonvaleszierende Co-Abhängige wie John Bradshaw. Viele Leute, die sich in Therapie befinden, erzählen »traumatische Geschichten« und nehmen damit für sich ein Syndrom in Anspruch, das sich auf diese Flüchtlinge bezieht – die sogenannte posttraumatische Streßstörung. (Nach Meinung der Experten sind praktisch alle Co-Abhängigen Opfer dieser posttraumatischen Streßstörung.) Wenn es einigen rekonvaleszierenden Co-Abhängigen nicht gefällt, daß ich sie mit den Flüchtlingen aus Kambodscha vergleiche, mit deren Leiden sie sich wirklich nicht messen können, so sei ihnen gesagt, daß ich das nur tue, weil ihre Bewegung selbst diesen Vergleich gezogen hat.
Das soll nicht heißen, daß wir alle weniger schlimmen Leiden ignorieren und uns nur um das große Leid kümmern sollten oder daß nur Folteropfer und vom Völkermord bedrohte Menschen einen Grund hätten, unglücklich zu sein. Sie sind sicher nicht die einzigen, die das Recht haben, gehört zu werden, aber sie haben zweifellos triftigere Gründe, und wir sollten ihnen größere Rechte einräumen. Vor allem aber soll mein Vergleich mit den kambodschanischen Flüchtlingsfrauen zu einer Überprüfung der Realität anregen. Er soll daran erinnern, daß ein symbolischer Holocaust etwas anderes ist als einer, der tatsächlich stattgefunden hat.
Im Gegensatz zu vielen EKA und anderen Leuten aus der Selbsthilfebewegung sind diese Überlebenden aus Kambodscha nicht so leicht dazu zu bewegen, fremden Menschen ihre Geschichte zu erzählen. Ihr Schweigen hängt zum Teil mit dem kulturellen Unterschied zwischen Asien und Ame-

rika zusammen: In Indochina ist es nicht üblich, mit Fremden über seelische Probleme zu reden, darüber spricht man nicht einmal mit seinem Arzt. Ich glaube aber, daß die Zurückhaltung dieser Frauen auch etwas mit der Intensität des Traumas zu tun hat, das sie erlebt haben. Wie kann man beiläufig über Folter und Völkermord reden?

Obwohl ich an verschiedenen Gruppensitzungen als Beobachterin teilgenommen habe, habe ich die persönliche Leidensgeschichte dieser Frauen nur aus zweiter Hand, also von Ärzten oder Sozialarbeitern, erfahren. Es fällt mir schwer, mich an Einzelheiten zu erinnern, wahrscheinlich weil sie zu schrecklich und schwer zu verarbeiten waren. Aus irgendeinem Grund kann ich mich nur an die Geschichte einer Frau erinnern, die zusehen mußte, wie ein Soldat ihrem Mann mit einer Axt den Schädel spaltete, und die selbst wie durch ein Wunder verschont blieb, obwohl sie schon ihr eigenes Grab schaufeln mußte. In der Literatur über die Flüchtlinge aus Indochina finden sich Geschichten wie die einer Frau, die zusah, wie ihren Eltern die Glieder ausgerissen wurden; sie selbst wurde geschlagen, auf die Leichen ihrer Angehörigen geworfen und ihrem Schicksal überlassen. Ein zehnjähriges Mädchen wurde bis zum fünfzehnten Geburtstag in ein Arbeitslager gesperrt; sie wurde regelmäßig geschlagen, gefoltert (einmal hängte man sie drei Tage lang mit dem Kopf nach unten an einen Baum), monatelang in Einzelhaft gehalten und mehrmals vergewaltigt. Ein Mann, der interniert und gefoltert wurde, war der einzige Überlebende einer Familie von siebenundvierzig Leuten.[6]

Die Menschen, die die Greuel der Roten Khmer überlebt haben, leiden in den meisten Fällen unter multiplen Traumata. »In den USA haben Psychiatriepatienten, die Opfer der Roten Khmer geworden sind, im Durchschnitt sechzehn traumatische Ereignisse erlebt«, steht in einem Bericht der UN, der 1989 erschien: »Die traumatischen Erlebnisse lassen sich vier verschiedenen Kategorien zuordnen: 1. Entbehrungen; 2. körperlichen Verletzungen und Folter; 3. Haft, Gehirnwäsche, Umerziehungslager; und 4. Erleben von Morden oder Folterungen als Zuschauer.«[7]

Auch 1979, nach dem Ende der Roten Khmer, war die Leidenszeit noch nicht vorüber. Noch heute leben über 300 000 Kambodschaner als Vertriebene in Lagern entlang der Grenze zu Thailand. Die Lebensbedingungen in den Lagern sind angeblich »human genug, um die körperliche Unversehrtheit der Khmer zu garantieren, aber hart genug, um andere Kambodschaner davon abzuhalten, in Thailand Zuflucht zu suchen«. Tatsache ist, daß die Insassen dieser Lager chronisch untererernährt sind, daß Verbrechen verübt werden, Armut herrscht, daß es innerhalb der Familien zu Gewalttätigkeiten kommt und die Lager mitunter im Rahmen von Grenzkonflikten beschossen werden. UN-Beobachter bezeichnen den Aufenthalt in einem solchen Lager als »Reviktimisierung und Retraumatisierung«.[8]

Für diejenigen, die das Glück haben, in die Vereinigten Staaten emigrieren zu können, ist auch das ein traumatisches Erlebnis. Keine der kambodschanischen Frauen, die ich kennengelernt habe, sprach mehr als ein paar Worte Englisch; die Treffen laufen zweisprachig ab, und eine indonesische Sozialarbeiterin, die beide Sprachen spricht, vermittelt zwischen den Gruppen und den amerikanischen Ärzten. Die Frauen sind ausnahmslos arm und leben in Vierteln, in denen die Zahl der Morde, Raubüberfälle und Brandstiftungen unverhältnismäßig hoch ist. Für einige ist allein schon der Besuch der Klinik ein- bis zweimal pro Woche mit Schwierigkeiten verbunden: Die U-Bahn verwirrt sie und macht ihnen angst, und viele Frauen, die mehrmals vergewaltigt worden sind, haben Angst, sich ein Taxi zu nehmen, weil sie dann mit dem Fahrer allein wären. Ein Treffen, an dem ich teilgenommen habe, fand nur ein paar Tage nach einem Verbrechen statt, bei dem eine dieser Frauen in ihrer Wohnung beraubt und ermordet worden war. Außerdem hatte es eine Anzahl von Bränden gegeben, bei denen viele Familien obdachlos geworden waren. Die Frauen reden über ihre Ängste und üben, die Telefonnummer des Notrufs zu wählen,»Notfall« zu sagen und ihre amerikanische Adresse anzugeben. Sie sind verängstigt und ein wenig deprimiert, bis eine robuste ältere Frau sie schließlich auffordert, sich zusammenzureißen, und ihnen vormacht, wie sie einen Einbrecher empfangen würde; dann stößt sie einen wilden Schrei aus, der alle zum Lachen bringt.

Bei den Zusammenkünften dieser verwundbaren, völlig verarmten Überlebenden eines Völkermords wird oft gelacht, und die Atmosphäre ist zwangloser als in allen Zwölf-Schritte-Gruppen, an denen ich teilgenommen habe. Dort verfolgten alle ihre Therapie mit tödlichem Ernst. Solche Zwölf-Schritte-Gruppen deprimieren mich – alle reden mit ungeheurer Ernsthaftigkeit über relativ triviale Probleme, und alle bedienen sich dabei des gleichen unsinnigen Jargons. Die kambodschanischen Frauengruppen beeindrucken mich dagegen und machen mir Mut – diese Frauen sind einfach nicht unterzukriegen.

Es handelt sich dabei allerdings nicht um klassische Selbsthilfegruppen, sondern um Gruppen, die von Mitarbeitern des Gesundheitswesens organisiert und geleitet werden. Aber sie werden auf eine demokratische Weise geleitet und erinnern eher an eine Selbsthilfegruppe als an eine herkömmliche Therapiegruppe. Die einzelnen Gruppen sind unstrukturiert und informell. Eine von ihnen trifft sich in einem heruntergekommenen Gemeindezentrum; etwa zwanzig bis fünfundzwanzig quetschen sich in ein kleines Zimmer und sitzen auf dem Boden. Es sind gesellige Ereignisse; eine andere Gruppe beendet gerade ihre Sitzung mit einem riesigen Auflauf, der zum Mittagessen serviert wird. Geselligkeit und Sozialisation – die Einführung in amerikanische Sitten und Gebräuche – nehmen ungefähr genausoviel Zeit in Anspruch wie die eigentliche Therapie – bei der die Leute darüber reden, wie sie sich fühlen. In gewisser Weise erinnert mich die Klinik, die diese Gruppentreffen organisiert hat, an die Wohlfahrtseinrichtungen, die um die Jahrhundertwende den damals weniger stark traumatisierten Einwanderern zur Verfügung standen.

Die Unterschiede zwischen den professionell geleiteten kambodschanischen Flüchtlingsgruppen und den Selbsthilfegruppen, die keinen Leiter haben, sind nicht zu übersehen. Aber diese strukturellen Unterschiede (oder Ähnlichkeiten) zwischen Flüchtlings- und Selbsthilfegruppen fallen meiner Meinung nach nicht ins Gewicht. Mir geht es um die Tatsache, daß die Selbsthilfebewegung eine Hierarchie des Leids leugnet und aus der Opferrolle einen Kult macht.

Im Gegensatz zu vielen Teilnehmern an Zwölf-Schritte-Gruppen, die ich mir angehört habe, gefallen sich die kambodschanischen Frauen nicht in ihrer Opferrolle. Auf ihren Treffen klagen sie nicht ständig und reden auch nicht immer über ihre Schmerzen. Manchmal sind sie traurig und sehr ernst; manchmal überfällt sie die Traurigkeit ganz plötzlich in einem fröhlichen Augenblick. Bei einer Sitzung üben die Frauen, sich gegenseitig Make-up aufzulegen, bei einer anderen probieren sie Körperlotionen in Probefläschchen aus und reden wie vornehme Damen in einem Seebad über Kosmetik und Hautpflege. Auf einem Treffen, das in der ersten Woche des Golfkriegs stattfindet, reden die Frauen über ihre Ängste und die plötzlichen Erinnerungen, von denen sie übermannt werden, wenn sie im Fernsehen die Bombenexplosionen sehen. Sie fragen sich, ob die Gefahr besteht, daß sie angegriffen werden, und die Gruppenleiterin, eine amerikanische Sozialarbeiterin, läßt eine Landkarte herumreichen und erklärt, wie weit der Golf von den USA und von Kambodscha entfernt ist (denn die Frauen machen sich auch Sorgen um ihre Verwandten). Der Krieg ist weit weg, versichert sie ihnen. Wir schauen uns selbstgemachte Videos an – ein Band mit dem letzten Picknick der Gruppe, ein anderes mit der letzten Reise der kambodschanischen Co-Gruppenleiterin nach Kambodscha. Sie besuchte den Drehort eines Films und lernte einen Filmstar kennen – eine junge Frau, die den Kalender in einem der Räume des Gemeindezentrums ziert –, und die Frauen sind fasziniert.

Einige der Sitzungen sind der Erinnerung gewidmet. Die Frauen erzählen Geschichten aus ihrem Leben, bevor die Roten Khmer kamen. Wie sie ihre Männer kennengelernt haben, von denen einige schon tot oder vermißt sind. Sie reden darüber, wie in Kambodscha ein Mann einem Mädchen den Hof macht, und über ihr Familienleben. Ein Arzt aus Tibet nimmt an einer Sitzung teil und berichtet von den Schwierigkeiten in seinem Land, und eine Frau, die alle ihre Kinder verloren hat, weint leise vor sich hin. »Wir vergessen das nie«, erklärt eine andere Frau, »vor allem wenn wir allein sind, kommen die Erinnerungen.« Sie sagt, daß sie sich zum Teil treffen, um vergessen zu können. »Wie helft ihr euch denn gegenseitig?« fragt die Sozialarbeiterin. »Manchmal erzählen wir uns Witze.«

Ich möchte damit keinesfalls behaupten, es sei leicht, in einem fremden, harten Land mit so wenig Hilfe und einer von vielen Verlusten geprägten Lebensgeschichte ein neues Leben zu beginnen. Ich habe nur eine Momentaufnahme, oder nicht einmal eine Momentaufnahme, eines langen Weges zur Heilung gesehen. Ich kann mir vorstellen, daß viele dieser Frauen zutiefst deprimiert sind und es auch weiterhin sein werden. Manche leiden unter Schlafstörungen, werden von Alpträumen gequält und benötigen Psychopharmaka, um nicht von der Verzweiflung übermannt zu werden. Trotzdem sind diese Gruppen von allen, die ich besucht habe, praktisch die einzigen, die mich gefesselt haben, die mir Spaß gemacht haben und auf die ich mich gefreut habe, die einzigen, die in mir ein Gefühl der Hoffnung zurückgelassen haben.

5. KAPITEL

Die Selbsthilfeboutique: Workshops

Marilyn Volker, Sexualtherapeutin und Expertin auf dem Gebiet der Co-Abhängigkeit, führt einen Workshop durch, der den Titel »Kindheitsbotschaften über Sexualität« trägt. Sie ist wie die Moderatorin einer Talk-Show in elegante, purpurrote Seide gehüllt und geht mit ihrem Mikrofon durch den Raum, um uns Bekenntnisse zu entlocken. Als ich an der Reihe bin und sie mir das Mikrofon vor die Nase hält, bitte ich sie höflich, ein wenig zurückzutreten. Nach der Veranstaltung beglückwünschen mich verschiedene Frauen zu meiner »Selbstsicherheit«.

John Lee ist ein Jünger von Robert Bly, dem Guru der Männerbewegung und Autor des Buches *The Flying Boy.* Es handelt sich dabei um ein populärwissenschaftliches Buch über Co-Abhängigkeit, das von Männern handelt, die vor Beziehungen flüchten. John Lee erzählt darin Geschichten aus seiner Familie, von seinen Freundinnen und seinen Schwierigkeiten mit der Intimität. Er trägt Jeans und Cowboystiefel (er ist schließlich Texaner), hat den entsprechenden Akzent, bekennt die Sünden, die er Frauen gegenüber begangen hat, und spielt mit seiner ausschließlich weiblichen Zuhörerschaft wie ein Rockstar, der in die Jahre gekommen ist. Nach seiner Rede wird er von einer Frauenschar umringt, die gern ein Autogramm von ihm hätte oder noch lieber von ihm in den Arm genommen würde. Ich frage ihn, ob er es jemals erlebt hätte, von seiner Zuhörerschaft in Frage gestellt worden zu sein. »Soweit lasse ich es gar nicht erst kommen«, sagt er und blickt mir gerade in die Augen. »Ich akzeptiere nur Unterstützung.«

Yvonne Kay, Kummerkastentante und lokale Radiogröße, moderiert eine Sendung, die den Zuhörern Mut machen soll, indem sie ihren eigenen Sieg über die Co-Abhängigkeit und ihren Mangel an Selbstwertgefühl beschreibt. Sie bringt einen ausgestopften Schwan mit auf die Bühne, der ihre Verwandlung symbolisieren soll, und fordert zu Beginn ihres Workshops die Zuhörer auf, aufzustehen und sich selbst zu applaudieren.

Ungefähr 250 Frauen sind hier in Philadelphia im Wyndham-Franklin-Plaza-Hotel versammelt, um an einem dreitägigen Kongreß über Selbsthilfe und Selbstwertgefühl teilzunehmen. In Vorträgen und Workshops, die von einer Anzahl von Experten für Co-Abhängigkeit und Selbsthilfe durchgeführt werden, beschäftigen sie sich mit ihrer Sucht nach Liebe, Essen und anderen Substanzen und mit den verschiedenen Formen des Mißbrauchs; sie versuchen dahinterzukommen, warum sie nicht in der Lage sind, sich in ihren Beziehungen abzugrenzen; sie machen sich Gedanken über wahre Intimität; sie leisten ein bißchen Trauerarbeit und spüren ihr inneres Kind auf. Und sie kaufen Bücher der führenden Selbsthilfeexperten, von denen einige hier in Philadelphia anwesend sind und deren Bücher ausnahmslos bei einem kleinen, in Florida ansässigen Verlag für Selbsthilfebücher erscheinen, der Sponsor dieser Veranstaltung ist.

1990 hat derselbe Verlag pro Jahr ungefähr siebzehn oder achtzehn regionale und eine nationale Konferenz dieser Art gesponsert; er engagierte sich darüber hinaus im Ausland, zum Beispiel in Kanada und Australien. Alle

Veranstaltungen richteten sich an die Allgemeinheit, an das co-abhängige Publikum, also praktisch an alle Amerikaner. Bei den co-abhängigen Zuhörern handelt es sich offenbar jedoch vor allem um weiße Frauen der Mittelschicht. (In Philadelphia entdeckte ich in einer Gruppe von 250 Frauen zwei Schwarze.) Die Zahl der Konferenzen, die pro Jahr stattfinden, und die Zahl der Teilnehmer hat seit 1990 parallel zur wirtschaftlichen Entwicklung ständig abgenommen, und der weibliche Markt für Bücher über Co-Abhängigkeit hat womöglich auch seinen Gipfel überschritten. Jetzt tut sich jedoch offenbar ein neuer Markt für Bücher über Co-Abhängigkeit auf, deren Zielgruppe Männer sind, die so etwas wie »echte Männlichkeit« suchen, und besagter Verlag hat gelegentlich auch eine spezielle Konferenz für Männer organisiert. Die Veranstaltung in Philadelphia wird jedoch als Frauenkonferenz angepriesen und erinnert in mancher Hinsicht an eine erste Übung in Bewußtseinsveränderung.

Die Frauen – nach eigenem Bekunden co-abhängig – protestieren gegen ihre Passivität, Unterwürfigkeit und Abhängigkeit von den Männern, gegen die Art und Weise, wie sie konditioniert worden sind, sich immer an die letzte Stelle zu setzen und mißbrauchen zu lassen. Es hat den Anschein, als sähen sie zum erstenmal, was an der sogenannten Weiblichkeit nicht in Ordnung ist. An diesen Frauen ist die feministische Bewegung spurlos vorübergegangen.

Bei ihrem Versuch, den populären Feminismus zwanzig Jahre später einzuholen, müssen sie feststellen, daß die Bewegung wegen der Sorge um die Rechte und Gefühle der Männer ihre Kraft verloren hat. Einer der führenden Redner des ersten Abends ist John Lee, Experte der Männerbewegung. Er konzentriert sich in seiner Rede auf die Angst der Männer vor Intimität, erklärt, daß die Männer

Opfer einer Kultur geworden seien, die es ihnen nicht gestatte, zu weinen. (Er hat uns gewarnt, daß er nicht viel Neues sagen würde, aber für die Frauen ist seine bloße Anwesenheit genauso wichtig wie seine Erkenntnisse.) Er kitzelt sie, indem er ganz nebenbei erwähnt, was er im Bett zu seiner Freundin sagt. Er ist ein Verführer; er gibt zu, daß er Frauen nur liebt, um sie zu verlassen, und projiziert auf seine Zuhörerinnen eine faszinierende Unerreichbarkeit. John Lee ist ein gepflegter Cowboy, hart und gefühlvoll zugleich, genau der Mann für die neunziger Jahre, eine Mischung aus Alan Alda und Clint Eastwood.
Er bezeichnet sich selbst als »Flying Boy«: Er flieht vor den Frauen bei dem perversen Versuch, Gefühle zu erleben: »Eine Frau so weit zu bringen, daß sie mich verläßt, brachte mich meinen eigenen Gefühlen näher, ... aber bevor ich die Chance hatte, meinen Kummer auszuleben, hatte ich schon die nächste.« Es sei ihm noch nie schwergefallen, eine Frau zu finden: Frauen lieben »Flying Boys«, bestätigt Lee. »Sie laufen ihnen nach, versuchen sie einzufangen und festzunageln.« Die Zuhörerinnen murmeln zustimmend, und Lee plaudert weiter über sich, über seine co-abhängigen Eltern, die ihn mißbraucht haben, und über sein »Flying Boy«-Syndrom. Er drückt sich dabei häufig in kurzen, leichtverständlichen Sätzen aus. »Ein ›Flying Boy‹ ist leicht zu erkennen. Er hat keine Lust, mit den Flügeln zu schlagen«, sagt er, und die Frauen machen sich Notizen. Ich glaube, er will uns sagen, wie schwer die Männer es doch haben.
»›Flying Boys‹ leiden unter so schweren inneren Qualen, daß sie mit niemandem darüber reden können«, und das ist Lee zufolge auch der Grund, warum wir eine Männerbewegung brauchen. »Das Leben ist wertlos, wenn es ohne Trauer gelebt wird.« – »Flying Boys« drücken sich vor der

Trauerarbeit: »Für sie ist es schwer zu landen, weil der Schmerz dann so groß ist.« Männern fällt es besonders schwer, Schmerzen zu ertragen, weil »die Gesellschaft in ihrem eigenen Interesse dafür gesorgt hat, daß wir keine Gefühle haben. Ich bin dazu erzogen worden, keine Gefühle zu haben, aggressiv und ein Killer zu sein. ... Die meisten Frauen ahnen nicht, wie aggressiv Männer wirklich sind«, fügt er hinzu. Ich glaube allerdings, wir wissen es zur Genüge.

»Es ist völlig in Ordnung, wütend zu sein, wenn man wütend sein will«, versichert uns Lee, und die Frauen nicken. Wenn man an die Anzahl der Morde, geschweige an die der Vergewaltigungen denkt, die jedes Jahr begangen werden, leidet Amerika meiner Meinung nach unter einem Übermaß und nicht an einem Mangel an Aggressivität; aber ich »verweigere« mich schon wieder. Im Gegensatz zu Schuldgefühlen und Scham ist Zorn offenbar für rekonvaleszierende Co-Abhängige »eine nützliche Komponente des Lebens«. Die »Trauerarbeit« gestattet es ihnen, sich zu ihrem Zorn zu bekennen, dieses Recht steht ihnen als Opfern zu.

Da Lees rekonvaleszierende Zuhörerinnen selbst mißbraucht worden sind oder es zumindest glauben, sollten sie eigentlich mißtrauisch sein, wenn er den Zorn auf eine derart unqualifizierte Weise aufwertet. Sie würden ihm sicherlich nicht zustimmen, wenn er sagen würde, daß es »in Ordnung« sei, sich seinem Kind gegenüber aggressiv zu verhalten, nur weil es etwas von der Mutter will. In der Selbsthilfebewegung denken die Leute jedoch offenbar immer nur an ihre eigenen Gefühle, und die sind immer berechtigt. »Wenn ich jederzeit wütend werden darf, wieso durften meine Eltern das nicht auch?« Wie die meisten Experten der Co-Abhängigkeit versucht auch Lee, uns zu helfen, damit wir uns mit uns selbst wohl fühlen, deshalb vermittelt er uns das Gefühl, daß wir alles richtig machen. Frauen haben gute Gründe, wütend zu sein, teilt er uns mit.

Der Zorn der Frauen ist allerdings Schnee von gestern; Lee geht es eher um den noch unerforschten Kummer der Männer. »Sobald ein Mann mit einer Frau zusammen ist, spürt er, wie er etwas von seiner Kraft verliert«, erklärt er bei einem Exkurs über die Co-Abhängigkeit der Männer. Männer werden co-abhängig, weil »ihre Energie von ihren Müttern verbraucht wurde«, sagt er und korrigiert sich sogleich, indem er hinzufügt, daß auch andere Familienmitglieder – Geschwister oder Großeltern – Männern ihre Kraft rauben können. Geschwächt, von ihren Gefühlen isoliert, ziehen sich die Männer auf den Rationalismus zurück und »sind nicht in der Lage, sich mit dem zu identifizieren, was sie betrauern müßten. Männer sind verkopft, das dürfte Ihnen doch bekannt sein«, sagt Lee, als ob das Klischee von den rationalen Männern und emotionalen Frauen eine unumstößliche Wahrheit wäre. »Bevor sich die Selbsthilfe einschaltet, läuft der Trauerprozeß ausschließlich über den Kopf.«

Immer wieder stellt Lee die rhetorische Frage: »Erscheint Ihnen das vernünftig?« Ich frage mich allerdings, ob es den Frauen, die hier sind, um Vernunft geht. »Männer müssen fliehen, weil sie sich mit ihrem Schmerz auseinandersetzen müssen.« (Hat er uns nicht vorhin gesagt, Männer flöhen, weil sie sich *nicht* mit ihrem Schmerz auseinandersetzen könnten? Macht nichts.) »Männer müssen Kontakt mit ihrer maskulinen Seite aufnehmen, ... bei den meisten Männern besteht ein solcher Kontakt nicht; sie haben versucht, das zu umgehen und mit ihrer weiblichen Seite in Kontakt zu kommen.« (Die Machokiller, die die Gesellschaft erzieht, sind offenbar schon vergessen; wir befinden uns zur Zeit in der Welt des neuen, »empfindsamen« Mannes.) Während sie »ihr maskulines Selbst entdecken, beginnen die Männer gleichzeitig, ihre weibliche Seite zu erforschen«. Erscheint Ihnen das vernünftig?

Lee versichert uns, daß die Antwort in uns selbst liegt: »Die meisten Männer müssen diese Reise unternehmen, um die Geliebte zu finden, die nur in ihrem Inneren lebt. Die meisten Frauen machen diese Reise. Der Prinz lebt in einem Königreich im Inneren. ... Auch bei den Männern verbirgt sich die Prinzessin im Inneren, obwohl sie oft kalt wie Stein und tot ist.« Ich weiß nicht, ob es überhaupt jemanden aus dem Publikum gibt, der das versteht; viele machen trotzdem einen faszinierten Eindruck.

Wir sollen auf Gott vertrauen, rät uns Lee zum Schluß: »Entspannen Sie sich, und überlassen Sie alles Gott. Wir suchen andere Männer und Frauen, weil wir uns selbst nicht genügen, und wir haben zuwenig von Gott.« In der Zwischenzeit jedoch »kommt allmählich die Liebe des Selbst und des anderen. ... Lieben Sie irgendwann eine Frau, weil Sie es so wollen, und wenn Sie dann am nächsten Morgen aufstehen, werden Sie sehen, wie Sie sich fühlen.«

Es überrascht nicht weiter, daß man diese Playboy-Philosophie nach dreißig Jahren als Selbsthilfe für Männer wiederfindet. Es kommt eben alles wieder. (John Lee erinnert mich daran, daß Hugh Hefner der erste große Initiator der Männerbewegung war.) Möglicherweise läßt sich die Tatsache, daß Lee Liebe unter Vorbehalt, von einem Tag auf den anderen, befürwortet, nur schwer mit dem zur Zeit von der Selbsthilfebewegung intensiv propagierten Ethos einer vertrauensvollen, vorbehaltlosen Liebe vereinen, aber diese Bewegung stellt ohnehin keine besonderen Ansprüche im Hinblick auf die Logik, sie erkennt sie nicht einmal. Die

Experten für Co-Abhängigkeit machen völlig wahllos Anleihen bei der Kultur, Psychologie und Religion. Wenn man sie bei einem Widerspruch erwischt, werfen sie einem vor, man denke mit dem Kopf statt mit dem Herzen.

Wenn ideologische Konfusion eine Tugend ist, wird man die Experten der Co-Abhängigkeit wegen ihrer Lehren über die Geschlechterrollen heiligsprechen. Abgesehen von John Lees verborgener Frauenfeindlichkeit, gibt es viele sanfte, populäre feministische Botschaften, die sich mit dem Bedürfnis der Frau beschäftigen, Selbstbestätigung zu finden und unabhängig zu werden, sich nicht mißbrauchen zu lassen und mehr zu sein als nur die Versorgerin der Familie. Die Keynote-Sprecherin Yvonne Kay eröffnet die Konferenz mit ein paar aufmunternden Worten: Die Frauen sollten »sich auf sich selbst besinnen ... und lernen, sich selbst zu lieben«. Das ist eine vertraute Botschaft, die wir schon seit den Anfängen der Selbsthilfebewegung immer wieder hören; der Prozeß der Gesundung von der Co-Abhängigkeit ist immer schon als Streben nach Selbstliebe verkauft worden.

In der letzten Zeit haben die Selbsthilfeexperten allerdings auch über den Wert der Nächstenliebe gesprochen. Diese sogenannten Experten richten sich stets nach dem jeweiligen gesellschaftlichen Trend – heute loben zum Beispiel viele Feministinnen die Frauen, weil sie sich besser mitteilen können und liebevoller sind als die Männer – und versichern uns jetzt, daß sie die Frauen nie dazu aufgefordert haben, nur an sich selbst zu denken. *Ichbezogenheit* (das Wort, nicht das Phänomen) wird mit dem Feminismus assoziiert, der bei uns trotz des unguten Gefühls, das die meisten bei den herkömmlichen Vorstellungen von Weiblichkeit beschleicht, das Ziel zahlreicher Angriffe ist. Auf der einen Seite beklagen sich die Frauen darüber, daß man

sie zu selbstlosen Domestiken erzogen hat, auf der anderen Seite greifen sie den Feminismus an, weil er sie dazu ermuntert, egozentrische Aufsteigerinnen zu werden.
Jane Middleton-Moz, eine bekannte Rednerin und Autorin, gibt sowohl dem Feminismus als auch der Femininität die Schuld für alles, was heutzutage bei den Frauen nicht in Ordnung ist: Sie seien voneinander isoliert, sagt sie, weil der Feminismus ihnen beigebracht habe, miteinander zu konkurrieren. Middleton-Moz liefert eine Chronik ihrer eigenen Desillusionierung, die sich sowohl auf die herkömmliche Frauenrolle als auch auf den Feminismus bezieht. Da sie sich mit der Vorstellung, daß sich Frauen nur über ihre Familie definieren, nicht anfreunden konnte und nicht so werden wollte wie ihre Mutter, die »eine extrem frustrierte Frau war«, fand sie im Feminismus eine »neue Mutter«, bis sie feststellen mußte, daß die »neue Mutter so wurde wie die frustrierte alte Mutter«, die sie hinter sich gelassen hatte. Ihre Hypothese, daß die meisten Frauen dem Feminismus mit einer neurotischen Einstellung begegneten und nur eine »neue Mutter« suchten, ist bisher nicht widerlegt worden. Jetzt werden die Frauen, so schreibt Middleton-Moz, mit widersprüchlichen Forderungen konfrontiert: Wenn sie den alten Vorstellungen von Weiblichkeit folgen, dürfen sie das eine nicht, folgen sie den neuen Vorstellungen des Feminismus, ist das andere verboten.
Sie bittet ihre Zuhörerinnen, die alten Forderungen, die sich darauf beziehen, »wie eine Frau zu sein hat«, einmal aufzulisten. Frauen müssen nachgiebig und damenhaft sein, sie müssen den Haushalt führen und dürfen nie nein sagen, lauten die Antworten aus dem Publikum. Dann schreiben sie die feministischen Forderungen auf. Eine Frau muß Karriere machen, sie muß immer ihren Kopf

gebrauchen und nicht ihr Herz, sie muß ihrem Mann ebenbürtig sein.
Vermutlich fühlen sich die Frauen von der Aussicht auf Gleichheit genauso bedroht, wie sie von der Ungleichheit frustriert sind. Aber unabhängig davon, ob sie Angst vor dem Feminismus haben oder nicht, haben sie eine falsche Vorstellung von ihm. Für sie ist der Feminismus keine Bürgerrechtsbewegung, keine Bewegung, die nach mehr sozialer Gerechtigkeit strebt, sondern sie teilen die vorherrschende Meinung, daß er eine Kampagne ist, die sich die Förderung der Frauen in den Firmenhierarchien zum Ziel gesetzt hat. In den achtziger Jahren, in denen Ärztinnen, weibliche Anwälte und hart arbeitende Frauen als Managerinnen ständig auf dem Bildschirm zu sehen waren, wurde der Feminismus mit der Yuppie-Bewegung gleichgesetzt – Männer und Frauen im gleichen dreiteiligen Anzug. Frauen müssen eine Menge Geld verdienen, dürfen wenig Mitgefühl zeigen und keine sorgende Funktion haben; Middleton-Moz und ihrer Zuhörerschaft zufolge ist das die wichtigste Botschaft des Feminismus. Alle werden wütend auf mich, wenn ich andeute, daß es eine »Frauen dürfen«- und nicht eine »Frauen müssen«-Bewegung ist. (Middleton-Moz redet mich mit »gnädige Frau« an.) Die anwesenden Frauen bringen Feminismus nicht mit Entscheidungsfreiheit in Verbindung, sondern betrachten ihn als eine weitere Einengung.
Wenn eine solche Konferenz über Co-Abhängigkeit in dieser Weise wenigstens in die Nähe der Politik gerät, ist das schon viel. Zum Abschluß erklärt Jane Middleton-Moz, daß das größte Problem, mit dem die Frauen heutzutage konfrontiert würden, das »burnout«-Phänomen sei. Es fällt einem auf, daß diese Frauen über das reden, was am Feminismus nicht stimmt, ohne empirische Realitäten wie

die Diskriminierung am Arbeitsplatz, den Mangel an Tageskindergärten oder das Problem der häuslichen Gewalt zu erwähnen. Geradezu erschreckend ist es allerdings, wenn man erlebt, mit welcher Selbstverständlichkeit sich diese Menschen von der Außenwelt abschotten. Es gibt hier weder einen sozialen noch einen politischen Kontext; die Leute reden über sich, als seien sie allein auf der Welt, ohne jede Verbindung zur Gesellschaft oder zu ihrem Staat.

Ich sorge noch einmal für Irritation, indem ich die Frauen auffordere, sich einmal in der Welt umzusehen, vielleicht würden sie dann feststellen, daß es Schlimmeres gäbe als das »burnout«-Phänomen. Was sie von Aids, Armut, Umweltverschmutzung, sexueller und rassistischer Gewalt, ganz zu schweigen vom Weltfrieden und ein paar anderen Problemen, hielten? »Man muß an sich selbst arbeiten, bevor man etwas für die Welt tun kann«, erwidern mir einige Frauen schnell. Daß man beides gleichzeitig tun kann, will ihnen offenbar nicht in den Kopf.

Wir reformieren unsere gestörte Gesellschaft dadurch, daß wir uns selbst und unsere Familie reformieren – das ist in der Tat das Parteiprogramm der Selbsthilfebewegung. John Bradshaw zufolge ist »das Grundproblem der Welt der Seelenmord«; das klingt ein wenig problematischer als »burnout«. (Wenn es jemals einen Expertenstreit darüber geben sollte, wird es ein Streit um des Kaisers Bart sein.) Bradshaw sagt, daß unsere sozialen Probleme damit zusammenhingen, daß erwachsene Kinder in unserer Welt das Sagen hätten – »in unseren Schulen, in der Kirche und in der Regierung«. Die Selbsthilfebewegung würde unsere Gesellschaft retten, sagt er, und uns vor dem Totalitarismus und anderen Übeln bewahren. Irgendein Prediger hat im 19. Jahrhundert schon einmal eine ähnliche Überzeugung geäußert, daß nämlich soziale Reformen das zwangsläufige

Ergebnis individueller Bekehrungen seien. Das ist eine attraktive Lehre, denn sie befreit uns von der Verantwortung, jemals etwas für die Welt tun zu müssen. Sie brauchen nur selbst gesund zu werden, dann wird auch die Welt gesunden. Hier in Philadelphia, der Stadt der brüderlichen Liebe, lautet der entscheidende moralische Imperativ, zu lernen, wie man sich selbst liebt.

Wenn man sich selbst liebe, könne man sich nicht mehr in Beziehungen verlieren, erklärt Joy Miller, die Expertin für Liebessucht, in einem Workshop über Beziehungen, die von Sucht geprägt sind. In einer Beziehung sei »der Verlust des Selbst ein Problem, das etwas über unseren Wesenskern« aussage, wiederholt sie sich tautologisch und erweckt dabei den Eindruck, als würde sie sich wirklich Sorgen machen. Eine Frau aus dem Publikum wirft ein, daß »viktimisierende« Beziehungen die wichtigsten »Kernprobleme« der Frauen seien, und fügt hinzu, daß Männer sich das, was sie den Frauen antäten, selbst nie gefallen lassen würden. Aber das Publikum ist anderer Meinung. »Sie kann nicht für die Männer sprechen«, ruft jemand und wird dabei massiv unterstützt. Und auch hier bietet niemand einen Sachzusammenhang an; niemand erwähnt, daß zusammengeschlagene Ehepartner und die erwachsenen Opfer anderer Sexualverbrechen in der Regel Frauen sind. Miller weist nur darauf hin, daß »seelischer, sexueller und körperlicher Mißbrauch Vergewaltigungen der Seele darstellen«, und die Frauen nicken zustimmend. Das Credo lautet, daß alles Leiden relativ sei; keine Frau gibt zu, daß sie lieber symbolisch als tatsächlich vergewaltigt würde.

Die Verbrechen der Co-Abhängigkeit sind häufig symbolischer Natur, so wie der »Seelenmord«. Deshalb muß es das Ziel sein, das Selbst unverletzlich zu machen. Joy Miller möchte uns dabei helfen, zu lernen, »Grenzen« zu ziehen

und uns auf unsere Rechte zu besinnen. Sie bittet uns, Gruppen zu bilden und zehn Grundrechte einer Beziehung aufzulisten; das Publikum macht bereitwillig mit. Nach zehn oder fünfzehn Minuten, in denen sich die Gruppen besprechen, tritt aus jeder Gruppe einer ans Mikrofon und liest uns unsere Rechte vor: Ich habe das Recht, das zu sein, was ich sein will, ganz gleich, was das ist, ich darf ich selbst sein und darf dafür sorgen, daß meine Bedürfnisse befriedigt werden, ich darf mich trennen, ich habe das Recht, meine Handlungen selbst zu bestimmen, das Recht, mich nicht schlagen zu lassen, ich muß mich nicht selbst erklären, ich habe ein Recht auf meinen eigenen Lebensraum, das Recht, meine Meinung zu ändern, mein Gehirn zu gebrauchen und mich weiterzuentwickeln, und das Recht, mein Glück zu machen.
Miller gibt keinen Kommentar zu diesen Rechten ab; sie drückt nur durch Gesten oder Bemerkungen ihre Zustimmung aus. Über einige dieser Rechte mache ich mir Gedanken. Das Recht, sich selbst nicht zu erklären? Was geschieht, wenn man sich selbst nicht immer klar ausdrückt? Das Recht, dafür zu sorgen, daß alle eigenen Bedürfnisse in einer Beziehung befriedigt werden? Ich frage mich, wie jemand, der alle diese Rechte in Anspruch nimmt, überhaupt jemals eine Beziehung haben kann. Aber um mich herum schluchzen die Frauen, fallen sich gegenseitig in die Arme und fühlen sich bestätigt.
Miller ist sehr geschickt – sie ist munter und überschwenglich, und ich glaube, sie meint es ernst und will uns wirklich den Rücken stärken. Auf einem kleineren Workshop über Sucht nach Liebe (die angeblich aus einem Mangel an Selbstliebe entsteht) bietet uns Miller ihre Hilfe an, damit wir »unsere Machtansprüche anmelden können«. Sie fragt uns, wie wir uns selbst Mut machen, und verrät uns ihre

eigenen Zusicherungen: »Ich bin genug. Ich bin ganz. Ich bin jetzt.«

Sie bringt uns bei, wie man sich auf eine Zusicherung konzentriert, indem man die Augen schließt und sie zehnmal wiederholt. Dann sollen wir uns eine Partnerin suchen und ihr unsere Zusicherungen geben, so daß sie sie uns zurückgeben kann. »Du bist liebenswert, wunderbar, du bist genug«, sagen sich die Frauen gegenseitig zehnmal. Die Übung scheint ihnen zu gefallen, und Miller gönnt ihnen fünf oder zehn Minuten und liefert zwischendurch ihre Kommentare ab: »Ich spüre hier starke Gefühle. Es packt mich immer wieder, wenn ich sehe, wie Leute weinen. Jede Träne bringt uns der Gesundung näher. Freuen Sie sich über Ihre Tränen.«

Sie möchte, daß wir uns gegenseitig bei den Zusicherungsübungen sagen, wie wir uns fühlen. Eine Frau sagt, sie könne nichts »empfangen«. Die Zusicherungen ihrer Partnerin hätten für sie keine große Bedeutung, weil »sie mich nicht kennt«. Miller erklärt, daß das eine typische co-abhängige Reaktion sei, ein Anzeichen für mangelndes Selbstwertgefühl, für die Unfähigkeit zu glauben, daß ein anderer Mensch einen liebenswert finden könnte. Alles wird hier als Symptom gedeutet. Ich kann mir nicht helfen, aber für mich ist es absolut vernünftig, einem Menschen, den man überhaupt nicht kennt, keinen Glauben zu schenken, wenn er behauptet, er liebe einen; vielleicht ist eine mangelnde Empfänglichkeit für Schmeicheleien sogar ein Beweis für ein hohes Selbstwertgefühl. Später dankt Miller mir für meine Mitarbeit.

Zum Abschluß des Workshops fordert sie die Leute auf, Liebesbriefe an sich selbst, oder besser gesagt, an ihr inneres Kind zu schreiben. Nach etwa zehn Minuten, in denen alle still geschrieben haben, lesen die einzelnen Gruppenmitglieder ihre Briefe laut vor. Die Frauen weinen, während sie solche Briefe an das Kind in sich vorlesen: »Liebes Schätzchen, ich liebe dich, weil du so naiv und unschuldig bist. Ich muß dich unbedingt näher kennenlernen.« Oder: »Mein Liebling, ich bin so glücklich, dich endlich kennengelernt zu haben. Du hast mir so gefehlt. Ich freue mich jetzt schon darauf, wenn du mir beibringst, wie man spielt.« Einige bedienen sich der Sprache der Liebesromane: »Deine Leidenschaft hat mich entflammt«, schreiben sie an sich selbst.

Miller ist gerührt. »Hier spüre ich eine Menge Hoffnung. Heute haben viele ihr inneres Kind entdeckt«, versichert sie und nimmt fast jede Frau in den Arm. Eine Frau, die hereingekommen ist, während die Briefe vorgelesen wurden, spricht mich an und sagt: »Das war gut, nicht wahr?«

Wegen dieser Workshops, die das Kernstück solcher Konferenzen sind, nehmen die Frauen teil und geben dafür eine Menge Geld aus. Die Gebühr für die Veranstaltung beträgt etwa zweihundert Dollar, die Anreise und Unterbringung noch ein paar hundert. Darüber hinaus werden die Frauen direkt nach ihrer Ankunft mit Büchern des betreffenden Verlages und Kassetten der Vorträge und Workshops eingedeckt, für die sie bezahlt haben, die sie aber selbst nicht aufnehmen dürfen.

Vermutlich macht es den meisten Frauen nichts aus, daß die Bänder, auf denen sie zu hören sind, für kommerzielle Zwecke verwendet werden, und vermutlich haben sie nicht das Gefühl, dabei ausgenutzt zu werden. Sie nehmen schließlich freiwillig an den Konferenzen teil oder kaufen Bücher und Kassetten, und viele fühlen sich wahrscheinlich durch diese Erfahrung bereichert oder zumindest unterstützt. Eine solche Konferenz ist für diese Leute eine kostspielige Sache, denn die meisten machen nicht den Eindruck, als wären sie übermäßig mit irdischen Gütern gesegnet – ein großer Teil der Frauen gehört offenbar der unteren Mittelschicht an –, aber sie machen hinterher den Eindruck zufriedener Kunden. Vielleicht ist es moralisch nicht verwerflich, wenn ein Verlag seine Geschäfte auf diese Art betreibt und mitnimmt, was der Markt hergibt. Nur machen die Frauen einen sehr bedürftigen Eindruck, während die Organisatoren außerordentlich raffiniert und gewieft erscheinen.

Trotzdem glaube ich, daß viele Frauen ein solches Wochenende wie einen Kurzurlaub an der See erleben. Sie kommen her, um dabeigewesen zu sein, um ihre Bücher signieren zu lassen und um die Koryphäen der Selbsthilfebewegung und sich gegenseitig umarmen zu können. Wenn sie ihre Zusicherungen aufsagen, ist das für sie wie eine Massage.

Ich bezweifle, daß es viele Frauen gibt, die an solchen Veranstaltungen teilnehmen, um etwas Neues über die Co-Abhängigkeit zu erfahren. Ich habe verschiedene von ihnen gefragt, und keine hat ja gesagt. Manche haben allerdings hinzugefügt, daß es für sie eine »Bestätigung« gewesen sei, zu hören, wie die Experten »live« das gleiche gesagt hätten, was sie in ihren Büchern schrieben. Praktisch alle Informationen über Co-Abhängigkeit, die hier angeboten werden, kann man überall bedeutend billiger in Buchform oder auf Kassetten bekommen. Solche Informationen werden jedoch als »zu akademisch« abgelehnt, und niemand zeigt ein besonderes Interesse an ihnen. »Ich kümmere mich nicht um Tatsachen«, erklärt uns John Lee. »Was ich Ihnen mitteilen will, besteht nicht aus einem Wust von Tatsachen.« Statt dessen erzählt er uns Geschichten aus seinem Leben. Entweder man »spürt«, was er meint, oder »man spürt es nicht«, sagt er achselzuckend. Aber er bietet uns wenigstens eine »Tatsache« an: »Eines der wichtigsten

Dinge, die sich heutzutage in unserem Land ereignen, ist, daß Frauen Verbrechen begehen«, behauptet er völlig zusammenhanglos, und wie üblich nicken die Frauen in der Zuhörerschaft zustimmend.

Da hier sowenig neue Informationen angeboten werden, im Grunde überhaupt keine konkreten Tatsachen, ist die Persönlichkeit des Redners häufig der einzige Inhalt einer solchen Veranstaltung. Das ist vor allem am ersten Abend während der vier einstündigen Vorträge klar zu erkennen, die mehr an Performances erinnern. (Marilyn Volker erzählt uns, wir »wandeln auf dem schmalen Grat zwischen Liebe und Verlangen und suchen dazwischen die Liebe«, und ich rechne jeden Augenblick damit, daß sie anfängt zu singen.) Mich erinnert das Ganze an eine Varietévorstellung, an eine Talk-Show oder an eine Fernsehveranstaltung der Erweckungsbewegung. Die Redner, berühmte Leute des Selbsthilfezirkus, sind alle ziemlich clever, und man merkt sofort, daß sie diese Vorträge nicht zum erstenmal halten: Sie reden ohne Notizen fließend eine Stunde lang. Das Publikum ist fasziniert, nickt und murmelt die ganze Zeit zustimmend.

An drei Tagen, die mit Vorträgen und Workshops ausgefüllt sind, bin ich die einzige, die Fragen stellt oder einen der Experten herausfordert. Für sie kommt so etwas immer überraschend, und die Zuhörer ärgern sich über mich. Obwohl diese Experten in routinierter Weise abstreiten, Experten zu sein (oft sagen sie, sie seien nur Experten ihres Selbst), gehen sie offenbar doch davon aus, daß niemand ihre Autorität in Frage stellt, was auch so gut wie nie vorkommt. Sie breiten ihre Thesen aus und bekommen dafür ein Honorar, das Publikum hört sich das alles an und bezahlt.

Eins der wichtigsten Verkaufsargumente der Selbsthilfe-

bewegung ist ihre Einstellung zur Gleichberechtigung, die sie in aggressiver Weise vertritt; die Selbsthilfebewegung orientiert sich an der Tradition der AA, aus der sie hervorgegangen ist, und gibt sich als führerlose Bewegung Gleichberechtigter aus. Es gibt keinen »Führer« – keinen Werner Erhard, keinen Reverend Moon, keinen L. Ron Hubbard. Auch wenn manche Experten, wie zum Beispiel John Bradshaw, einen höheren Bekanntheitsgrad und eine größere Leserschaft haben, orientiert sich die Selbsthilfebewegung genausowenig an einem bestimmten Experten, wie sich Hollywood an einem Star orientiert.
Man braucht natürlich Experten, die sich mit der Gruppe identifizieren und uns wenigstens ein bißchen über ihre eigenen Störungen der Co-Abhängigkeit erzählen, und manchmal reichen die Bekenntnisse der Experten so weit in den Intimbereich wie die herzzerreißenden Klagen der kleinen Leute im Publikum. In Philadelphia beichtet Marilyn Volker ihrem Publikum gleich am ersten Abend, daß ihre Ehe in der Hochzeitsnacht nicht vollzogen werden konnte: Sie litt unter Vaginismus, und ihr Mann hatte keine Erektion. Sie hat die gleiche Geschichte natürlich schon vielen fremden Leuten bei ähnlichen Veranstaltungen erzählt. Ich habe nicht das Gefühl, daß sie sich speziell an mich wendet, aber ihre Enthüllung dient offenbar dem Ziel, mir das Gefühl zu vermitteln, daß ich mit ihr reden kann. Solche Geständnisse werden routinemäßig eingesetzt, um den Experten als einen Menschen wie dich und mich erscheinen zu lassen, das steigert offenbar die Umsätze, vor allem wenn das Publikum aus Frauen besteht. Eine der populärsten Frauenexpertinnen, Melody Beattie, ist gleichzeitig auch eine der zugänglichsten (jedenfalls auf dem Papier; auf der Bühne habe ich sie noch nicht erlebt). Ihr Fachwissen beruht fast ausschließlich auf persönlichen

Erfahrungen mit der Sucht. Vielleicht besteht die Attraktivität dieser Bewegung unter anderem auch daraus, daß sie den Teilnehmern eine gewisse Berühmtheit in Aussicht stellt. Jeder, der die Co-Abhängigkeit überlebt hat und mit einem Textverarbeitungsprogramm umgehen kann, kann sich Hoffnung auf einen Bestseller machen.

In der Selbsthilfebewegung herrscht jedoch genausowenig Gleichberechtigung wie in den etablierten Kirchen. Jeder ist vor Gott oder innerhalb der Selbsthilfegruppe gleich, trotzdem haben natürlich die Hirten mehr Autorität als die Herde. Hinter ihrer Fassade aus Seide und Make-up und hinter ihren Mikrofonen machen die führenden Frauenexperten in Philadelphia einen fast unnahbaren Eindruck, während einige der Frauen aus dem Publikum so aussehen, als hätten sie keinen sehnlicheren Wunsch, als nur einmal von John Lee berührt zu werden. Lee, für so viele Frauen das »Objekt der Begierde«, erklärt mir, daß er sich nicht mit der Aura eines Experten umgebe, obwohl er mit einer ganzen Reihe von Referenzen vorgestellt wird. Er betont, daß er es seinem Publikum immer wieder freistellt, alles, was er sagt, zu verwerfen, aber er blüht auf, wenn sie es dann nicht tun. Wenn jemand ihn für einen Experten hielte, sei das »sein Problem«, erklärt er, und ich glaube auch sein, Lees, Verdienst.

Es gibt allerdings auch wenigstens ein paar Experten im Publikum, die dafür bezahlt haben, hiersein zu können. Leute aus den sozialen Berufen bekommen Geld im Rahmen der Berufsförderung, um an solchen Konferenzen teilnehmen zu können. Mir kommt das so vor, als würde jemand von der Berufsförderung Geld dafür bekommen, wenn er sich »Oprah« ansähe. Natürlich kann es sein, daß viele das Ganze einfach nur zur Kenntnis nehmen und dann wieder nach Hause gehen. Ich habe zum Beispiel einen Mann aus New York kennengelernt, der nur am ersten und am letzten Tag auftauchte, ohne viel verpaßt zu haben. Wenn das die Art ist, wie Therapeuten sich weiterbilden, dann stecken die Klienten in größeren Schwierigkeiten, als sie ahnen.

6. KAPITEL

Schluß mit der Vernunft: New Age

Für mich war es nichts Neues mehr, mit einem körperlosen, spirituellen Wesen zu reden oder sogar mit ihm zu telefonieren«, vertraut uns Shirley MacLaine, anderer Welten überdrüssig, in ihrem Buch *Zauberspiel* an, nachdem sie Lazaris den Laufpaß gegeben hat. Kein Wunder. Lazaris, ein Geistwesen, das Shirley bei ihren Miniserien geholfen hat (die Verbindung mit ihm wurde durch ein Medium in San Francisco hergestellt), hat keine neuen Ratschläge mehr für sie, keine neue Weisheit. Wenn er über die Macht unbewußter Ängste und über die Art und Weise, wie »man sich seine eigene Realität schaffen kann«, redet, spricht er die Sprache eines gewöhnlichen Therapeuten aus Fleisch und Blut.[1]

Die meisten Geister sind heutzutage etwas obskurer, wenn nicht sogar völlig unverständlich; am besten können sie sich auf eine nichtverbale Weise ausdrücken. Sie kommen schließlich aus einem Bereich, »in dem es keine Worte gibt«, daran hat mich meine Freundin Barbara erinnert – also einem Ort wie Kalifornien, wo Barbara meditiert, Filme macht und mit ihrem inneren Kind arbeitet. »Mit Ausnahme von ein paar Professoren liest hier keiner mehr«, versichert mir diese Frau, die einen Studienabschluß in englischer Literatur hat. Es gibt bessere, nichtrationale, »nichtlineare« Arten des Wissens, sagt sie, denn

es gibt »Seinsebenen«, die nicht mit Worten zu fassen sind.
Trotzdem bestehen die Selbstverwirklicher des New Age, für die es eigentlich keine Worte mehr gibt, darauf, Bücher zu schreiben, daran lassen sie sich auch durch die Begrenztheit unseres linearen, linkshemisphärischen Denkens nicht hindern. Sie teilen den anderen ihre Transformationserlebnisse mit, sagen paradigmatische Bewußtseinsveränderungen und neue Sinnesmodalitäten voraus, beschreiben Prozesse spiritueller Synchronizität, verordnen bestimmte Zusicherungen zur Stärkung der Persönlichkeit und entwerfen für ihre Leser Landkarten, die ihnen bei ihrer persönlichen Odyssee den Weg zum Licht weisen sollen, zu jenem harmonischen Ort im Inneren, an dem sich die selbstverwirklichte Energie befindet.
Ich nehme an, Sie wissen genau, was gemeint ist. New Age ist eine Frage der Einstellung. Wenn man bei einer Diskussion über Modelle des Bewußtseins oder transpersonale Energievibrationen so etwas wie Genauigkeit oder eine Beschreibung der Besonderheiten verlangt (also das, was manche Sinn oder Bedeutung nennen würden), entlarvt man sich als ein nur »halb intelligenter« Mensch, als ein bedauerliches Wesen, das nur mit einer Hirnhälfte denken kann, im Rationalismus gefangen ist und in törichter Weise auf die äußere Welt fixiert. Man muß die postbiologische, postverbale Phase der menschlichen Evolution verlassen und spirituell im Nichtlebenden ruhen. New Age ist auf eine militante Weise antiintellektuell und stolz auf seine Irrationalität. Sinn oder Bedeutung sind nicht gefragt. Ein Buch über die spirituelle Odyssee liest man nicht, man erlebt oder verarbeitet es.
Trotzdem lassen die vielen Fremdwörter einen anderen Eindruck entstehen; alles klingt so, als sei es bedeutsam.

Eine »paradigmatische Bewußtseinsveränderung« klingt eindrucksvoll, ja sogar tiefsinnig. *Paradigma* war schon immer ein Lieblingswort der Akademiker; zum Beispiel verstehen sie unter dogmatische Paradigmen wahrscheinlich so etwas wie Ideen, bedeutsame Ideen. Vor einiger Zeit haben auch die Experten der Politik dieses Wort entdeckt: Sie suchen jetzt neue Paradigmen der Macht, und man verwendet nun auch das Adjektiv: Präsident Bill Clinton ist ein »paradigmatischer Liberaler«, das jedenfalls schreibt der Kolumnist Joe Klein. *Paradigma* hat auch Einzug in das Lexikon der Autoren von Erfolgsbüchern gehalten: In seinem Bestseller *Die sieben Wege zur Effektivität* läßt sich Stephen Covey über die »Macht des Paradigmas« aus und ermuntert die Leser dazu, »Paradigma-Verschiebungen« durchzuführen (die Wirkung einer solchen Verschiebung liegt in der »essentiellen Macht der Quantenveränderung«).[2]

Was bedeutet denn nun eigentlich dieses schillernde Wort *Paradigma*? Ein Paradigma ist ein fundamentales Konzept oder Modell, aber – so steht es im Webster – das Wort kann ein großes, »übergreifendes« Konzept bezeichnen, durch das sich eine Reihe von Daten oder Vorgängen erklären lassen. Damit ist es ein perfektes New-Age-Wort – spirituelle Erweckungen und Bewußtseinsveränderungen sind ähnlich wie die Gesundung immer Prozesse, nie Ereignisse.

Der Ausdruck »paradigmatische Bewußtseinsveränderung« ist daher eigentlich ein bißchen redundant, aber das stört nur den Leser, der sich die Mühe macht, darüber nachzudenken, also den Leser, dessen Bewußtsein sich noch nicht verändert hat und der daher noch nicht in der Lage ist, nichtrational zu lesen. Was ist das denn für eine Bewußtseinsveränderung, die ihn erwartet? Es ist offenbar eine zerebrale Verschiebung nach rechts, also von den Sinnesmodalitäten der linken zu denen der rechten Hirnhälfte, durch die das Ganze zu einem Paradigma wird, das eine dickköpfige, linkshemisphärische Analyse wie diese nicht verständlich machen kann.

Mir ist auch nicht klar, was man sich unter spiritueller Synchronizität vorstellen soll. Wahrscheinlich meinen die Leute damit das gleiche, wie wenn sie sagen, man sei »in sync« mit jemanden, und das klingt irgendwie gut. Da Synchronizität bedeutet, daß sich alles zur gleichen Zeit abspielt, muß spirituelle Synchronizität etwas mit spirituellem Einssein zu tun haben, das ist auch ein New-Age-Ideal oder Paradigma. (Wenn ich du bin und du bist ich, dann sind wir beide eins.) Spirituelle Synchronizität ist wahrscheinlich ein tranformatives Erlebnis oder eine paradigmatische Veränderung. *Transformativ* ist übrigens auch ein Wort, das sowohl bei den New-Age-Leuten als auch bei den Akademikern sehr beliebt ist. (Ein solcher Jargon entsteht offenbar an der Grenze zwischen der linken und rechten Hirnhälfte.) Juristinnen der Frauenbewegung erstellen zum Beispiel transformative juristische Analysen (nachdem sie vorher die traditionelle Rechtstheorie auseinandergenommen haben), die Feministinnen des New Age haben dagegen Vorstellungen von transformativen, kognitiven Rekonstruktionen des maskulinen Modus.

Meine Göttin! Leute aus einem Ort, an dem es keine Worte gibt, lassen sich in Allgemeinplätzen aus, die alles und nichts bedeuten können – sie reden über Weisheit, innere Gelassenheit und spirituelle Ganzheit. Sie haben sich eine esoterische Sprache geschaffen, nachdem sie auf dem Weg zum Markt festgestellt haben, daß Worte nur einengen, wenn sie genau sind.

Diese Abkehr von jeglicher Vernunft kann allerdings auf

eine altehrwürdige Tradition zurückblicken. Die New-Age-Bewegung ist nicht die erste, die sich einer Sprache bedient, die jeglicher Vernunft feindlich gegenübersteht. Mary Baker Eddys *Science and Health*, die Bibel der Christlichen Wissenschaft, ist Schall und Rauch oder, wie Mark Twain feststellte, eine Ansammlung »bombastischer Zusammenhanglosigkeiten«:

> Wenn man sie liest, glaubt man, eine lebhafte, aggressive und orakelnde Rede in einer unbekannten Sprache zu hören, eine Rede, deren Begeisterung man spürt, deren Einzelheiten jedoch nicht zu erkennen sind. ... Es ist, als ob man einem lauten Instrument zuhört, das ein Geräusch macht, und selbst glaubt, es sei eine Melodie, während es für den Zuhörer, nicht für die Mitglieder der Kapelle, nur aus dem martialischen Tuten eine Posaune besteht, das die Seele ausschließlich durch das Geräusch berührt, nicht aber durch irgendeine Bedeutung.[3]

Aber wie die meisten Autoren populärer religiöser Bücher oder der Persönlichkeitsentwicklungs-Literatur wußte Eddy genau, wie man einen bedeutungsvollen Eindruck macht; das mußte auch Mark Twain zugeben:

> Sobald sie merkt, daß sie daherschwatzt, ohne etwas zu sagen, bremst sie sich plötzlich selbst und sagt unvermittelt »Gott ist mit uns allen« oder irgend so etwas Irrelevantes, das scheint dann vorübergehend die ganze Umgebung zu erleuchten; dann, bevor man sich von dem Schock erholt hat, hastet sie in der gleichen flatterhaften, munteren, nichtssagenden Weise weiter. Man eilt hoffnungsvoll hinter ihr her, weil man glaubt, diesmal etwas von ihr zu bekom-

men. ... Immer wenn sie merkt, daß sie den Faden verliert, versucht sie ihn durch ein betontes »aber« wiederzufinden, das jedoch weder etwas mit dem zu tun hat, was sie vorher gesagt hat, noch mit dem, was sie noch sagen will. Dann koppelt sie einige leere Waggons an ihren Gedankenzug – gewöhnlich Bibelsprüche, die nichts mit der Sache zu tun haben –, verschwindet dampfend aus unserem Blickfeld und läßt uns mit der erstaunten Frage zurück, wie sie das nun wieder fertiggebracht hat.[4]

Politiker und ihre Ghostwriter könnten viel von Eddy lernen, sie haben es wahrscheinlich schon getan. Politiker erkennen instinktiv den Wert einer hochtrabenden, bedeutungslosen Phrase: Jeder, der sich im Dunkeln fürchtet, fühlt sich wohl, wenn er tausend Lichtpunkte sieht. Die Sprache der Politik ist eine Sprache der Euphemismen und der Indirektheit und war schon immer eine Zuflucht für Schurken, bemerkte George Orwell. Wörter wie *Faschismus* und *Demokratie* werden regelmäßig von Politikern mißbraucht, die sich nicht festlegen wollen. Manchmal sind offenbar jedoch nicht einmal die Wähler so blauäugig wie die Leute, die sich nach Selbstverwirklichung sehnen. Sie kennen sich im Jargon des New Age aus und reden allen Ernstes von der »Kanalisierung ihrer Energiesysteme«, vom »Aufsuchen des fokalen Bewußtheitspunkts« und von »Prozessen der spirituellen Psychosynthese«. Vielleicht wissen sie ja tatsächlich, was sie damit meinen. Ein Terminus wie »kreatives Sein« ist eine Art Rorschachtest: Alles, was man darin sieht, ist wahr.
Eine Sprache, die alles bedeuten kann, ist für das New Age sowohl in moralischer als auch in kommerzieller Hinsicht unverzichtbar, denn die Wahrheit umfaßt alles. (I Am the

Walrus. We Are the World.) Da die Menschen sich aber in verschiedenen Stadien der spirituellen Evolution befinden, führen viele Wege zur Wahrheit. Unter dem Dach eines verschwommen definierten Ideals der Ganzheit bietet das New Age eine pluralistische Sammlung von Methoden an, die ihnen dabei helfen sollen, diese Wahrheit zu finden.

Es gibt so viele verschiedene Methoden und terminologische Varianten, wie es spirituelle Wege oder Regale in den New-Age-Buchhandlungen gibt. Zwischen Verzeichnissen, in denen die verschiedenen Engel zu finden sind, und Rezepten für »falschen Hasen« aus Tofu kommen viele Geister zu Wort. Einige wollen Ihnen dabei helfen, Ihre Kräfte nutzbar zu machen, um gesund zu werden und Ihr inneres Kind wieder zurückfordern zu können. Dabei klingen sie genau wie Zwölf-Schritte-Leute, die ein wenig zuviel Jung gelesen haben. Durch das Umschalten auf einen anderen Kanal bieten andere Geister Zugang zu neuen, interplanetaren Dimensionen einer erleuchteten Ichhaftigkeit und klingen dabei allerdings wie Teilnehmer an einer Veranstaltung eines »Raumschiff Enterprise«-Fanclubs.

Das New Age ist das Zeitalter der vielen Möglichkeiten. Sie finden Ihre innere Wahrheit oder Ihren inneren Raum in einer Reihe verhältnismäßig konventioneller Bücher über westliche oder östliche Religionen, in Büchern über Psychologie, Selbsthilfe und ganzheitliche Gesundheit, in den immer wieder faszinierenden »Esoterica« oder in Lehrbüchern über Astrologie, Wünschelrutengängerei und Lehren eines »Erleuchteten«. Wenn Sie die materielle Welt möglichst schnell transzendieren wollen, sollten Sie *How to Have an Out-of-Body Experience in Thirty Days* (Lernen Sie in dreißig Tagen, wie man ein Erlebnis außerhalb seines Körpers haben kann) lesen. Derselbe Autor hat auch das Buch *Inner Sex in Thirty Days* (Innere Sexualität in dreißig Tagen) geschrieben. Wenn Sie in diesem Leben größeren Wert auf materielle Dinge legen, können Sie Ihre spirituellen Energien dazu benützen, Reichtümer anzusammeln (wie es Napoleon Hill schon vor über fünfzig Jahren in »Denke und werde reich« vorgeschlagen hat). Ein neuerer Bestseller mit dem Titel *Do What You Love, The Money Will Follow* (Tu, was Dir Spaß macht, dann kommt das Geld von ganz alleine) wird von einem Verkäufer in der Buchhandlung als das »New Age der Yuppies« beschrieben. Sie können sich natürlich auch mit dem Buch *Die sieben Wege zur Effektivität* befassen.

Man findet *Die sieben Wege* womöglich nicht in jeder New-Age-Buchhandlung. Stephen Covey, der Autor, der uns versichert, daß er an »Gott, den Schöpfer und unseren Vater« glaube, würde sich wahrscheinlich dagegen wehren, der New-Age-Bewegung zugerechnet zu werden, so, wie die New-Age-Gurus vermutlich auch froh sind, ihn verleugnen zu können. Die Bewegung ist nicht patriarchalisch: Hexen, Göttinnen, Buddhas, Engel und geschlechtslose Geister leben in diesem interstellaren Raum friedlich nebeneinander. Auch wenn Covey es nicht gern hört, seinen Bestseller *Die sieben Wege zur Effektivität* umgibt die Aura des New Age, er ist – so der Klappentext – »holistisch«. Covey hat ein Talent für bombastische, bedeutungslose und auf eine verschwommene Weise spirituelle Phrasen: »Die Veränderung des Seins/Sehens ist ein nach oben gerichteter Prozeß – eine Veränderung des Sehens, die ihrerseits das Sein verändert, und so weiter«, schreibt er wie jemand, der wirklich glaubt, damit etwas zu sagen.[5] Indem er uns die sieben Gewohnheiten nahebringt, will er uns helfen, »einen Durchbruch zu neuen Ebenen der persönlichen und zwischenmenschlichen Effektivität zu erleben, indem wir uns von alten Vorstellungen trennen, die womöglich die Quelle einer Pseudosicherheit gewesen sind«. Und wie sehen diese sieben Gewohnheiten aus?

> In Übereinstimmung mit den natürlichen Gesetzen der Entwicklung stellen sie eine auf Zuwachs gerichtete, regelmäßige und in einem hohen Grade integrative Methode dar, die Effektivität im persönlichen und zwischenmenschlichen Bereich zu steigern. ... Sie werden zur Grundlage des Charakters einer Person und schaffen so ein kraftspendendes Zentrum, das aus korrekten Plänen besteht, mit deren Hilfe der Mensch seine Probleme auf eine effektive Weise lösen, Möglichkeiten optimieren und andere Prinzipien lernen und in eine nach oben gerichtete Entwicklungsspirale integrieren kann.[6]

Ich glaube nicht, daß viele Leser verstehen, was das bedeuten soll (ich jedenfalls nicht), aber sie wissen, was sie dabei fühlen. Covey verführt sie und benutzt dabei die richtigen Wörter: Harmonie, Integration, zwischenmenschlich, optimieren, Effektivität, Machtzuwachs (später kommt noch der Begriff Synergie dazu). Sein Lieblingsausdruck ist die »nach oben gerichtete Entwicklungsspirale«, die kommt immer wieder vor. Sie werden emporgehoben, vorausgesetzt, es macht Ihnen nichts aus, sich dabei wie ein Korkenzieher zu fühlen. Covey hat die nützliche Begabung, auf eine sehr inspirierende Weise nichts zu sagen; er sollte Reden für Abschlußfeiern schreiben.

Damit will ich nicht behaupten, daß er sein Talent vergeudet. Covey ist M.B.A. (Master of Business Administration) und Vorsitzender einer Organisation, die sich »Institute of Principle Centered Leadership« nennt, er arbeitet offenbar als eine Art Unternehmensberater. Auch wenn Ihr Geist beim Lesen womöglich spiralförmig nach oben befördert wird, enthält sein Buch grundsätzlich jedoch durchaus pragmatische Überlegungen, die sich auf die Produktivität des einzelnen und die der Firma beziehen. Die »Sieben Gewohnheiten« bestehen wie die meisten Prinzipien, Modelle und Offenbarungen der Selbsthilfe im wesentlichen aus einer Reihe von Maximen, die Sie bereits kennen: Ergreifen Sie die Initiative, visieren Sie ein Ziel an, und setzen Sie Prioritäten. Covey sagt uns, wie wir unsere Zeit einteilen sollen, wie wir unsere Ressourcen am besten ausnutzen und die Produktivität steigern können; er spricht über das Delegieren von Verantwortung und bezeichnet »effektives Delegieren« als »Aktivität mit großer Wirkung« (high leverage). *Die sieben Wege zur Effektivität* überträgt die Prinzipien des New Age auf die Welt der Industrie. Kein Wunder, daß wir nicht mehr konkurrenzfähig sind.

Daß die Geister spiralförmig nach oben steigen können und gleichzeitig mit beiden Beinen auf der Erde stehen, ist eine besondere Eigentümlichkeit des amerikanischen Kapitalismus. In Amerika ist »Verkaufen eine Form der Ekstase«, bemerkte Michael Lewis, ein Autor aus der Welt der Finanzen. »Gott und Geld sind ... nie weit voneinander entfernt gewesen.«[7]

Männer, die heute dem mittleren Management angehören und in den sechziger Jahren großgeworden sind, sind vermutlich »wegen der fernöstlichen Philosophien, durch die sie in ihrer Jugend beeinflußt wurden«, besonders empfänglich für solche spiritualistischen Bücher über das Geschäftsleben, äußerte ein New-Age-Verleger hoffnungsvoll. (Zwei der erfolgreichsten Business-Bücher der letzten Jahre sind alte chinesische Klassiker: *The Teh Ching* und *The Art of War.*) Auch Mainstream-Verleger verdienen an den

modernen Veröffentlichungen über die spirituellen Aspekte der Geschäftswelt. Einer Redakteurin von Doubleday zufolge (die wahrscheinlich zu viele Bücher ihres eigenen Verlags gelesen hat) wird »das Geschäft immer anthropomorpher. Das New Age sprach immer schon davon, daß unsere Achtung den Menschen und nicht den Organisationen gelten sollte. Jetzt erleben wir, daß die Autoren das Geschäftsleben nicht länger als einen Mechanismus betrachten, der außerhalb unseres Selbst existiert.«[8]
Daß man das Geschäft als Religion und Form der Persönlichkeitsentwicklung betrachtet, ist jedoch nichts Neues. Schon der Mythos des Horatio Alger enthielt in seinem Kern diesen Gedanken. Geld befriedigt schon seit langer Zeit spirituelle und seelische Bedürfnisse, und sowohl die etablierten Religionen als auch die religiösen Randgruppen haben sich inzwischen bereitwillig an die Forderungen der kommerziellen Kultur angepaßt und verleihen so dem Merkantilismus eine gewisse moralische Autorität; im 19. Jahrhundert entwickelte sich das freie Unternehmertum mit dem Segen des Protestantismus. Die Religion des New Age ist ganz besonders anpassungsfähig: Ihre Lehre von der Inklusivität ist leichter durch das zu definieren, was sie nicht ist – traditioneller, patriarchalischer Monotheismus –, als durch das, was sie ist – nämlich praktisch alles andere, angefangen vom Spiritualismus bis zur »Wissenschaft« vom positiven Denken.

Wenn Sie diese unausgegorene Mischung aus Pseudowissenschaft, Religion und Geld einmal wirklich erleben wollen, sollten Sie an einer oder zwei Sitzungen des Forums, dieser Reinkarnation von »Est«, teilnehmen. Sie sollten allerdings möglichst kein Geld für dieses Privileg ausgeben. Die Forum-Seminare sind teuer – 625 Dollar für vier Tage

und einen Abend, in denen Ihnen Weisheit vermittelt wird. Sie können jedoch kostenlos an ein paar Sitzungen teilnehmen, wenn Sie von einem zahlenden Teilnehmer eingeladen werden. Denn jeder wird aufgefordert, möglichst viele Freunde und Verwandte mitzubringen: Schließlich ist jeder Gast ein potentielles neues Mitglied.
Die Philosophie des Forums ist im Grunde die von »Est«: Keine Ausflüchte. Sie allein sind für all Ihre Erfolge und Mißerfolge verantwortlich. Sie haben die absolute Kontrolle über Ihr Leben. Oder, wie es Lazaris, Shirley MacLaines spirituelles Wesen, ausdrückt, Sie sind Ihre eigene Realität. Das 625-Dollar-Einführungsprogramm des Forums, das an zwei Wochenenden und einem weiteren Abend in der Woche stattfindet, besteht aus aufmunternden Worten der Leiter und einem leichten Stirnrunzeln der Teilnehmer, die sich über ihr Leben beklagen. (Die Forum-Seminare sind bedeutend weniger brutal als die »Est«-Sitzungen, und man darf jederzeit auf die Toilette gehen.) Es gibt keine Gespräche zwischen den Teilnehmern, alles läuft über den Leiter, der die Seminare genauso absolut unter seiner Kontrolle hat, wie Sie Ihr Leben unter Kontrolle haben sollten.
Das Programm, das aus Bekenntnissen und Ermahnungen besteht, ist uns nur zu vertraut; man fragt sich, warum die Leute dafür so viel Geld ausgeben. In den Werbebroschüren des Forums wird das im Grunde abgedroschene Programm in einer derart abstrakten Weise beschrieben, daß es geheimnisvoll und großartig wirkt.

> Mit Hilfe des Forums gelingt uns der Durchbruch in eine neue Dimension der Möglichkeiten. ... Das Forum stellt eine praktische und äußerst intensive Erforschung der Probleme dar, die unsere persönliche

Effektivität in allen Lebensbereichen beeinträchtigen. Eine solche Analyse erfordert Mut und Abenteuergeist. ... Der Durchbruch, den das Forum vermittelt, wird durch eine kritische Überprüfung der liebgewordenen Annahmen erreicht, über die wir uns dann mutig hinwegsetzen. Es ist ein Durchbruch, der zu einer entschlossenen, wirkungsvollen Aktion führt, die die Zukunft beeinflußt, gute Vorsätze fördert, Ziele erreichbar werden läßt und einen wertvollen Beitrag im Leben der Familien, Gemeinden und in der Welt, in der wir alle leben, leistet.[9]

Das ist die »inspirierte«, inhaltsleere Sprache, wie man sie aus solchen Werbebroschüren kennt: Man wird an den Master-Card-Werbespot erinnert, in dem man aufgefordert wird, »to master the possibilities«. Es ist nicht schwer, so etwas zu schreiben, das können inzwischen schon die Computer. Man muß nur das Vokabular beherrschen – Macht, praktisch, Durchbruch, entschlußfreudig, Abenteuer, Gemeinsamkeit, Gemeinschaft. Auf den Veranstaltungen des Forums sprechen die Leute die gleiche Sprache. Auf der Sitzung, an der ich teilnehme, verkündet der Leiter, der wie eine sprechende männliche Barbiepuppe aussieht, daß das Forum uns beibringen wird, »wie wir einen Zugang zu neuen Dimensionen des Seins finden können«. Seine Sprache stammt zum Teil aus der Welt der Computer (er findet immer einen »Zugang« und redet von »Schnittstellen«), aus der Bürokratie (seine Syntax ist ziemlich umständlich) und aus dem Psychochinesisch des New Age.
»Das Forum zeichnet sich vor allem dadurch aus, daß es das Leben und nicht das Wissen in den Mittelpunkt stellt«, erklärt er. Trotz dieser Abneigung gegen das Wissen bemüht sich das Forum um Lernprozesse und bietet eine

bestimmte Lernmethode an: »Wir nennen diese Methode Diskriminieren«, erklärt der Leiter. Ihr Ziel ist es, »zu lernen, durch Einsicht zu funktionieren und nicht durch das Ansammeln von Informationen«. (Experten der Co-Abhängigkeit würden sagen, wir müssen lernen, mit dem Herzen und nicht mit dem Kopf zu denken.) Er erklärt uns, daß es »verschiedene Lernbereiche« gibt. »Wir befassen uns im Forum mit dem Bereich des Lebens – wie man effektiv lebt – und wie man mit der Erfahrung des Lebendigseins umgeht. Das Leben ist ein Privileg. ... Das Forum schafft einen Zugang zu einer neuen Dimension Ihres Seins als menschlichen Wesens. Es geht um das, was Sie nicht wissen, ohne zu wissen, daß Sie es nicht wissen.«
Fragen Sie mich nicht, was das ist. Gehen wir doch einfach einmal hin.

An der Sitzung nehmen ungefähr hundertfünfzig bis dreihundert Leute teil (das heißt, daß das Forum nach meinen Berechnungen dabei ungefähr 187 000 Dollar einnimmt).* Wir sitzen in Reihen wie in einer Vorlesung, der Leiter hat ein Mikrofon. Er eröffnet die Sitzung, indem er uns von den wunderbaren Durchbrüchen erzählt, die Menschen erlebt haben, die sich dem einzigartigen, dynamischen

* Ich gehe von 625 Dollar pro Person aus. Man muß wissen, daß solche Einführungsprogramme regelmäßig im ganzen Land durchgeführt werden. Wie der Leiter unserer Sitzung sagte, werden im Laufe von zwei Monaten drei bis vier Programme angeboten. Außerdem veranstaltet das Forum einen sechstägigen Kurs für Fortgeschrittene, der 1300 Dollar kostet. (Sie können diesen Kurs wiederholen, dann kostet er nur noch 750 Dollar.) Außerdem werden Kurse für Kinder und Teenager angeboten, dazu eine Vielzahl von Seminaren zu ausgewählten Themen wie Transformation, Kommunikation und Kraftgewinnung. Es handelt sich hierbei um ein Multimillionengeschäft, das ausschließlich Phrasen verkauft.

Programm des Forums, das zur Selbsterkenntnis, Entdeckung und Effektivität führt und der Schlüssel zu einem authentischen Leben ist, anvertraut haben. Er wendet sich vor allem an die Leute, die als Gäste mitgekommen sind, weil er hofft, sie anwerben zu können. Mit Hilfe des Forums werden wir unsere Individualität erforschen, lernen, wie man lebendige Beziehungen aktivieren, auf eine effektive Weise miteinander kommunizieren und sein Sein voll erleben kann. »Wir fassen Möglichkeiten ins Auge, wie wir einen Beitrag leisten können. Wir befassen uns mit einem Phänomen, das man innere Zufriedenheit nennt. Wenn Sie den Leuten zuhören, werden Sie erkennen, welch ungeheure Wirkung das auf ihr Leben gehabt hat.«

Das ist natürlich das Stichwort für die Leute, die etwas über sich erzählen wollen, und manche tun das auch. Sie stehen auf, legen Zeugnis ab, und die Menge applaudiert. »Das Forum hat mir einen neuen Weg gewiesen, wie ich meine Beziehungen verbessern kann. Dadurch hat sich mein Bewußtsein verändert. Ich sehe die Menschen jetzt mit anderen Augen«, sagt ein junger Mann. »Und dadurch wird gleichzeitig auch die Art, wie man in sich selbst ist, verbessert.« (Nach einer oder zwei Sitzungen lernen Sie auch, so zu sprechen.) Jedes Bekenntnis wird vom Leiter kommentiert, besser gesagt, er wiederholt seine Kommentare über den Zugang zu neuen Dimensionen und wie man lernt, effektiv und instinktiv zu leben: »Das, was Sie wissen, hat nichts mit Ihrer Lebensweise zu tun. In einer zweidimensionalen Realität werden Sie nie eine Kugelform erreichen können. Das Forum fügt Ihrem jetzigen Leben eine zusätzliche Dimension hinzu. Wir nennen sie Möglichkeit!«

Etwa fünfundvierzig Minuten lang – ich habe den Überblick verloren – redet er und sagt praktisch nichts. Da er jedoch großzügig Anleihen bei der Sprache der Technologie macht, erweckt er einen Eindruck von Präzision. Ständig und unermüdlich wiederholt er bestimmte Schlüsselbegriffe und Phrasen – Effektivität, neue Dimension des Seins, Zugang, Systeme, authentisch, Engagement, Totalität. Das hat eine fast hypnotische Wirkung, und die meisten Leute im Saal, die ihm gebannt zuhören, sind offenbar beeindruckt. »Dieser Mann hat mein Leben verändert«, sagt ein Mann und zeigt auf den Leiter. »Die Sitzungen beim Forum haben mir Liebe, Glück und die Möglichkeit einer partnerschaftlichen Beziehung gebracht. Ich verdanke diesem Mann mein Leben.« Eine Frau bekennt, daß ein paar Forumsitzungen »die Beziehung, die ich achtundzwanzig Jahre lang zu meinem Vater hatte, verändert hat«. Der Leiter erklärt, auf welche Weise das Forum diese wunderbaren Veränderungen so schnell bewirken kann. Es bietet »Leuten, die bereit sind, sich neuen Erlebnissen zu öffnen, positive Verstärkungen«. Die einzigen Menschen, die von den Forumsitzungen nichts profitieren, sind »Leute, die das Ganze abtun und glauben, sie wüßten schon alles«, fügt er hinzu, für den Fall, daß wir mit dem Gedanken spielen sollten, uns nicht einzuschreiben.

Nachdem eine Stunde lang Bekenntnisse abgelegt worden sind und der Leiter seinen üblichen Sermon losgeworden ist, teilen sich die Gäste in zwei Gruppen – eine besteht aus den Leuten, die daran interessiert sind, dem Forum beizutreten, die andere aus solchen, die wie ich gerne noch weitere »Informationen« über die Programme des Forums sammeln wollen.

Ich befinde mich mit etwa dreißig Leuten in einem kleinen Raum. Zwei angehende Leiterinnen versichern uns, daß das Forum der richtige Ort ist, um »sein Potential zu entdecken und freizusetzen, seine eigenen Ressourcen anzuzapfen und Wissen oder Erfahrungen zu sammeln«. Ich bitte sie mehrmals, mir das Programm doch etwas genauer zu beschreiben. »Was geschieht in den Seminaren? Wie läuft so etwas im einzelnen ab?« Darauf bekomme ich jedesmal die Antwort: »Das, was man im Forum erlebt, läßt sich mit Worten nicht zu beschreiben. Man muß es erleben.« Sie erinnern mich daran, daß »das, was man im Forum erreicht, über den Augenblick der Einsicht hinausgeht und daß das Leben zu wichtig ist, als daß man es sich leisten könnte, weniger zu sein, als man tatsächlich ist. Das Forum gibt Ihnen die Gelegenheit, Bedürfnisse zu befriedigen.« Dann sehen wir uns einen Werbefilm an, der aus den Bekenntnissen von Leuten besteht, die Großes geleistet haben: ein Olympiasieger, der Schauspieler Raul Julia und ein gutaussehender, wohlhabender Geschäftsmann mit seiner gutaussehenden Familie in den Schweizer Alpen. Alle berichten uns, daß das Forum ihr Leben verändert und sie zu dem gemacht habe, was sie heute seien.

Nach diesem Informationsaustausch treffen sich alle Gruppen zur Abschlußsitzung. Wir befinden uns wieder in dem Saal, und der Leiter hält seine Abschlußrede. Er vertraut uns ein Geheimnis an: »Wenn ich mit Leuten zusammen bin, die sich engagieren, dann inspiriert mich das.« Anschließend folgen weitere Bekenntnisse: »Auf jedes Nein folgt letzten Endes ein Ja«, sagt ein Mann. Ein anderer zollt dem Leiter seinen Tribut: »Ich fühle mich so, als hätten Sie mir einen Spiegel gegeben, und mir gefällt das, was ich darin sehe.« Der Leiter selbst macht der Gruppe Komplimente: »Ich spüre bei Ihnen, daß Sie engagiert sind, daß Sie das Potential des Lebens auf diesem Planeten ausschöpfen und das in die Tat umsetzen wollen, was Sie sich vorgenommen haben. Ich wache morgens mit dem Gedanken auf, an dem teilhaben zu dürfen, an dem auch Sie teilhaben.« Zum Schluß zollt der Leiter auch dem Forum

seinen Tribut: »Martin Luther King und John F. Kennedy haben dafür gesorgt, daß etwas geschieht.« Das Forum, »diese Technologie«, kann das gleiche bewirken.
Diese Technologie? Das Forum gibt sich nicht als Kunst, sondern als Wissenschaft aus. Im Zeitalter des High-Tech, in dem der Umgang mit Computern im wahrsten Sinne des Wortes ein Kinderspiel geworden ist, genießt die Wissenschaft trotz des wiederauflebenden Interesses an spirituellen Dingen ein ziemlich hohes Ansehen. Die New-Age-Bewegung vereinnahmt die Wissenschaft oder macht zumindest den Versuch, weil sie meint, auf diese Weise ihre Glaubwürdigkeit erhöhen und sich besser vermarkten zu können. Zum New Age gehören die populärwissenschaftlichen, spekulativen Ergebnisse aus der Neurologie, die sich auf eine kreative (»feminine«) rechte und eine analytische (»maskuline«) linke Hirnhälfte beziehen. Die gleiche »Pop-Wissenschaft« bietet Hirnstromwellen-Apparate an, mit deren Hilfe man auf Knopfdruck das Nirwana erleben kann. Fällt es Ihnen schwer zu meditieren, Ihr Leistungshoch zu erreichen oder die Grenzen des menschlichen Bewußtseins zu erforschen? In einer Art Trainingszentrum für veränderte Bewußtseinszustände in Cambridge oder Los Angeles können Sie sich an eine »Inner Quest 111« (Streifzug durch die Seele) oder eine MC^2-Traummaschine anschließen lassen. Sie sieht vermutlich wie ein Walkman aus, ist aber in Wirklichkeit ein »Trainingsgerät für Leute, die die Multidimensionalität ihrer Hirnstromwellen erleben wollen ... Mit seiner Hilfe können Sie mühelos dieses Ziel erreichen, ohne sich mit Mantras oder mit dem Lotussitz abquälen zu müssen.«[10]
In diesen Trainingszentren für Bewußtseinsveränderung begegnet man der bereits vertrauten Mischung aus Spiritualismus und Pseudowissenschaft, die schon vor hundert

Jahren ein Merkmal der »mind cure« und der Christlichen Wissenschaft war. Mary Baker Eddy, Norman Vincent Peale und Napoleon Hill haben gezeigt, daß man mit dieser Mischung viel Geld verdienen kann. Alle möglichen Wünsche, Spekulationen und die absurdesten Erfolgs- und Heilungs-»Systeme« werden unter dem Deckmantel der Wissenschaft durch die Alchimie des Marktes in etablierte, objektive Wahrheiten verwandelt.

Diese Wahrheiten mögen sinnlos sein, gerade das beweist jedoch ihre Gültigkeit. »Geben Sie sich dem Geheimnis hin«, würden New-Age-Enthusiasten sagen. Es wird nicht von Ihnen erwartet, daß Sie die Wahrheit analysieren oder logisch verarbeiten; im New Age brauchen Sie nicht mehr aufzupassen. Selbst die Worte der Bestsellerautoren stellen nur äußere Realitäten dar. Sie umreißen die Techniken, mit deren Hilfe Sie den »selbstverwirklichten Wahrnehmungsraum der inneren Stille« erreichen können, so wie die Hirnstromwellen-Apparate Sie an einen Ort bringen, an dem die beiden Hirnhälften synchron arbeiten, an dem Ihr Gehirn im Zustand der Einheit ist und wo es endlich keine Worte mehr gibt.

Wie sich diese Ablehnung jeglicher Rationalität mit der Vorliebe für die Wissenschaft verträgt, ist eines der Wunder der Persönlichkeitsentwicklung in Amerika. Gleichzeitig beweist dieses Phänomen, daß auch die Irrationalität Vorteile hat. Experten der Spiritualität und des Selbst begeistern für ihre eigenen Widersprüche. Aber auch wenn die Vereinnahmung der Wissenschaft durch selbsternannte spirituelle Führer eine grundsätzliche ideologische Verwirrung widerspiegelt, hat sie doch einen kommerziellen Sinn: Man kann mit ihr Geld verdienen.

Die New-Age-Unternehmer erheben Anspruch auf Wissenschaftlichkeit, weil sie hoffen, auf diese Weise an den

Umsätzen teilhaben zu können, die auf dem Wissenschaftsmarkt getätigt werden. Jüngsten Berichten des *Publishers Weekly* zufolge vermeiden die Verlage die Bezeichnung »New Age« und suchen neue, glaubwürdigere »wissenschaftliche« Etiketten für ihre Bücher, zum Beispiel »Neue Paradigmen«. Bantam, ein führender New-Age-Verlag, hat eine New-Science-Serie gestartet und hofft, »damit die Konsumenten zu erreichen, die Stephen Hawkings *A Brief History of Time* und John Gliecks *Chaos* massenweise gekauft haben«.[11] Außerdem benützt Bantam die Bezeichnung New Age nur noch selten, um seine Leser nicht vor den Kopf zu stoßen, die darunter Kristallkugeln, Channeling und andere spiritistische Dinge verstehen. Aber was sich verändert, ist nur das Etikett, nicht die Bücher oder das Motto der spirituellen Serie des Bantam-Verlags: »Eine Suche nach Sinn, Wachstum und Veränderung.«[12] Wer könnte dagegen schon etwas haben?

Publishers Weekly zufolge ist es nicht so, daß die New-Age-Bücher verschwinden; sie gehen nur im allgemeinen Strom unter. Der New-Age-Verleger Jeremy Tarcher stellt fest: »Wir bringen Bücher über Kindererziehung, Gesundheit, über das Geschäftsleben, über die Psychoanalyse Jungs, das Bewußtsein der Männer, Sexualität, das sind Themen, die man heutzutage aus der Perspektive des New Age betrachten kann.«[13] Und wenn Channeling und Kristallkugeln auch ein wenig passé sein mögen, besteht doch immer noch ein großes Interesse an Tarotkarten. Das gleiche gilt für den Glauben an die »Göttin« oder an die »Kosmische Mutter«, die in unserem Land angeblich von über hunderttausend Leuten angebetet wird. Bücher über die »Göttin« oder über »feministische Spiritualität« sind, wie ein Verleger dieser Branche erklärt, noch nicht sehr zahlreich vertreten, und Bücher über männliche Spiritualität sind der letzte Schrei auf dem Sektor New Age/Persönlichkeitsentwicklung. Angeführt wird dieser vielversprechende Trend von Robert Bly (mit Unterstützung von Bill Moyers).[14] Bücher über »männliches Bewußtsein« haben in meiner Buchhandlung direkt neben den Frauenbüchern, der Psychologie und der Selbsthilfe bereits ein eigenes Regal.

Iron John (Eisenhans), Robert Blys neuester Bestseller, mit dem dieser lukrative Trend begann, überschreitet die Grenzen mehrerer Verlagskategorien. Er verbindet die Theorie der Co-Abhängigkeit (Bezug zu Sucht und Mißbrauch) mit Antifeminismus (Klagen über maskuline Frauen), mit populärer Mythologie (einem weiteren Beitrag Moyers' zur Kultur im Stile Joseph Campbells) und populärer, reduktionistischer Geschichte. (Die industrielle Revolution hat Väter und Söhne voneinander getrennt, klagt Bly, ohne diese Behauptung in irgendeiner Form zu erhärten oder wenigstens eine Fußnote anzufügen. Offensichtlich hat er noch nie etwas vom postindustriellen Familienunternehmen gehört.) Vor allem aber trägt *Iron John* das Kennzeichen des New Age – das Buch ist bombastisch, in einer verschwommenen Weise spirituell und enthält kaum etwas Sinnvolles. Man kann daraus bestimmte Einstellungen ableiten – männliche Bindungen sind gut, Feminismus ist schlecht, Nabelschau ist eine spirituelle Tugend –, es ist jedoch unmöglich, die Gedanken des Buches genauer zu definieren. Es hat die ausweichende Art von Werbebroschüren, die ein gutes Gefühl erzeugen, ohne irgendeine konkrete Information zu vermitteln, so wie zum Beispiel dieser Auszug aus dem Werbetext eines Verlages:

> *Iron John* ist sowohl eine neue als auch eine ganz alte Vision erwachsener Männlichkeit, eine, die Tiefe hat, lebendig und beständig ist. Das Buch bestätigt aufs

> neue die Kraft der alten Legenden, die führen, heilen und profunde Wahrheiten vermitteln können.[15]

Jetzt wissen Sie genau, was das bedeutet – gar nichts –, aber es klingt so bedeutungsvoll wie der größte Teil des Buches. Bly schreibt über »Zeus' Energie«, die »Wunden unseres Prinzendaseins« und das »echte Patriarchat, [das] die Sonne durch den heiligen König untergehen läßt«; er bringt weithergeholte Allegorien männlicher Initiationsriten und zollt dem Wilden seinen Tribut: »Die Seele braucht jetzt eine neue Leitfigur, eine religiöse, aber behaarte Figur, die mit Gott und der Sexualität in Verbindung steht, mit dem Geist und mit der Erde.« Er ersetzt Vernunft durch Frömmelei, und es wird nicht mehr lange dauern, dann laufen erwachsene Männer in den Wald, klopfen sich auf die Brust, stoßen unartikulierte Schreie aus, stimmen Sprechchöre an und und schlagen auf ihre Trommeln.[16]
Bewegungen, die etwas mit Persönlichkeitsentwicklung, populärer Spiritualität und Bewußtseinserweiterung zu tun haben, haben sich schon seit langer Zeit die Frauen als Zielscheibe ausgesucht; es ist tröstlich, feststellen zu können, daß beide Geschlechter gleich dumm sind. Ähnlich wie die Selbsthilfebewegung verherrlichten sowohl das Forum wie auch einige Zweige der feministischen Bewegung und das gesamte New Age das Gefühl auf Kosten der Vernunft. Das Problem der Männer besteht darin, daß sie vom »Hals bis zu den Füßen völlig taub sind«, behaupten Männer, die von der Bewegung bekehrt wurden, immer wieder. Einer dieser »neuen Männer« erklärte einem Reporter des *Boston Globe:* »Als Mann hatte ich das Problem, daß ich immer alles intellcktualisieren, analysieren und rechtfertigen mußte und dabei auf der Gefühlsebene kaum etwas erlebte. Dann ging ich in einen Bly-Workshop,

und der half mir, aus meinem Kopf heraus in meinen Bauch zu gelangen.«[17]

Wenn man das Denken schlechtmachen will, nennt man es Intellektualisieren, wenn man Gedankenlosigkeit verherrlichen will, nennt man sie Erleben auf der Gefühlsebene. Wenn Sie erleuchtet erscheinen wollen und beweisen wollen, daß Sie noch zu retten sind, müssen Sie Ausdrücke wie »Bewußtsein des Körpers und des Geistes« oder »Gefühlsrealität« benutzen – das sind profunde Wahrheiten, die unser Verstand nicht erfassen kann.

New Age verspricht uns, uns in eine Sphäre jenseits von Sprache und Vernunft zu führen: Im Unsinn liegt das Heil. Lineares, logisches, linkshirniges, analytisches (männliches) Denken ist die Wurzel allen Übels. Dieses Denken ist schuld am Krieg, an der Umweltverschmutzung, an der Armut und an den Massenmorden. Das jedenfalls behauptet die Literatur des New Age und der Selbsthilfebewegung. Und die Sprache ist Teil unseres Problems – sie ist eine intellektuelle und keine spirituelle Übung. Intellektuelle sind Dinosaurier. Wir entwickeln uns nichtverbal und folgen unserm Glück in ein neues, nichtrationales Zeitalter. (Ich hatte gedacht, da wären wir schon.)

Wenn ich mir dieses versponnene New-Age-Geschwätz anhöre, das aus Rezepten für die Glückseligkeit, Technophrasen und Sprüchen über die Persönlichkeitsentwicklung besteht, während die Experten gleichzeitig die übertriebene Rationalität unserer Kultur beklagen, frage ich mich, ob ich der einzige Mensch bin, der glaubt, daß wir verrückt geworden sind. Angesichts der Klangfetzen und Parolen, mit denen wir überschüttet werden, die so tun, als hätten sie etwas mit Politik zu tun, angesichts des Klatschs, der sich als Neuigkeit ausgibt, und der Anekdoten, die an die Stelle von Ideen treten, habe ich nie das Gefühl, von Rationalität umgeben zu sein. Meine Vorstellung vom Himmel ist eine Welt, in der die Vernunft herrscht; aber ich habe wohl unsere literarische, intellektuelle Phase verpaßt, weil ich gerade einmal blinzeln mußte, als das Ganze in einem Video blitzartig vorbeigeschossen kam. In Wirklichkeit leben wir doch in einem postliterarischen, postintellektuellen Raum, in dem Sprache nur Einstellungen wiedergeben soll und ein Wort nicht mehr bedeutet als ein Lächeln.

7. KAPITEL

Gott ist auch ein guter Vater: Selbsthilfe und populäre Theologie

Obwohl der Spiritualismus des New Age einen Affront gegen den traditionellen Monotheismus darstellt – einige konservative religiöse Sekten betrachten ihn als ein Werk Satans –, hat er doch in der bunt gemischten amerikanischen Spiritualismustradition von der »mind cure« über »New Thought« bis zum »positiven Denken« einen festen Platz. Atheismus wird als ausgesprochen unamerikanisch betrachtet. Wie alle Kinder des Kalten Krieges wissen, ist Atheismus mit Kommunismus gleichzusetzen; das gleiche galt vor hundert Jahren für den Amerikanismus und den Protestantismus. Unser Land ist ein christliches, jüdisch-christliches oder zutiefst spirituelles Land, das erklären uns jedenfalls die Experten und Politiker immer wieder. Unter dem Begriff Religionsfreiheit verstehen wir das Recht eines jeden, den Gott seiner Wahl anzubeten, nicht aber das, gar keinen Gott zu haben.

Der größte Teil der normativen, populären religiösen Literatur ist durch eine Intoleranz gegenüber Ungläubigen gekennzeichnet. Wenn sie nicht gleich der Bannstrahl trifft, werden die Nichtgläubigen doch zumindest bemitleidet und von oben herab behandelt. Atheismus wird entweder als Sünde oder als eine zersetzende, selbstzerstörerische Neurose betrachtet. Autoren religiöser Bücher, die nicht davon überzeugt wären, den richtigen Weg zu kennen, könnte man natürlich kaum als religiös bezeichnen (und sie würden dann besser keine Bücher schreiben). Die Festigkeit des Glaubens hat jedoch für die Vermarktung ihrer Bücher und für ihren Stellenwert im Verlagswesen und in der populären Kulturszene eine große Bedeutung. Die populäre religiöse Literatur, die sowohl den weltlichen als auch den sakralen Bereich abdeckt, stellt eine Mischform dar – sie macht sich die Techniken der Selbsthilfe- und Erfolgsbücher zunutze, um auf einer breiten Skala religiöse Glaubenssätze zu vermitteln oder die Leser zu inspirieren beziehungsweise sie zu indoktrinieren.

Bei kritischer Betrachtung der Tradition der Persönlichkeitsentwicklung darf man vor allem heute das Gebiet der populären religiösen Lehren nicht aus dem Auge verlieren. Religion und Psychologie sind seit jeher durch die Frage nach dem Wesen des Ichs verbunden; heute geben beide zum Teil sogar in einigen Fällen die gleichen Antworten. Die Selbsthilfebewegung ist nicht so sehr weltlich als überkonfessionell, und in den populären religiösen Büchern erkennen wir sowohl die Konzepte der modernen Psychologie als auch den Geist der Selbsthilfebewegung wieder.

Autoren, die zweifeln, können auf dem Selbsthilfesektor, sei er nun weltlich oder religiös, kaum Bücher verkaufen. Die Leser verlangen Antworten, Formeln, Garantien, sie wollen nicht mit Fragen oder Spekulationen behelligt werden. Die tastenden, um Wahrheit ringenden Theologien eines William James, Dostojewski oder Kafka würden die Bedürfnisse jener Leute, die M. Scott Peck, Harold Kushner, Charles Swindoll, James Dobson und andere Autoren lesen, kaum befriedigen können.

Der Begriff Theologie dürfte für die Einstellungen und Erklärungen dieser populären religiösen Bücher ohnehin zu hoch gegriffen sein. Es sind im allgemeinen keine argumentativen Bücher, die mit dem Leser einen Dialog führen und ihn zu Fragen anregen. Sie beschränken sich statt dessen auf Behauptungen und machen keinen Unterschied zwischen Meinung, Wunsch und Wahrheit.
Das ist je nach Standpunkt zum Teil entweder ein Berufsrisiko oder ein Vorrecht. »Gott liebt dich« ist eine nicht beweisbare, ja nicht einmal argumentationsfähige Behauptung. Diese Bücher werden jedoch nicht als simple Glaubensbekenntnisse angeboten, sondern als Fibeln, die sowohl die Probleme der Persönlichkeitsentwicklung, der Psychotherapie, der Kindererziehung, des Mißbrauchs in der Ehe, der Entbehrungen und Verzweiflung als auch die Suche nach Liebe, Glück und Erlösung behandeln. Leser, die von den Antworten auf existentielle Fragen und den Lösungsvorschlägen für die verschiedensten sozialen Krisen nicht so ohne weiteres überzeugt sind, sollten sich ihren Rat woanders holen.
Unbestritten ist, daß viele Leute in diesen Büchern Trost und Orientierung finden. M. Scott Pecks erstes Buch, *Der wunderbare Weg,* stand jahrelang auf der Bestsellerliste der *New York Times.* Auch das Geschäft der christlichen Autoren blüht, und die christlichen Bücher, die von religiösen Verlagen veröffentlicht werden, gehen nach und nach in den Hauptströmungen auf. Es wäre unsinnig und überheblich, den Nutzen abzustreiten, den viele Leser, die einen anderen Geschmack und andere Ideale haben als ich, aus dieser Literatur ziehen.
Als skeptische säkular-humanistische jüdische Anwältin, Intellektuelle und Feministin, die zur Zeit an einer Universität arbeitet, gehöre ich zu einer der Gruppen, die von den

konservativen religiösen Schriftstellern, die den Markt beherrschen, verachtet werden. Ich gehöre vermutlich nicht einmal zur Zielgruppe der weniger indoktrinierenden Autoren. In der gleichen Weise, in der die Experten der Co-Abhängigkeit meine Kritik abtun und mich als jemanden bezeichnen, der sich »verweigert«, werden mich die konservativen religiösen Autoren als verirrte Seele betrachten oder mich bemitleiden. In ihren Augen bin ich ein Mensch, der das Licht nicht gesehen hat oder sich beharrlich weigert, die Augen zu öffnen.
Selbstgefälligkeit und falsche Demut ist ein allgemeiner Zug der populären religiösen Autoren. Sie erfinden umständliche Gespräche mit anderen, um ihre Thesen zu stützen, und zitieren gern Passagen aus Büchern, die sie früher einmal geschrieben haben: Sie sind Autoritäten ihrer selbst. Sie streiten ihre Größe ab und präsentieren sich bescheiden als Suchende unter Suchenden, als fehlbar und bemüht, vergessen dabei aber nicht, die Loblieder zu wiederholen, die sie von anderen hören. M. Scott Pecks Patienten danken ihm regelmäßig für sein Einfühlungsvermögen und die Einsichten, die er ihnen vermittelt hat. »Ihnen liegt wirklich etwas an mir«, sagt eine Frau strahlend.[1] »Sie sind einer der wenigen Menschen, die mich verstehen«, sagt ein Teilnehmer an einem der Workshops, nachdem Peck seine Persönlichkeit in ein paar kurzen Sätzen umrissen hat.[2] James Dobson, der sowohl als christlicher Familientherapeut als auch durch Radiosendungen bekannt geworden ist, brüstet sich gern mit Dankschreiben, die er von seinen Lesern und Hörern bekommt.[3] Der ansonsten liebenswürdige David Seamands, ehemaliger Missionar und Pastor, der dann Professor wurde, leitet sein erstes Buch mit dem tränenreichen Lob eines seiner Mentoren ein: »David, ich habe noch nie eine solche

Predigt gehört. ... Ich glaube, du hast die Antwort gefunden.«[4] Charles Swindoll, Pastor und emsiger Autor (der ebenfalls Radiosendungen macht), gesteht, daß ein Mann, der ihn wegen seines Mitgefühls, seiner Offenheit und seines Humors lobte, »den Nagel auf den Kopf getroffen« habe.[5]

Die Frömmigkeit kommt sicher von Herzen, aber sie ist auch ein Marktinstrument. Um ihre Botschaften besser verkaufen zu können, müssen die Autoren populärer religiöser Literatur sich selbst verkaufen. Da ihre Bücher wenig Substanz haben – wenig Informationen, Argumente oder neue Gedanken –, ist ihre Überzeugungskraft rein persönlicher Natur und entspringt dem Vertrauen in die Stimme der Autorität und dem Bild, das die Autoren von sich selbst entwerfen. Diese Bücher können den Menschen nur dann Sicherheit und Erleuchtung bringen, wenn sie die Autoren lieben, an sie glauben und ihnen und ihrem so ungemein sicheren Auftreten vertrauen.

Was steckt eigentlich hinter dieser Sicherheit? Einige Einstellungen und Überzeugungen fielen mir bei der Durchsicht von über dreißig populären christlichen Büchern auf:

> Das Universum ist ein im Grunde moralischer, gerechter und geordneter Ort, an dem alles zum Besten geschieht oder zumindest einem guten Zweck dienen kann. Der Glaube ist der Silberstreifen am Horizont, durch ihn sind Glück und Erlösung für jeden zu erlangen.
>
> Das Universum ist kein Ort, an dem man sich allein zurechtfinden kann. Selbständigkeit oder das Vortäuschen von Selbständigkeit ist eine Sünde. Wir sind nicht die Herren unseres Geschicks. Wir müssen

erkennen, daß wir von Gott abhängig sind: Dadurch, daß wir uns ihm unterwerfen, erlangen wir seine Liebe.*

Der amerikanische Individualismus, »Egoismus«, das Konkurrenzverhalten und die Leistungsethik sind ebenfalls Sünde und darüber hinaus ungesund, weil uns das von Gott und voneinander trennt, unsere Kräfte auf weltliche Ziele lenkt und Nährboden für die arrogante Illusion der Selbständigkeit ist.

Sich selbst zu lieben ist jedoch genauso wichtig wie die Nächstenliebe; nur so können wir eine gesunde Beziehung zu Gott aufnehmen (die grundsätzlich individuell ist). Sich selbst zu lieben ist sogar eine Forderung der Heiligen Schrift: Ein schwaches Selbstwertgefühl ist genauso Sünde wie Selbständigkeit. Es ist ein Affront gegen Gott, der dich liebt, ob du Warzen hast oder nicht.

Das Böse ist eine Art der Persönlichkeitsstörung, was nicht bedeutet, daß die Existenz Satans geleugnet wird. Solche Störungen sind möglicherweise die Waffen des Teufels; wie ein schlechter Vater nimmt er dir dein Selbstwertgefühl und nützt deine Schwächen aus.

Gott ist ein guter Vater, voller Liebe und vertrauenswürdig. Er verlangt von dir nur, daß du dich von ihm erlösen läßt. Die Erlösung ist eine Funktion des Glaubens.

* Auf die Gefahr hin, einige Leser damit zu verletzen, rede ich von Gott als von »er«, denn so wird »er«, »sie« oder »es« in den populären religiösen Büchern genannt.

Interessant an diesen vertrauten Botschaften ist ihre Mischung aus Religion, populärer Psychologie und Antikommunismus. Obwohl viele, wenn nicht sogar die meisten religiösen Bücher von entsprechenden Verlagen veröffentlicht werden und sich an eine Subkultur von Gläubigen, vor allem konservative Christen, richten, schwimmen sie mit dem Strom und behandeln Themen wie Herzensgüte, Gesundheit, Individualität und soziale Beziehungen. Die Grenzen zwischen Theologie und Sozialwissenschaften sind schon früher überschritten worden, vor allem von William James und kürzlich von Joshua Liebman, der in seinem Bestseller *Peace of Mind* auf eine Versöhnung und Zusammenarbeit zwischen Religion und Psychoanalyse hofft. Priesterseminare bieten schon seit langer Zeit Kurse in Pastoraltheologie an. Und bei den Randerscheinungen der konfessionslosen Religionen von New Thought und Christlicher Wissenschaft bis zum New Age hat der Spiritualismus immer wieder versucht, sich durch pseudowissenschaftliches Gebaren Glaubwürdigkeit zu verschaffen. Man beschreibt den Zauber der kosmischen Energie und macht gleichzeitig Anleihen bei den neuen Theorien über die menschliche Psyche und die Kraft der Phantasie. Aber diese Verbindung von Religion und Psychologie war nur von kurzer Dauer: Sie wurde von Freud zerstört. Ein großer Teil dieses Jahrhunderts war durch Perioden der Feindseligkeit gekennzeichnet, die von beiden Seiten ausgingen. Heute erleben wir nicht nur einen Waffenstillstand, sondern ein erstaunliches Arrangement.

Autoren religiöser Bücher spielen die Auswirkungen der Psychologie auf die Religion herunter oder bestreiten sie überhaupt, so, wie sie auch jede Veränderung ihrer Lehren entschieden leugnen. Trotzdem hat die Psychologie den Ton und die Verpackung der religiösen Appelle beeinflußt.

Es gibt nur noch wenige Warnungen vor dem Höllenfeuer und jede Menge Lobpreisungen der Gnade. Gott wird immer als der ideale Vater dargestellt, dessen Liebe unerschöpflich ist; es kann nur sein, daß man sie zurückweist. Stellen wir uns gute Eltern so vor, wie wir uns Gott vorstellen – das behaupten jedenfalls die Autoren religiöser Bücher –, oder orientieren wir uns bei unserer Vorstellung von Gott an unseren Eltern? Die Antwort auf diese Frage entscheidet vermutlich darüber, ob Sie tief in Ihrem Herzen ein Kleriker oder ein Seelendoktor sind.
Inzwischen blüht und gedeiht die Christliche Therapie. So, wie die Country-Sängerin Dolly Parton inzwischen auch Gershwin-Songs singt, stellen die Grenzüberschreitungen der Christlichen Therapeuten eine Mischung aus Pastoraltheologie und den Methoden der Einzel- und Familientherapie dar und befassen sich häufig mit Problemen der Sucht und des Mißbrauchs. Christliche Bücher über Co-Abhängigkeit, wie sie die Minirth-Meier-Klinik in Texas publiziert, unterscheiden sich kaum von denen, die von weltlichen Autoren geschrieben wurden, abgesehen davon, daß sie sich immer auf Jesus Christus beziehen. »Das beste Mittel gegen eine co-abhängige Beziehung ist die Aufnahme einer Beziehung zu Christus selbst«, schreibt Frank Minirth, Mitbegründer der Minirth-Meier-Klinik.[6] David Seamands stützt sich ebenfalls intensiv auf die Pop-Psychologie und betont, daß die Erkenntnisse der Psychotherapeuten von Gott kommen und die Therapie Gottes Werk ist. M. Scott Peck weist immer wieder darauf hin, daß seelische und spirituelle Probleme ein und dasselbe sind.
Diese Vereinnahmung der Psychologie durch die Autoren religiöser Bücher wird durch die zunehmende Religiosität der populären Psychologie vervollständigt. Therapeuten

werden aufgefordert, sich um die spirituellen Bedürfnisse ihrer Klienten zu kümmern (M. Scott Peck wird in diesem Zusammenhang als Vorbild hingestellt);[7] und auch die Zwölf-Schritte-Gruppen sind unter der Oberfläche religiös, sie wenden sich an eine höhere Macht und betrachten die Sucht als die Anbetung eines falschen Gottes. Für Leute, die unter eingebildeten oder echten Suchtproblemen oder Persönlichkeitsstörungen leiden, sind die Botschaften, die sie von der Religion und der Psychologie bekommen, eindeutig und lassen sich ohne weiteres in Einklang bringen: Therapie ist ein Tor zur Erlösung und Glaube ein Tor zur Heilung.

Die Autoren religiöser Bücher rechtfertigen ihren Rückgriff auf die Psychologie, indem sie dieser Disziplin das Lob aussprechen, sie habe »aufgeholt« und gewisse ewige Wahrheiten endlich begriffen. Aber sie fanden auch eine Möglichkeit, den Leuten die vergänglichen Wahrheiten der Psychologie schmackhaft zu machen. Religiöse Führer verdammten die Psychoanalyse früher wegen ihrer moralischen Neutralität (bei Freud seien alle Menschen »nett«, lautete Fulton Sheens Klage).[8] Heutzutage ist eine seelische Erkrankung für die populäre religiöse Literatur das gleiche wie Sünde (Satan manifestiert sich in der Neurose), wodurch die Psychologie zu einer Methode der Buße, wenn nicht gar zu einer Form des Exorzismus wird. Diese Autoren betonen immer wieder, daß die Psychologie nur ein spirituelles Werkzeug sei; mancher Psychologe betrachtet die Religion wahrscheinlich umgekehrt als ein therapeutisches Werkzeug. Ob nun die Psychologie den Rückstand zur Religion aufgeholt, sie infiltriert hat oder von ihr vereinnahmt worden ist, ist unerheblich, wichtig ist, daß die populärsten Versionen sowohl der Psychologie als auch der Religion kaum noch voneinander zu unterscheiden sind.

So wie bestimmte Verlage sind die Therapeuten und die Religionsführer froh, einen gemeinsamen Markt erschließen zu können.

M. Scott Peck ist der erfolgreichste und bekannteste christliche Therapeut und hat das größte Publikum. Seine Bücher tauchen überall auf, auch da, wo man es gar nicht erwartet, zum Beispiel in den Häusern von Leuten, von denen Sie geschworen hätten, daß sie Agnostiker seien. Aber Peck hat die Zeichen der Zeit erkannt. In den letzten fünfzehn Jahren ist er vom allgemeinen Glauben an Gott zum Christentum und von der Einzeltherapie zu Workshops übergegangen. Er folgte damit einem gesellschaftlichen Trend, der organisierte Religion und die Idealisierung der Gemeinschaft betont.
Erst 1978, nach der Veröffentlichung von *Der wunderbare Weg*, konvertierte Peck zum Christentum. Das Buch ist eine volkstümlich aufgemachte Darstellung der Psychotherapie, die eine vage, nicht konfessionell gebundene Spiritualität propagiert, die an den »Krieg der Sterne« erinnert und in den siebziger Jahren außerordentlich beliebt war. Die Psychotherapie wird als Akt der Liebe dargestellt. Seelische Entwicklung erfordert die Akzeptanz Gottes. (Menschen »entwickeln sich in Richtung auf den Glauben«.[9]) In seinem zweiten Buch, *Die Lügner*, über das Böse und über Menschen, die von Dämonen besessen sind, vertraut Peck uns an, daß er sich 1980, im Alter von dreiundvierzig Jahren, taufen ließ. (Seine Warnung: »Wir müssen letztlich Gott gehören, sonst gehören wir dem Teufel.«[10]) In seinem dritten Buch, *The Different Drum* (Die andere Trommel), singt er das Hohelied der Gemeinschaft. Er beschreibt seine eigenen Leistungen als führender Kopf bei der Entwicklung der Methoden zum Aufbau solcher Gemeinschaften, wobei er sich

stark an Robert Bellahs Buch *Habits of the Heart* (Gewohnheiten des Herzens) anlehnt, das 1985 ein Trendsetter war.

Obwohl er ein Konvertit ist, ist Peck der am wenigsten doktrinäre unter den christlichen Autoren und findet daher leicht einen Zugang zu Nichtchristen, die unter einer unbestimmten Sehnsucht nach Spiritualität leiden. Seine Gottesvorstellung ist eine Mischung aus einem sanften Patriarchen und der New-Age-Lebensenergie. Obwohl Peck dem Bösen ein ganzes Buch gewidmet hat und gelegentlich feststellt, daß das Leben doch schwer ist, teilt er den Optimismus und den Erlösungsglauben der meisten populären christlichen Autoren. Wie praktisch alle Selbsthilfe-Autoren versichert er seinen Lesern, daß nichts unmöglich ist, wenn man erst einmal die richtigen Techniken beherrscht. »Mit absoluter Disziplin lassen sich alle Probleme lösen«, verspricht er auf den ersten Seiten seines ersten Buches, und Disziplin ist nichts anderes als ein »System von Techniken«. Was das Böse anbetrifft, so ist es »als soziale Kraft auf eine seltsame Weise ineffizient«,[11] was jeden in Erstaunen versetzen dürfte, der schon einmal etwas von Völkermord gehört hat. Durch Christus »ist das Scheitern des Bösen absolut gesichert«,[12] und »die menschliche Rasse schreitet spirituell ständig fort... Wir entwickeln uns in Richtung auf Gott.«[13]

Man hat das Gefühl, eine Million chinesische ›fortune cookies‹* zu lesen, dachte ich bei Pecks erstem Buch, bis ich mich schließlich daran gewöhnt hatte. Wenn er das Leid, die Erlösung und die Unwägbarkeiten des Seins betrachtet, ist er wie Hamlet, der von Polonius gespielt wird.

Was soll man zu einem Buch sagen, das nur aus Plattheiten besteht, die als profunde Einsichten verkauft werden? Manchmal kann man auf seine Zusicherungen nur mit

* in chinesische Plätzchen eingebackene Glücksbotschaften

einem »Aha« reagieren. Er lehrt uns, daß »menschliche Wesen gleichzeitig sehr unterschiedlich und sehr ähnlich sind«.[14] »Die Wahrheit ist real. Das Falsche ist nicht real.« »Letztlich ist die Liebe alles«, sagt er frei nach den Beatles und verspricht uns, »das Mysterium der Liebe wird in späteren Kapiteln des Buches behandelt«. Und wir erfahren später tatsächlich, daß die Liebe die »Kraft für die Disziplin« liefert, die wiederum das »Werkzeug der spirituellen Evolution des Menschen ist«.[15] Aha!

Selbst die eifrigsten Leser hätten wahrscheinlich Schwierigkeiten, wenn sie diese Ideen erklären müßten. Wenn solche Leute über Pecks Theologie reden, reden sie einfach nur über Peck: Für sie ist er liebevoll, weise, geduldig, freundlich, aber bestimmt, kurzum der perfekte Vater (und Gott, wie er in den meisten seiner Bücher beschrieben wird). Oder sie käuen Themen und Reizworte wider, wie man sie überall in der Selbsthilfe-Literatur findet – Selbstwahrnehmung und Selbstachtung, spirituelles Wachstum (oder Evolution) und die Entdeckung der Liebe als allwissende Kraft außerhalb der eigenen Person. Die Unterwerfung unter diese Kraft – freiwillige Unterwerfung des Selbst unter Gott – ist natürlich ein primärer religiöser Impuls, vermutlich sogar ein elementares menschliches Bedürfnis. Zumindest hin und wieder möchte sich jeder einmal fallen lassen können. Ob das nun ein Anzeichen für Heiligkeit oder Schwäche ist, weiß nur Gott. Das Erlebnis der Hingabe ist sehr individuell und vermutlich nicht aus zweiter Hand zu lernen. Einige religiöse Menschen bestätigen, daß die Hingabe an Gott keine Fessel ist, sondern daß die Seele dadurch von der vergänglichen, materiellen Welt befreit wird. Bei allem Respekt vor der Kraft und der Leidenschaft dieser privaten religiösen Erfahrungen komme ich nicht umhin, mir Sorgen über die gesellschaftlichen Auswirkungen einer solchen Aufforderung zur Unterwerfung zu machen, wie sie in ihrer simpelsten, vulgärsten Form in einem großen Teil der religiösen Literatur und im Umfeld der Selbsthilfebewegung anzutreffen ist.

Wenn Erlösung oder Heilung ein Kampf ist, dann ist es ein Kampf des Willens. Peck definiert das Böse als den »Willen, der sich nicht unterworfen hat. ... Man könnte sogar glauben, daß das Problem des Bösen einzig und allein im Willen zu suchen ist. ... Es gibt nur zwei Seinszustände: die Hingabe an Gott und das Gute oder die Weigerung, sich irgendeiner Sache hinzugeben außer dem eigenen Willen – eine Weigerung, die uns mit Sicherheit zu Sklaven der Mächte des Bösen macht.«[16] Letzten Endes ist das einzig Gute, das man wollen kann, Bereitwilligkeit.

Linksliberale, Romantiker und alle Leute, die sich mit dem Problem des Totalitarismus beschäftigt haben, bekommen dabei eine Gänsehaut. Es gibt in der jüngsten Vergangenheit sicherlich genügend Beweise für den Zusammenhang zwischen Unterwerfung, Abwesenheit eines unabhängigen Willens und der Versklavung durch das Böse. In seinem Eifer, sich zu unterwerfen, kann nicht jeder den Unterschied zwischen Gott und Teufel erkennen.

Wenn die Autoren dieses Thema überhaupt erwähnen, behandeln sie es nur kurz, oberflächlich oder völlig unverständlich. James Dobson, einem Autor, der sich ziemlich offen dazu bekennt, autoritär zu sein, macht die Zunahme der Permissivität größere Sorgen als die Unterwerfung. Als Familienexperte beschäftigt er sich intensiv mit dem Problem, wie man rebellische Kinder am besten unter Kontrolle bekommt: Aufgabe der Eltern ist es, den »Willen des Kindes zu brechen«.[17] Charles Swindoll räumt ein, daß es »Leiter von Kultgemeinden« gibt, die die Unterwerfung ihrer Anhänger ausnützen: »*Jeder* Geistliche, der absolute

Loyalität und blinden Gehorsam fordert, ist suspekt«, sagt er, aber das ist auch alles. »Nachdem wir diese Dinge geklärt haben, können wir jetzt in positiver Weise über die korrekte Mentalität eines Dienenden reden«, schreibt er abschließend,[18] als hätte sich der Holocaust durch eine Predigt verhindern lassen. M. Scott Peck denkt auf abstrakte Weise über den Unterschied zwischen falschen und richtigen Religionen nach, vielleicht findet mancher Leser so etwas hilfreich, vielleicht auch nicht: »In der Religion wird die Wahrheit durch Inklusivität und durch das Paradox charakterisiert, die Unwahrheit durch Einseitigkeit und ihr Unvermögen, das Ganze zu integrieren.«[19]

Für den wahren Gläubigen ist meiner Meinung nach der Unterschied zwischen falsch und richtig offensichtlich. Die berühmte Bemerkung des obersten Richters Potter Stewart über Obszönität, »Wenn ich sie sehe, werde ich sie erkennen«, läßt sich wahrscheinlich auch auf das anwenden, was wir über Gott sagen können. Und das ist in einer Welt, in der der eine im Namen Allahs, der andere im Namen Christi oder irgendeiner Ideologie tötet, während andere ihre Ersparnisse an Jim Bakker schicken, herzlich wenig. Ich will damit nicht sagen, daß die Autoren religiöser Bücher für die Heilung aller möglichen Störungen – Massenhysterie, Bösartigkeit, eingeschränkten Urteilsvermögens und falschen Glaubens – verantwortlich sind. Aber Autoren, die als Experten in religiösen Fragen angesehen werden und Unterwerfung predigen, sind für die Folgen mitverantwortlich.

Swindoll, Dobson, Peck und andere würden mir darauf womöglich antworten, daß sie ihren Lesern doch nur den Weg zur Wahrheit weisen wollen (wir können sie nur beim Wort nehmen). Oder sie behaupten, daß sie das Problem der Unterwerfung gar nicht ignorieren, und weisen zur

Bestätigung auf einzelne Sätze hin. Peck räumt ein, daß es so etwas wie einen »ungesunden Nationalismus«[20] gibt. Er gibt jedoch nicht dem Verzicht auf den Willen, den er predigt, die Schuld daran – und genau das gleiche bekamen wir während der Nürnberger Prozesse von der Verteidigung zu hören.

Es überrascht zunächst ein wenig, wenn man in Selbsthilfebüchern, die ja schließlich in Amerika geschrieben wurden, mehr über Unterwerfung als über die individuelle Freiheit des Denkens und Handelns liest. Religiöse Lehren, die Unterwerfung predigen, vertragen sich oberflächlich betrachtet überhaupt nicht mit dem Nimbus des Individualismus und des selbstbestimmten amerikanischen Selfmademan. Individualismus ist zwar nicht mehr modern, und die Autoren religiöser Bücher wettern gegen ihn, aber er ist doch immer noch ein wichtiges Merkmal des Amerikanismus. Einem amerikanischen Publikum muß man offenbar immer noch klarmachen, daß die freiwillige Unterwerfung unter Gott Freiheit bedeutet. Fulton Sheen hat das in sehr beredter Weise in seinem Bestseller *Peace of Soul* aus dem Jahre 1949 getan:

> In dem Maße, in dem wir IHM unsere Persönlichkeit anvertrauen, wird ER unseren Willen in Besitz nehmen und in uns wirken ... durch beinahe unmerkliche Suggestionen, die aus unserem Inneren aufsteigen ... ER schlägt uns nur etwas vor; wir haben nie das Bewußtsein, unter SEINEM Kommando zu stehen. Auf diese Weise wird unser Dienst an IHM zur höchsten Form der Freiheit.[21]

Autoren populärer religiöser Bücher erreichen heutzutage selten Sheens rhetorisches Niveau; das Bildungsniveau und das Niveau der populären Literatur sind in den letzten vierzig Jahren gesunken. Es ist jedoch erwähnenswert, daß Sheen in seinen Büchern gegen die Persönlichkeitsentwicklungs-Bewegung der Nachkriegszeit schrieb: *Peace of Soul* ist in gewisser Weise eine Antwort auf Joshua Liebmans *Peace of Mind* und eine herbe Kritik an der Psychoanalyse. Da Sheen (im Gegensatz zu manchen religiösen Selbsthilfeautoren) seine Angriffe nicht aus der Froschperspektive der Tradition führte, konnte er das Problem der Unterwerfung direkt und ohne Ausflüchte angehen. Seine Botschaft ist kompliziert, aber eindeutig, und wird nicht durch die Behauptung verwässert, jeder müsse so etwas auf seine eigene Art und Weise erleben, so, wie es in der Selbsthilfeliteratur immer wieder betont wird. Er scheint auch nicht unter dem Zwang zu leiden, ständig eingestehen zu müssen, daß er keine speziellen Erkenntnisse über Gott hat, was man heutzutage von jedem Autor eines Selbsthilfebuchs erwartet. Sie machen auf diese Weise ihr autoritäres Verhalten erträglich – und verbinden so die Forderung nach Selbstunterwerfung mit dem Bemühen um Selbstverbesserung.

Die Autoren religiöser oder auch nichtreligiöser Selbsthilfebücher stellen sich darüber hinaus gern als bloße Förderer der spirituellen, persönlichen oder beruflichen Entwicklung dar und erklären, daß Erlösung und Erfolg individuelle Prozesse seien: Jeder geht seinen eigenen Weg. Die Selbsthilfebewegung setzt die Tradition des Pietismus in einer eigenartig merkantilen amerikanischen Art und Weise fort. Die Individualisierung der religiösen Erfahrungen oder spirituellen Reisen ist nicht allumfassend, niemand ist unabhängig von Gott. Nur der Prozeß ist individuell, nicht die letzte Wahrheit, deren Entdeckung Ziel dieses Prozesses ist. Es mag viele Wege geben, aber es gibt nur ein Ziel – das Wahre und den einen Gott. Und oft sonnen sich die Experten in seinem Glanz.

Nicht nur die weltlichen, sondern auch die religiösen Autoren sind selten ehrlich, wenn es um Autorität und Unterwerfung geht. Sie behaupten ständig, mit ihren Lesern auf einer Stufe zu stehen, bekennen sich zu ihren eigenen Fehlern, Sünden und Neurosen – Gordon McDonald schreibt ein ganzes Buch darüber, wie sehr er seinen Ehebruch bereut; M. Scott Peck gesteht beiläufig, daß er an einer Persönlichkeitsstörung gelitten habe oder leide. Dadurch jedoch, daß sie abstreiten, Fachleute zu sein, entlarven sich diese selbsternannten Experten als Lügner oder Scharlatane. Peck spricht davon, daß man Ambivalenz ertragen können müsse, und erklärt dann, daß er kein Führer sein wolle. Trotzdem klingt er immer ziemlich selbstsicher und wird auch als Führer und Seher vermarktet. Er beklagt sich darüber, daß wir »Autoritätspersonen für uns denken lassen«,[22] aber genau davon lebt er.
Daß Peck sich selbst als Autorität betrachtet, der sich andere unterzuordnen haben, läßt sich unschwer an seinen Beschreibungen von Begegnungen mit einzelnen Patienten oder Gruppen erkennen, die bei ihm lernen sollten, wie man in einer Gemeinschaft lebt. Leute, die ihn in Frage stellen, werden von ihm in der Regel als böse Menschen oder zumindest als spirituell unterentwickelt dargestellt. In jedem Fall haben sie unrecht. Eine Psychologin, die einen seiner Gemeinschafts-Workshops vorzeitig verläßt, weil sie der Meinung ist, daß eine Gruppe von beinahe sechzig Leuten niemals in zwei Tagen zu einer Gemeinschaft zusammenwachsen könne, bekam ihre Quittung: Nachdem sie gegangen war, »wurden die achtundfünfzig verbleibenden Leute eine Gemeinschaft«, berichtet Peck – wieder so eine Behauptung, die wir ihm einfach glauben müssen. Personen, die sich aus seinen Workshops »wegstehlen«, nachdem sich die Gemeinschaft zusammengefunden hat,

»können einfach nicht soviel Liebe ertragen«, meint Peck nachdenklich.[23] Leute, die seine Vision von der Gemeinschaft nicht teilen und dafür verantwortlich sind, daß sich eine seiner Gruppen auflöste, sind böse; für den einzigen Mißerfolg, über den er berichtet, macht er eine böse Frau verantwortlich, die ihm an Kraft ebenbürtig war und »genügend Verbündete um sich sammeln konnte, um die Gruppe in zwei Lager zu spalten«.[24] Ich würde gern einmal von der Frau selbst hören, wie sie das erlebt hat.

Ich mache mir darüber hinaus auch Gedanken über seine therapeutischen Erfolge und Mißerfolge. Offenbar kann er allen Patienten helfen, es sei denn, sie sind eigensinnig und nicht bereit, seine Weisheit und Autorität anzuerkennen.

Das soll aber nicht heißen, daß Peck nicht auch gelegentlich einmal unrecht hat; er irrt sich allerdings immer nur, wenn er zu sehr an das Gute im Menschen glaubt. Seine Fallgeschichten wirken ziemlich unglaubwürdig, was zum Teil damit zusammenhängt, daß er die Dialoge so unbeholfen rekonstruiert. (Er hat offenbar keine Ohren; bei ihm klingen alle Menschen gleich.) Immer wieder werden Fallgeschichten berichtet, die frei erfunden sind. Vermutlich sollten wir sie nicht so wörtlich nehmen. Pecks Fälle sind kleine, moralisierende Geschichten, die häufig mit einer verblüffenden Diagnose enden: Er sagt seinen Patienten gern von Angesicht zu Angesicht, was er von ihnen hält. Dazu braucht er selten mehr als ein paar kurze Sätze. Dadurch, daß er einer Patientin seine »positiven Gefühle« ihr gegenüber offenbart, heilt er sie von ihrer Promiskuität und führt sie zu einem glücklichen Leben: »Aus der großen Zahl ihrer Liebhaber suchte sich Marcia sofort einen bestimmten Mann aus und nahm zu ihm eine bedeutsame Beziehung auf, die schließlich zu einer sehr erfolgreichen und beglückenden Ehe führte.«[25]

Glückliche Marcia. Charlene ist eine interessantere Figur, vielleicht sogar die interessanteste von Pecks Patientinnen – die archetypische Böse, die sich weigert, erlöst zu werden. Sie ist unehrlich, hält Informationen zurück, »nur um alles unter Kontrolle behalten zu können«. (In Wirklichkeit hat sie ihm vermutlich nicht über den Weg getraut.) Sie ist außerdem sexuell aggressiv, nicht nur eine unglückliche Frau wie Marcia, die unter ihrer Promiskuität leidet; sie macht sich an ihn heran, und er empfindet »Ekel«, was ein Hinweis auf ihre Bösartigkeit ist. »Es fällt mir normalerweise überhaupt nicht schwer, Patienten, die mir ihre Liebe anvertrauen, mit Wärme zu begegnen«, versichert Peck uns.[26]

Er stellt Charlene als eine ziemlich kranke Frau dar (erst später entdeckt er, daß sie böse ist) und arbeitet mit ihr vier Jahre lang. Sie macht keine Fortschritte; in einer bestimmten Phase lehnt sie Gott ab und sagt, daß sie nicht bereit sei, IHM ihr Leben zu widmen. Bedarf es da noch eines weiteren Beweises für Charlenes Bösartigkeit? Wie »faßt« er die »fremden« Kräfte in ihr »zusammen«? Nun, da ist zum Beispiel ihre Einstellung dem Wetter gegenüber. Charlene hatte am liebsten »graue Tage ... trübe Tage«, entweder weil »wir alle dann auch trübsinnig gestimmt sind«, meint Peck, oder »sie mochte diese Tage, weil sie so häßlich waren und bei ihr innerlich etwas mitschwang, das uns so absolut fremd ist, daß wir es nicht benennen können«.[27] Vielleicht hatte sie auch nur Depressionen.

Trotz dieser Perversitäten ist Peck offenbar geduldig und mitfühlend wie immer. Charlene hat als Patientin versagt, nicht Peck als Therapeut. Sie verläßt ihn, ohne geheilt zu sein, weil sie »nicht in der Lage war, zu regredieren« und bei ihm wieder ein unschuldiges und vertrauensvolles Kind zu werden.[28]

Wir können keine Aussage darüber machen, ob Charlene wirklich böse und nicht zu therapieren war, es sei denn, wir haben blindes Vertrauen zu Peck. Wahrscheinlicher ist, daß die Beziehung, die die beiden miteinander hatten – falls es überhaupt eine war –, von Machtkämpfen geprägt war. Abgesehen von ihrer sexuellen Aggressivität konnte er ihren Eigensinn und ihren Wunsch, alles unter Kontrolle zu haben, am wenigsten vertragen: »Charlenes Verlangen, mich zu erobern, mit mir zu spielen und so unsere Beziehung völlig unter ihre Kontrolle zu bringen, kannte keine Grenzen.« Und sie genießt zum Schluß einen »billigen« Sieg über ihn, indem sie die Beziehung trotz seiner Einwände »mit Gewalt« beendet.[29]
Es lohnt sich, Charlenes Fall so ausführlich zu behandeln, nicht nur weil Peck ihm so viel Zeit gewidmet hat, sondern weil Charlene sich so gut als Sinnbild des Bösen eignet. Das heißt, sie entspricht genau der Verkörperung des Bösen, wie man sie von Peck erwartet – eine sexuell aggressive, bestimmt auftretende Patientin, die seine Autorität in Frage stellt und nicht bereit ist, die Rolle seines Kindes zu übernehmen und ihn als den perfekten Vater anzuerkennen. Böse Frauen sind bei Peck der Inbegriff des Bösen; außer Charlene gibt es da noch eine schreckliche Domina und ein paar selbstsüchtige, narzißtische Mütter. Peck bemerkt beiläufig, daß schlechte Mütter Schizophrenie verursachen: »Ich habe sehr oft feststellen können, daß die Mütter von Schizophrenen extrem narzißtisch waren.«[30] Wenn Ihnen bekannt ist, daß Schizophrenie eine Erbkrankheit ist, werden Sie vermutlich spätestens an dieser Stelle Zweifel an Pecks Motiven und an seiner Urteilsfähigkeit bekommen. Möglicherweise liegt der Fehler aber auch bei Ihnen selbst: Sie können einfach nicht so viel Liebe ertragen.
Manche Menschen können nicht einmal durch eine liebe-

volle Psychotherapie erlöst werden (für Charlene empfiehlt Peck im nachhinein einen Exorzismus). Trotz ihres Optimismus halten die christlichen Autoren an dem Konzept der Sünde fest und glauben an die dunkle Seite des Menschen. Sie bestehen im allgemeinen darauf, daß wir alle mit bestimmten Dispositionen und Persönlichkeiten auf die Welt kommen; das sind die gleichen traditionellen religiösen Argumente, die zum Teil gegen die Psychoanalyse ins Feld geführt werden. Sie hat bei der Erklärung menschlichen Verhaltens der Erziehung den Vorrang vor den Erbanlagen gegeben, beklagen die religiös orientierten Autoren: Da die Psychoanalyse jedes Neugeborene als eine Tabula rasa betrachtet, enthebt sie den Menschen von jeglicher Verantwortung für sein Handeln und schiebt sie statt dessen den Eltern zu. Den Psychoanalytikern wird darüber hinaus eine Mißachtung der zerstörerischen Kraft des menschlichen Willens vorgeworfen – sie geben dem Instinkt den Vorrang vor dem Willen, sagte schon Fulton Sheen – von Satan ganz zu schweigen.

Diese Autoren verkennen, daß der menschliche Wille auch eine Kraft im Dienst des Guten sein kann. Peck sagt, daß gute, gesunde Menschen daran zu erkennen sind, daß sie »das tun, was Gott will, und nicht das, was sie selbst wollen«.[31] Vielleicht ist man aber ein guter Mensch, wenn man sich selbst das Gefühl dafür bewahrt, was gut ist, und sich dabei nicht auf Gott verläßt und versucht, es mit dem in Einklang zu bringen, was man tun möchte. Möglicherweise bedeutet Gutsein Übereinstimmung zwischen Prinzip und Wunsch. Gläubige wie Peck stimmen da grundsätzlich zu, fügen aber hinzu, daß nur Gott darüber entscheiden kann. (Es ist genauso, wie Fulton Sheen es formuliert hat, SEINE Anstöße sind fast nicht wahrzunehmen, deshalb merken wir auch nicht, daß wir geführt werden.) Die bloße Vorstellung, man könnte ohne Gottes Hilfe gut sein, ist natürlich zutiefst unreligiös. Wenn es ein Gutsein ohne Gott gäbe, dann wäre die Religion bestenfalls ein Märchen; im schlimmsten Falle korrumpiert sie die Menschen durch Lügen. »Religion ist nur etwas für gute Menschen«, sagte Mary McCarthy.[32]

Es ist wahrscheinlich weder vernünftig noch realistisch, von den Autoren populärer religiöser Literatur zu erwarten, daß sie auch nur einen Gedanken daran verschwenden, daß gottlose Menschen gut sein könnten. (Dem Rabbi Harold Kushner zufolge können Atheisten zwar gute Menschen, aber nicht glücklich sein.) Statt dessen wird das Gute als Gottesbeweis präsentiert; es beweist seine Gnade, und die Gnade beweist die Vergeblichkeit alles menschlichen Strebens. In *Peace of Mind* beschreibt Joshua Liebman das Selbst als eine Leistung; die protestantischen Autoren populärer Bücher würden ihm jedoch vermutlich nicht zustimmen. In den volkstümlichen Lehren von der Erlösung durch die Gnade wird das Selbst als eine Belastung dargestellt, als eine Bürde, die man abschütteln soll, als ein Käfig, den es zu transzendieren gilt; und nur die Gnade kann uns von dem verfluchten Selbst erlösen.

Durch diese Konzentration auf den Begriff der Gnade verspricht die protestantische Literatur ihren Lesern nicht nur die Erlösung, sondern beruhigt sie auch: Sie brauchen sich nicht übermäßig anzustrengen und sollten sich auch wegen ihrer Mißerfolge keine Sorgen machen. »Die Gnade besagt, daß du nichts geben, dir nichts verdienen und nichts bezahlen mußt«, schreibt Charles Swindoll in *Grace Awakening*[33] (Erwachen der Gnade). Der Gedanke, daß man sich Gottes Liebe nicht verdienen kann, ist auch in der Botschaft der Selbsthilfebewegung enthalten: Gute Eltern lieben ihr Kind vorbehaltlos. Diskussionen über die Gnade werden mit populärer Psychologie vermischt, wenn die

Autoren religiöser Bücher über das spezielle Problem des Burnout und den Perfektionismus unter den Christen reden, die nach dem Guten streben, sich aber schlecht dabei fühlen. Liebe deinen Nächsten wie dich selbst, fast alle sagen das. Man muß sich selbst lieben, um Gottes Gnade empfangen zu können.

Selbstachtung ist für die Selbsthilfe-Autoren heutzutage kaum noch ein originelles Thema, und Perfektionismus ist eine Krankheit, die die eher weltlichen oder zumindest konfessionell nicht gebundenen Autoren als Co-Abhängigkeit bezeichnen. Die Zwölf-Schritte-Gruppen sind voll von Menschen, die unter Perfektionsdrang, mangelndem Selbstwertgefühl und unter der Scham leiden, die ihnen von Eltern vermittelt wurde, von denen sie mißbraucht wurden. »Christen können sich schrecklich schämen«, bemerkt Swindoll.[34]

Man sagt, daß Christen wegen ihrer Ethik des Dienens und ihres hohen moralischen Anspruchs besonders anfällig für das Burnout-Syndrom seien und zum Perfektionismus neigten. Sie verfügen allerdings auch über ein besonderes Mittel gegen Streß und Überarbeitung. Wenn ihre Experten nicht gerade wieder einmal über die Gefahren des Verlustes der Gnade psychologisieren, sind sie zumindest im Hinblick auf die Verheißung dieser Gnade sehr optimistisch. Das Ganze erinnert dann ein wenig an das, was ansonsten als Permissivität verdammt wird. Charles Swindoll zufolge[35] werden wir schon viel zu lange mit viel zu vielen Forderungen und Verboten konfrontiert. Er verspricht seinen Lesern deshalb Freiheit von zu strengen Verhaltensregeln. Das heißt allerdings nicht, daß er sich scheut, Glaubensregeln aufzustellen: Die Lehre von der Erlösung durch Arbeit sei Gotteslästerung, verkündet er. Aber er legt den Akzent auf die befreiende Kraft, die der Mensch daraus schöpft, daß er nicht für seine Taten, sondern nur für seine Bereitschaft zu glauben zur Verantwortung gezogen wird; man muß sich nicht rechtfertigen, und man braucht sich den Weg in den Himmel nicht zu erarbeiten – man kann es gar nicht: »Der Mensch, der ein moralisch untadeliges Leben geführt hat, hat keine größere Chance, Gottes Gnade zu erlangen, als der, der in seinem Leben gescheitert ist und seine Jahre verschwendet hat.«[36]

Möglicherweise ist das für manche ein Trost, andere finden es vermutlich unfair. Daß die Lehre von der Gnade schlechtes Verhalten entschuldigt, fördern oder zumindest als trivial hinstellen kann, ist ein bekannter Vorwurf. Die genauso vertraute Antwort darauf lautet, daß Menschen, die in der Gnade Christi leben, sich von Natur aus gut benehmen. Aber das Versprechen der Erlösung gilt natürlich auch für die Sünder, die erst spät in ihrem Leben zu Jesus finden und denen nur noch wenig Zeit bleibt, sich gut zu benehmen. Das wiederum kann bei ihren Opfern und anderen Leuten, die weniger gesündigt haben, Groll erzeugen. Charles Stanley hat ein Mittel dagegen gefunden: Im Himmel sind nicht alle gleich, erklärt er in *Eternal Security* (Geborgenheit in der Ewigkeit) und hat die Vorstellung von einem himmlischen Lehnsgut, in dem die Leute, die ein rechtschaffenes Leben geführt haben, die Aristokratie bilden und die Sünder die Leibeigenen sind.[37]

Befürworter der Gnade machen sich selten Gedanken über die Unausgewogenheit dieses Konzepts und haben auch nicht wie Stanley das Gefühl, uns versichern zu müssen, daß Gott fair ist. Swindoll würde vermutlich das Konzept eines fairen Gottes als eine Art alttestamentarischer Paragraphenreiterei bezeichnen: Gnade bedeutet, daß gute Taten nicht belohnt und böse Taten nicht bestraft werden. Die gute Neuigkeit: Gott ist nicht fair.

Die starke Betonung der Gesetzesvorschriften, die Swindoll mit dem Judentum in Verbindung bringt, gehört zusammen mit dem Intellektualismus und Humanismus – dem Glauben an die Wirksamkeit menschlicher Bemühungen – zu den Konzepten, die von ihm am liebsten verteufelt werden. Swindoll spricht von »diesem satanischen, unter ungeheurem Druck stehenden System, das wir *Welt* nennen«,[38] und übernimmt damit den traditionellen Widerwillen aller an den Evangelien orientierten Christen weltlichen Aktivitäten gegenüber, der in den letzten Jahrzehnten durch den politischen Aktivismus der religiösen Rechten gemildert worden war.

Noch leidenschaftlicher fühlt er sich der antiintellektuellen Tradition verpflichtet. Verstand ist für ihn ein Hindernis, das zwischen dem Menschen und dem Glauben steht. Seine erklärten Feinde sind Intellektuelle, Akademiker und die Eliteuniversitäten. Um seinem Widerwillen jeglichem religiösen Pluralismus gegenüber Ausdruck zu verleihen, macht er sich über die »Harvard-Methode« lustig, mit der Gottes Wort verbreitet wird: »Der Gedanke, der sich hinter dieser Methode verbirgt, lautet: *Wir wollen einmal über alle Weltreligionen diskutieren.* Da sich eine solche Diskussion *auf den Verstand konzentriert*, fühlen sich davon sowohl echte als auch Pseudointellektuelle angezogen, ... und niemand wird jemals erlöst!«[39] Einige von ihnen werden mit großer Wahrscheinlichkeit der ewigen Verdammnis anheimfallen, wenn Swindoll mit seinen Ansichten über Intellektualismus und das Problem des »Säkularismus« recht hat. Für ihn ist der »säkulare Gedanke« ein gefährlicher Virus, gegen den Christen nicht immun sind: »Viele Gläubige haben sich dem Weltsystem hingegeben, ... Humanismus, Säkularismus, Intellektualismus und Materialismus beherrschen unser Denken.«[40]

Swindoll würde empört abstreiten, daß er seine Leser tatsächlich dazu auffordert, nicht zu denken, obwohl das ganz offensichtlich der Fall ist. Er beklagt sich zwar darüber, daß immer weniger gelesen wird, aber mir kommt das so vor, als würde ein Pornograph den Verfall der moralischen Werte beklagen. Swindoll verlangt von seinen Lesern, daß sie genauso denken wie er und wie vor ihm Christus. Wie ein Maoist stellt er Regeln auf, in denen richtiges, falsches oder subversives Denken definiert wird; für ihn ist der innere Feind der »europäische Liberalismus mit seinem subtilen Narkotikum des Humanismus und Sozialismus«.[41]

Wenn Intellektualismus eine Sünde ist, ist Swindoll ein tugendhafter Mensch. Seine Bücher bestehen aus einem wenig originellen Sammelsurium von Anekdoten, Platitüden und Klagen über das moderne Leben, das mit Bibelzitaten gespickt ist. Sein geschwätziger, grammatikalisch nicht immer ganz einwandfreier Stil macht ihn zum Andy Rooney der konservativen, christlichen Prediger. »Ich, ich, ich. Uns hängt dieses ewige ›Ich‹ schon zum Hals heraus!« verkündet er und klingt genau wie Rooney, der erklärt, daß er es leid sei, immer wieder im Popcorn wühlen zu müssen, um den Preis zu finden. Swindoll stellt sich als Mensch wie du und ich dar, als ein Mensch, wie er auch in all seinen Büchern vorkommt, als Prediger, der sich einer einfachen Sprache bedient, über gesunden Menschenverstand verfügt, liebenswürdig ist und eine männliche Ausstrahlung hat. Nicht umsonst läßt er uns mehrfach wissen, daß er früher einmal bei der Marine war. Er ist ein robuster Christ, ein »Meister der Reinheit«, der archetypische amerikanische Protestant des 19. Jahrhunderts.

Und ein Antisemit. Die Hebräer waren zwar »religiös, aber nicht gottesfürchtig, sie klebten an ihren Gesetzen, waren aber dabei scheinheilig: Sie betrachteten die Beziehung Gottes zu den Menschen als eine Art Geschäft, als einen Handel, hielten aber ihren Teil des Geschäfts nicht ein. Die Hebräer, die Gott ins Gelobte Land geführt hat, waren eine undankbare Bande, sie beklagten sich ständig und konnten nicht wirklich gläubig sein, obwohl sich für sie in wunderbarer Weise das Rote Meer geteilt hatte.« Ich weiß nicht, was Gott von ihrer skeptischen Einstellung gehalten hat, Swindoll jedenfalls »kann ihnen nicht verzeihen, daß sie [SEINE] vorbehaltlose Verheißung vergessen haben«.[44] In einer anderen Diskussion über die »Exodus-Clique« deutet Swindoll an, daß der Holocaust eine Art Ausgleich dafür gewesen sei, daß sich die Juden von Gott abgewandt hatten, eine »Warnung«, wohin Götzenanbetung, Fleischeslust und andere Sünden den Menschen bringen können – nach Dachau, vermute ich.[45]

Na ja, schließlich kann kein Autor allen Lesern gerecht werden, und Swindoll sagt ja auch, daß seine Bücher sich an Christen richten; bei der Erklärung seiner Absichten wiederholt er sich ständig. Er hat eine besondere Begabung dafür, dasselbe Buch mehrfach neu zusammenzusetzen und die populären kulturellen Weisheiten des Tages mit seinen religiösen Überzeugungen so zu mischen, daß »genießbare Happen« dabei herauskommen, an denen »wir nicht ersticken«.[46]

Mitunter sind die Ergebnisse bizarr. In seiner Sammlung »inspirierter« Schriften *Come Before Winter* (Komm, bevor der Winter beginnt) beutet er sowohl das Sakrale als auch das Weltliche schamlos aus, so daß dabei ein chaotischer Mischmasch herauskommt. Gerade hat er noch von Leuten gesprochen, die in der Kirche einschlafen, da predigt er auch schon wieder über Eifersucht, Zielstrebigkeit und das Problem der Hexenjagd. Nach einigen Platitüden darüber, wie man mit Schmerzen leben kann, stellt er eine Liste von fünfundzwanzig Persönlichkeitseigenschaften zusammen, die man »gewöhnlich bei schöpferischen, innovativen Leuten vorfindet«. Das Ganze erscheint in einem Ratgeber für Leute, die unter Streß und Traurigkeit leiden; Swindoll läßt sich nicht durch ein Thema an die Kette legen. Zwischen Häppchen über »schlimme Tage« und »warum wir leiden« gibt er Ratschläge, wie man Empfehlungsschreiben abfaßt.

Vielleicht ist er ja nur ganz einfach postmodern. So, wie ein Nachrichtensprecher zwischen den Werbespots die letzten Meldungen über den Hunger in der Welt und danach ohne Unterbrechung einen Bericht über die neuesten Modetrends bringt, wechselt Swindoll blitzschnell vom Existentiellen zum Praktischen und wendet genausoviel Zeit für Themen wie »Namen behalten« auf wie für seine Ansichten über die Erlösung.

Vermutlich ist für Gott kein Thema zu gering. Gordon MacDonald, ebenfalls ein Verfasser religiöser Bücher, nimmt die Zeitvergeudung aufs Korn. Wir müssen jede Minute, die uns verbleibt, weise nutzen *(»Die Zeit muß eingeteilt werden!«)*, damit wir uns eines »gottgefälligen Lebensstils erfreuen« und uns weiterentwickeln können. »Ungenutzte Zeit fließt in Richtung auf unsere relativen Schwächen.«[47] Unordentlichkeit ist zwar noch keine Sünde, aber Sünde, so mahnt uns MacDonald, ist eine Art der Unordnung. Wir müssen in unserem Inneren für Christus Ordnung schaffen, denn man kann ihm nicht zumuten, in unserem Durcheinander zu leben.

MacDonald zitiert die Bibel nicht so häufig wie Swindoll, sondern orientiert sich mehr an der populären Psychologie. (Gelegentlich bietet jedoch auch die Heilige Schrift die Möglichkeit zu psychologisieren: Johannes der Täufer hatte gute Eltern, erfahren wir.) Böse Menschen, oder besser, »getriebene« Menschen, die »ihre Befriedigung nur in der Leistung finden«, hatten böse Eltern und haben »*schon in früher Kindheit schlimme Entbehrungen erleiden müssen oder unter Scham gelitten*«. MacDonald macht sowohl im Hinblick auf seine Methoden als auch auf seine Terminologie Anleihen bei der Selbsthilfebewegung; er empfiehlt das Führen eines Tagebuchs, eine beliebte Methode der Zwölf-Schritte-Gruppen, weil man so Gott besser reden hören könne. Er spricht auch viel über seine eigenen Bemühungen, Ordnung in seiner Innenwelt zu schaffen, genauso, wie die Autoren der Selbsthilfe über ihren Kampf gegen die Sucht reden.[48]

MacDonald ist offenbar ein leidenschaftlicher Verfechter des Organisierens, für ihn ist das wirklich eine sehr ernste Sache: »Ein desorganisierter Geist weist häufig auf einen Mangel an innerer Ausgeglichenheit hin.« Er spricht wie unsere Lehrerin: »Ein Christ, der weiterkommen will, vergißt nie, sich während einer Predigt oder im Religionsunterricht Notizen zu machen«, erklärt er uns;[49] wenn man sich keine Notizen mache, verschwende man nur seine Zeit.

Bei seinen Bemühungen, die Zeit richtig einzuteilen, wird MacDonald durch die Besessenheit unterstützt, mit der er alles in Kategorien einteilt, eine ideale Voraussetzung für einen Selbsthilfe-Autor. Er stellt ungeheuer gern Listen zusammen, denkt sich Etiketts aus und teilt das Universum in ordentliche, leicht erkennbare Komponenten auf. Er erinnert eher an einen Taxidermisten als an einen Theologen. So läßt sich zum Beispiel die private Welt in fünf Sektoren aufteilen, die praktischerweise auch der Einteilung seines Buches *Ordering Your Private World* (Wie Sie Ordnung in Ihre private Welt bringen können) entsprechen. Im Sektor eins befindet sich die Motivation, im Sektor zwei die Nutzung der Zeit, im Sektor drei Weisheit und Kenntnisse, der Sektor vier umfaßt spirituelle Kraft und der Sektor fünf die Apokatastase oder endgültige Erlösung. Auch das Gebet sollte organisiert werden. MacDonald hat dafür ein System entwickelt:

> Um auf eine systematische Weise für die ganze Welt beten zu können, habe ich die Kontinente so aufgeteilt, daß ich für jeden getrennt beten kann: sonntags für Lateinamerika, montags für Mittelamerika, dienstags für Nordamerika, mittwochs für Europa, donnerstags für Afrika, freitags für Asien und samstags für alle Nationen im Pazifik.[50]

Ich kann mir vorstellen, daß MacDonald zu den Leuten gehört, deren Schreibtisch immer aufgeräumt ist. Und ich kann mir auch vorstellen, daß die Welt, die er so gut durchorganisiert hat, für ihn leicht zu managen sein muß. Trotzdem muß irgend etwas schiefgelaufen sein, denn sein drittes Buch in dieser Reihe trägt den Titel *Rebuilding Your Broken World* (Wie man seine zerstörte Welt wiederaufbaut). In diesem Buch beichtet MacDonald, daß er die Ehe gebrochen hat, und erzählt uns, wie er Buße getan und sich wieder reorganisiert hat. Er berichtet von dem Bösen, das er bei der Erforschung seines Inneren entdeckte. Zwar konnte er das Böse nicht auslöschen (wegen der Erbsünde), aber er kann jetzt damit umgehen. Wenig später stellt er eine Liste zusammen, die die vier Quellen der Versuchung, die vier Prinzipien des Wiederaufbaus und die sieben Möglichkeiten, wie man sich vor der Sünde schützen kann, enthält – und schon ist die Welt wieder in Ordnung.

Während MacDonald Ehebrecher berät, hilft James Dobson sowohl den betrogenen Ehefrauen – zumeist Frauen, deren Männer fremdgegangen sind – als auch den Frauen von Alkoholikern und Schlägern. Dobson, Moderator einer beliebten Radiosendung, ist ein christlicher Familientherapeut und von Haus aus Psychologe, also kein Pastor, orientiert sich jedoch strikt an der Bibel. Sein letztes Buch, *Love Must Be Tough* (Lieben muß schwer sein), das von gestörten Ehen handelt, erinnert an die beliebten »Fragen Sie Doktor ...«-Kolumnen in den Frauenmagazinen, abgesehen davon, daß seinen Ratschlägen immer ein Hauch von Religiosität anhaftet.

Getreu der Tradition der Selbsthilfebewegung verwendet Dobson Geschichten über Ehekonflikte, um seine Lösungsmethoden zu veranschaulichen. Die Frauen sollten ihre irregeleiteten Ehemänner nicht besänftigen. »Der ›verletzliche Partner‹« – das ist offenbar immer die Frau – »sollte statt dessen *die Käfigtür öffnen und den darin eingesperrten Partner freilassen!*«[51] Nehmen Sie ihn beim Wort! Lieben ist schwer.

Mich beunruhigt es, wenn ich mir vorstelle, daß Frauen Dobsons allgemeine Regeln blindlings auf ihre individuelle Situation anwenden, aber genau das tun die Leser der Selbsthilfebücher. Noch beunruhigender wird das Ganze, wenn man die Klischees betrachtet, auf denen Dobsons Regeln basieren: Alle Ehekonflikte können im Grunde nur dann gleich sein, wenn auch alle Leute gleich sind. In Dobsons Welt nörgeln die Frauen ständig herum, was dann zur Folge hat, daß sie mißhandelt werden: »Ich habe erlebt, wie Frauen ihre Männer heruntermachten und beschimpften, bis diese vor Wut außer sich waren«, schreibt er. Ehemänner werden von attraktiven, geschiedenen Frauen verführt: »Wir dürfen die sexuelle Energie nicht unterschätzen, die zwischen einer attraktiven, unerfüllten, zur

Liebe bereiten Frau und praktisch jedem Mann auf der Welt strömt.« Frauen werden nicht aus sexueller Begierde in den Ehebruch getrieben, sondern weil sie sich von ihren Männern vernachlässigt fühlen.[52]

Vielleicht entsprechen einige von Dobsons Lesern diesem Klischee. Möglicherweise hilft er einigen von ihnen mit seinen Ratschlägen. Dobson ist offenbar selbst ein Stereotyp und betrachtet das moderne Leben in Amerika mit den üblichen Vorurteilen. Eine Diskussion über Homosexualität leitet er mit der Warnung ein: »VORSICHT: ÄUSSERST DELIKATE INFORMATIONEN ... Wenn Sie einen empfindlichen Magen haben oder nichts über die unangenehmen Aspekte der Homosexualität erfahren wollen, sollten Sie den Rest dieses Abschnitts überschlagen.« Den Feminismus verachtet er (»diese sogenannte Frauenbewegung«), weil er die Frauen zum Egoismus erzieht und schuld daran ist, daß sie sich von Gott abwenden. Er verachtet auch die Frauen, die er für leicht beeinflußbar hält und denen man nur die richtigen Programme eingeben muß. In einer zusammenfassenden Darstellung der »Neuen Frau« schreibt er: »Ihr neues Wertesystem wurde von feministischen Organisationen und von den entsprechenden Publikationen für sie programmiert, so, als wäre ihr Gehirn ein Computer, in den man ein neues Programm installiert.«[53]

Für Dobson sind Kinder Wesen, die man zähmen muß. *Dare to Discipline* (etwa: Mut zur Bestrafung), eine Einführung in die Kindererziehung, stellt die Eltern-Kind-Beziehung als eine Reihe von Machtkämpfen dar. Trotzige Kinder unter zehn sollten mit Prügeln bestraft werden: »Schmerz ist ein wunderbares Mittel zur Läuterung, ... die Prügel sollten eine ausreichende Intensität haben, damit das Kind auch wirklich weint.« Bei der Disziplinierung älterer Kinder darf man nie vergessen, daß »der Schultermuskel eine erstaunlich nützliche Quelle kleinerer Schmerzen ist«.[54]

Dare to Discipline stammt aus dem Jahre 1970, als man sich in der Öffentlichkeit noch nicht so große Sorgen um Kindesmißbrauch machte. Aber Dobson ist in seiner Einstellung Kindern gegenüber kein Sklave irgendeiner Mode. In seinem Buch *Parenting Isn't for Cowards* (Erziehung ist nichts für Feiglinge), das 1987 erschienen ist, befürwortet er immer noch körperliche Züchtigungen und ist davon überzeugt, daß man den Willen des Kindes brechen muß, das vom »reinen Verlangen nach Macht besessen ist«.[55]

Für Dobson gibt es im Grunde nur zwei Typen von Kindern – gehorsame und eigenwillige (dreimal dürfen Sie raten, welche ihm besser gefallen), und sein Buch *Parenting Isn't for Cowards* beginnt mit einem Bericht über eine Elternbefragung zum Thema Gehorsam und Eigenwilligkeit, die er selbst durchgeführt hat: Kinder mit einem stark ausgeprägten Willen sind im Verhältnis zwei zu eins in der Überzahl; sie sind ermüdend, schwer zu erziehen und haben letzten Endes weniger Aussichten auf Erfolg. Gehorsame Kinder sind bessere Schüler, entwickeln sich eher zu gut angepaßten Heranwachsenden und sind als Erwachsene erfolgreich.

Diese »Tatsachen« sind nur deshalb so interessant, weil sie etwas über Dobsons Vorurteile aussagen; die Befragung, bei der sie ermittelt wurden, erscheint völlig wertlos. Die Begriffe *gehorsam* und *eigenwillig* wurden nicht definiert. Die Darstellungen der Eltern waren genauso subjektiv wie ihre Einschätzung des späteren Erfolgs der Kinder. In der Welt der Selbsthilfe wird eine solche Befragung als wissenschaftlich betrachtet und verleiht Dobson die Aura eines Experten.

Aber Dobson braucht in Wirklichkeit gar keine Beweise

dafür, daß Eigenwilligkeit schlecht oder zumindest problematisch ist; für ihn ist das eine Sache des Glaubens, ein Glaubensartikel. Ein Kind, das sich gegen seine Eltern auflehnt, wird sich auch eher gegen Gott auflehnen. Dobson betont, daß man eigenwillige Kinder mit ihrer »Verantwortung Gott gegenüber« konfrontieren muß und daß sie zu lernen haben, daß Gottes Gesetze auch befolgt werden müssen: »Die gerechte Strafe für die Sünde ist der Tod, und auch Kinder haben ein Recht darauf, diese Tatsache zu begreifen.« Dobson erinnert sich liebevoll an das, was seine eigene Mutter ihm beigebracht hat – über »Himmel und Hölle und den Jüngsten Tag, wenn die, über die das Blut Jesu gekommen ist, für alle Ewigkeit von den anderen getrennt werden«.[56] In Dobsons Buch glaubt sogar Gott, daß Lieben schwer ist.

Auch wenn eine derartig schamlose autoritäre Einstellung nicht mehr modern ist, zeigt sie doch die Faust, die in den Samthandschuhen der Gnade steckt. Gott wird in der Selbsthilfeliteratur zwar als der perfekte Vater dargestellt, er ist aber trotzdem immer noch ein Vater, dem man gefälligst zu gehorchen hat. Die Gnade birgt nur dann in sich das Versprechen der Vergebung, wenn wir uns fügen. (Noch ist es nicht zu spät, verkünden die Prediger in der Zweiundvierzigsten Straße durch ihre Mikrofone, aber schon bald wird es zu spät sein.) Wenn wir als Ungläubige sterben, riskieren wir ewige Verdammnis. Angesichts dieser allgegenwärtigen Androhung einer schrecklichen Vergeltung scheint mir die immer wieder verkündete Erwartung Gottes, wir würden ihm aus Liebe und nicht aus Angst gehorchen, ein wenig unrealistisch zu sein.

Gläubige könnten dagegen einwenden, daß man sich liebevollen Gehorsam nicht vorstellen oder erklären könne, sondern ihn erleben müsse – obwohl es den Selbsthilfe-

Autoren nur ums Erklären geht. Wenn man die Möglichkeit eines Gehorsams ohne Furcht anzweifelt, stellt man außerdem auch das höhere religiöse Ideal der Selbsthingabe aus Liebe in Frage, das die Autoren populärer christlicher Bücher so darstellen, als sei es ein Kinderspiel.

David Seamands gibt wenigstens zu, daß es schwer ist. »Die Hingabe des Selbst ist die entscheidende Krise, denn sie stellt den letzten spirituellen Kampf dar«, sagt er. »Der Weg von der Konversion zur Selbstaufgabe kann sehr weit sein.«[57] Er beschreibt die Hingabe des eigenen Willens an Christus genauso, wie die Suchtexperten die Heilung beschreiben – als Prozeß, nicht als Ereignis. Sie können geloben, sich für immer vom Willen Gottes leiten zu lassen; Sie müssen dieses Gelöbnis jedoch jeden Tag erneuern.

Seamands konzentriert sich auf die Hindernisse, die uns bei diesem Prozeß zwischen Konversion und Hingabe den Weg versperren. Da sind zum Beispiel vertraute Hindernisse wie der »Perfektionskomplex«. Er nennt es »das besorgniserregendste seelische Problem evangelischer Christen« (Selbsthilfe-Autoren neigen zur Übertreibung); Perfektionismus ist durch eine »Tyrannei gekennzeichnet, die in Redewendungen wie ›eigentlich müßte ich‹ ihren Ausdruck findet, ... durch Selbsterniedrigung ... Angst [und] starres Festhalten an Regeln ...« Geheilt werden kann das Ganze natürlich nur durch die Gnade oder besser gesagt durch den »Prozeß des Wachsens in der Gnade«.[58] Zu den Ursachen zählen »Eltern, die nie zufriedenzustellen sind«, und »unberechenbare Situationen im Elternhaus«.

Ähnlich wie M. Scott Peck und die Autoren von Minirth-Meier ist auch Seamands ein christlicher Therapeut, der seine Patienten sowohl psychologisch als aus theologisch berät. Auch bei ihm lautet die entscheidende Botschaft, daß seelische und spirituelle Gesundheit eng miteinander verbunden seien: »Die Persönlichkeitsmechanismen, die wir benutzen, wenn wir gläubig sind, sind die gleichen, die unsere Gefühle beeinflussen.« Religiöse Störungen – Atheismus oder der Glaube an eine Erlösung durch Arbeit – sind folglich auf seelische Störungen wie Paranoia oder ein schwach ausgeprägtes Selbstwertgefühl zurückzuführen, die wiederum durch eine gestörte Familie verursacht wurden und das Werk Satans sind. Ein schwach ausgeprägtes Selbstwertgefühl »ist die stärkste psychologische Waffe Satans im Kampf gegen die Christen«.[59]

Auf diese Weise versöhnt Seamands die Religion mit der Psychologie und erteilt seinem christlichen Publikum eine Lektion über Persönlichkeitsentwicklung und die Beziehung zwischen Temperament und Glauben. Wegen seiner einfachen, vom gesunden Menschenverstand geprägten Art kann so etwas tatsächlich hilfreich sein. Da er sich im Gegensatz zu seinen Kollegen oder Konkurrenten nicht ständig selbst beweihräuchert, sind seine Lektionen ehrlicher und außerdem auch interessanter, denn Seamands scheut sich nicht, ein heißes Eisen anzupacken: die Psychoanalyse des religiösen Glaubens. Allerdings beziehen sich seine psychoanalytischen Betrachtungen nur auf den Unglauben.

Ein schlechtes Verhältnis zu Gott ist auf ein schlechtes Verhältnis zu den eigenen Eltern zurückzuführen. Seamands sagt, Christen »mit beschädigten Liebesrezeptoren« seien nicht in der Lage, Gottes Liebe zu empfangen, und zeichneten ein verzerrtes Bild SEINES Charakters. Für sie ist ER genausowenig vertrauenswürdig und hat genausooft etwas auszusetzen wie ihre Eltern, und auch ER »ist nie zufriedenzustellen«. Das sind Erkenntnisse, die in der populären protestantischen Literatur gang und gäbe sind. Seamands führt sie nur weiter aus und macht sich seine eigenen Gedanken darüber. Er erkennt, daß das, was die Leute über Gott erfahren, durch ihre Persönlichkeit »gefiltert« wird. Er räumt ein, daß die »witzig gemeinte Bemerkung ›der Mensch schafft sich seinen Gott nach seinen eigenen Vorstellungen‹ ein Körnchen Wahrheit enthält«.[60] Was er vergißt und woran er vermutlich auch nicht denken kann, ist die Möglichkeit, daß auch ein »gesunder« christlicher Standpunkt nur das Temperament und die Konditionierung widerspiegelt – nicht die Wahrheit.

Ob man den Glauben oder den Mangel an Glauben analysiert, hängt wahrscheinlich davon ab, ob man selbst ein gläubiger Mensch ist. Das intellektuelle Bemühen, Einstellungen und Überzeugungen zu erklären, zu kategorisieren oder »ihre Ursachen aufzudecken«, ist William James zufolge seinem Wesen nach von Feindseligkeit geprägt; es ist eine »Methode, mit der wir seelische Zustände in Mißkredit bringen wollen, denen wir mit Antipathie begegnen«.[61] Aber, und auch darauf weist James hin, Glaube ist ein Zeichen für die Bereitschaft und Fähigkeit zu glauben: »Unser Glaube an die Wahrheit, ... daran, daß es eine Wahrheit gibt und daß unser Geist und diese Wahrheit füreinander geschaffen sind – was ist das anderes als eine leidenschaftliche Bestätigung unserer Sehnsucht?«[62] Die Wahrheiten, für die wir uns entscheiden, sind auch Funktionen unseres Temperaments, und es gibt Temperamente, die nicht in der Lage sind, an irgendeine Wahrheit zu glauben. Manche Menschen »können nie [oder] könnten nie bekehrt werden«.[63]

Es ist ein Fehler der protestantischen Autoren, daß sie nicht erkennen wollen, daß manche Menschen wegen ihres Temperaments nicht in der Lage sind, zum christlichen Glauben zu finden. Ich finde das vor allem im Hinblick auf die Auffassung dieser Autoren von der Erlösung besorgniserregend. Letzten Endes werden wir wegen unseres Glaubens erlöst oder werden verdammt, wenn wir ungläubig sind, selbst wenn wir ein rechtschaffenes Leben führen und uns bemühen, zu glauben, es aber nicht können. »*Der Heilige Geist* verdammt uns nicht, weil wir keine guten Menschen waren. Er verurteilt uns, sagt Jesus, ›weil die Menschen nicht an MICH glauben‹. Die Gnade führt uns an den Ort der *wahren Schuld,* der wahren Schuld, die wir wegen unserer einzigen Sünde auf uns geladen haben – daß wir nicht an Jesus Christus geglaubt und nicht darauf vertraut haben, daß er uns den richtigen Weg zu Gott weist.«[64]

Als Glaubensartikel kann ich dieser Lehre von der Erlösung durch die Gnade und nur durch die Gnade kaum etwas abgewinnen. Ich glaube, man muß jeden Gedanken an Gerechtigkeit verdrängen, um einen Gott idealisieren zu können, der dem Glauben einen höheren Wert beimißt als dem Handeln. Ich bevorzuge den Gott aus einem alten Witz, der auf uns herabblickt und sagt: »Mir wäre lieber, die würden da unten endlich aufhören, sich den Kopf darüber zu zerbrechen, ob es mich gibt oder nicht, und statt dessen meine Gebote befolgen.«

Ist es möglich, in einer gottlosen Welt moralische Normen aufzustellen? Von den meisten Autoren religiöser Bücher wird diese Frage nicht einmal gestellt, obwohl sie sie indirekt beantworten, indem sie sagen, daß die Unmoral unserer modernen Zeit auf die Gottlosigkeit zurückzuführen sei. Harold Kushner zieht zumindest die Möglichkeit eines ethischen Humanismus in Betracht, bevor er sie wieder verwirft. Sein jüngstes Buch ist dem Thema »Brauchen wir Gott?« gewidmet (natürlich brauchen wir ihn). Der Glaube an irgendeinen Gott, an den *einen* Gott, ist für den Aufbau einer moralischen Welt unerläßlich, lautet sein Schluß. Wie alle protestantischen Autoren bringt Kushner Gottlosigkeit mit moralischem Relativismus in Verbindung: Ohne Gott wird die Moral eine Sache des »persönlichen Geschmacks«, warnt er.[65] Er weigert sich jedoch einzusehen, daß unser Geschmack im Hinblick auf Gott ebenfalls persönlich und idiosynkratisch ist. Es fällt uns genauso schwer, uns über das Wesen des einen wahren Gottes zu einigen, wie es uns schwerfällt, in der sehr schwierigen Frage der Abtreibung zu einer Einigung zu kommen. Welchen Unterschied macht Gott dabei?

Kushner streitet ab, daß zwischen uns Menschen wegen unserer unterschiedlichen Vorstellungen von Gott eine tiefe Kluft besteht, und behauptet schließlich, daß wir alle das gleiche Gefühl für die Ungerechtigkeiten hätten, die von Gott ausgingen. Die Unterschiede beziehen sich seiner Meinung nach nur auf die Details, und er begegnet den verschiedenen Ansätzen mit Toleranz: »Religionen können im Konflikt miteinander stehen, und doch kann jede wahr sein.«[66] Er beschreibt den Monotheismus als eine Art moralischen Regenschirm und besteht nicht auf der Überlegenheit einer bestimmten Konfession.

Wie M. Scott Peck wendet sich auch Kushner an ein breites, konfessionell nicht gebundenes Publikum, das seine Fragen nach Gott nur vage artikulieren kann oder einfach nur unter einem existentiellen Gefühl des Unbehagens leidet. In seinem Bestseller *When Bad Things Happen to Good People* (Wenn guten Menschen Schlechtes widerfährt) vermittelt er seinen Lesern einen Zugang zum Buch Hiob. Das soll ein Trost für diejenigen sein, die sich ihren Gott nicht als brutalen Tyrannen vorstellen wollen. Kushner deutet an, daß das Böse existiert, weil Gott nicht in der Lage ist, es auszumerzen. (In *Peace of Mind* bietet Joshua Liebman eine ähnliche Erklärung für das Böse an.) Kushners Kritik ist vor allem dann erfrischend, wenn er sich mit den Binsenwahrheiten beschäftigt, mit denen Menschen abgespeist werden, die einen schweren Verlust erlitten haben: Wenn ein Mensch seine Kinder verloren habe oder bei einem sinnlosen Unfall zum Krüppel geworden sei, könne man ihm nicht sagen, alles sei nur »zu seinem Besten« geschehen. Man könne das Böse nicht rationalisieren oder heiligsprechen. Gott trauere mit uns wegen der Ungerechtigkeiten und könne uns nur die Kraft verleihen, sie zu ertragen.

Nicht jeden wird dieser Gedanke trösten. Dazu gehört auch, daß man den Glauben aufgibt, Gott sei allmächtig und alles geschehe aus einem guten Grund. Der Mensch wird gezwungen, an die Beliebigkeit zu glauben, an die Möglichkeit eines Unglücks, für das es keine Erklärung gibt. Viele Menschen glauben lieber an die Sünde – an die Erbsünde oder an andere Sünden – und betrachten das Böse als moralische Sühne oder als Karma. Kushners Auffassung vom Bösen ist provokativ; sie konfrontiert uns mit einem Universum, das nicht einmal Gott völlig unter Kontrolle hat.

Wir erwarten jedoch von der Religion nicht, daß sie uns verunsichert, und Kushner versichert uns in seinem jüngsten Buch *Who Needs God?* (Wer braucht schon Gott?), daß das Universum doch geordnet sei und einen Sinn habe. Zumindest hat er selbst beschlossen, das zu glauben. »Wir *müssen* offenbar die Welt als sinnvoll sehen«, stellt er fest,[67] so, als wäre unser Bedürfnis nach Gott schon ein Beweis für seine Existenz. Die Verfasser populärer religiöser Literatur gehen häufig davon aus, daß das Mysterium allein schon genüge, um die Existenz Gottes zu beweisen. Für M. Scott Peck sind Heilungen, für die er keine Erklärung hat, ein Zeichen der Gnade Gottes, so, als wäre alles, was er nicht versteht, heilig.

Wenn man Religion als Wunschdenken bezeichnet, heißt

das nicht, daß man ihre Nützlichkeit oder ihre Macht leugnet. Der Glaube kann sich selbst erfüllen: Wenn man über einen Abgrund springt, hilft einem der Glaube mehr als der Zweifel, betonte James.[68] Oder wie Kushner es weniger eloquent, aber mit der gleichen Überzeugung ausdrückt: »Man wird eine bestimmte Art von Mensch, wenn man beschließt, an eine Ordnung und einen Sinn des Universums zu glauben ... Dann hat man das Gefühl, daß es die Mühe lohnt, gewisse Dinge zu tun, und daß andere einem weniger Angst machen ... Und dann geht es sowohl dir als auch der Welt besser.«[69]

Wie die meisten Selbsthilfe-Autoren redet auch Kushner gelegentlich mit seinen Lesern wie mit Kindern. Sein Stil ist umständlich. Er zitiert zum Beispiel ein Epigramm von Oscar Wilde und erklärt es uns anschließend. Aber sein Stil ist uns auch vertraut, er bringt die üblichen Geschichten von Leuten, die er beraten hat, und macht häufig Anspielungen auf die Popszene (so, wie Intellektuelle eine Schwäche für Foucault-Zitate haben, bringen die Selbsthilfe-Autoren gern Beispiele aus Fernsehshows oder zitieren Schlagertexte). Sein populärstes Buch ist zum Teil auch ein sehr persönliches Bekenntnis. Kushner erzählt in *When Bad Things Happen to Good People* die tragische Geschichte vom Tod seines Sohnes. Das Buch ist interessant, weil es von Zorn und Unsicherheit geprägt ist – von den Schatten einer spirituellen Krise. »Es ist völlig in Ordnung, wenn man wütend auf Gott ist«, sagt Kushner.[70]

Trotzdem bietet auch er die gleichen vertrauten Botschaften an, wie wir sie aus der protestantischen Literatur kennen. Er geißelt den Eigendünkel, den amerikanischen Individualismus und das Konkurrenzdenken und preist die Gemeinschaft. (Es ist eine Eigenart der Amerikaner, Buße zu tun, indem sie Bücher kaufen, in denen ihre Art zu leben kritisiert wird.) Er spricht von der großen Bedeutung der Selbstachtung und beteuert, daß es »eines der Ziele der Religion ist, die Menschen dazu zu bringen, daß sie sich selbst mögen und sich bei sich selbst wohl fühlen«.[71] Kushner hat allerdings eine andere Vorstellung von Gott und von unserer Beziehung zu ihm.

Wir können wütend auf ihn sein und uns mit ihm streiten. Wir werden nicht so nachdrücklich aufgefordert, uns zu unterwerfen. *»Gehorsam ist nicht unbedingt die höchste religiöse Tugend«*, sagt Kushner. »Gott macht es Freude, wenn er sieht, wie wir erwachsen werden und nicht mehr abhängig von ihm sind ... [Die Religion] sollte uns dazu aufrufen, uns weiterzuentwickeln, etwas zu riskieren, auch auf die Gefahr hin, daß wir gelegentlich eine falsche Entscheidung treffen. Wenn man uns immer dann, wenn wir unseren Verstand gebrauchen wollen, einen Knüppel zwischen die Beine wirft, können wir nie aus unseren Fehlern lernen.«[72] Selbst wenn Gott moralische Forderungen an uns stelle, arbeiteten wir doch auch aktiv mit ihm zusammen, um uns und die Welt, in der wir leben, zu gestalten, sagt Kushner. Manche werden das als Gotteslästerung und Hybris bezeichnen, anderen wird es nicht genügen. Es ist nicht gerade ein besonders volkstümliches Bild von Gott (ich bin nicht einmal sicher, ob Kushner selbst dahintersteht). Der Gedanke, daß unsere Beziehung zu Gott zumindest teilweise partnerschaftlich ist, ergänzt das Ideal der Selbstaufgabe durch den Begriff des Selbstvertrauens – wie es sich in dem Bild von Moses, der den Berg Sinai erklimmt, darstellt.

Wenn man einmal von Entfremdung und Gesetzlosigkeit absieht, gibt es Schlimmeres als den Glauben an die Bedeutung menschlichen Handelns. Der liberale Protestantismus des 19. Jahrhunderts mag materialistisch, imperialistisch

und naiv gewesen sein, indem er den Männern und hin und wieder auch einer Frau die Macht zugestand, ihre Umwelt selbst zu gestalten, aber die Menschen wurden dadurch wenigstens ermutigt, es zu versuchen. Heutzutage erklären uns sowohl die Zwölf-Schritte-Gruppen als auch die Religion nur immer wieder, daß wir machtlos seien.
In einem großen Teil der heutigen populären religiösen Literatur vermisse ich ein Modell für ethisches Handeln. Die meisten Autoren konzentrieren sich auf die individuelle Beziehung des Menschen zu Gott und auf den Zustand des individuellen Glaubens, während sie gleichzeitig den Individualismus abwerten. Sie tragen jedoch nichts zu einer fruchtbaren Diskussion über moralisches Verhalten bei und vermitteln uns keine Grundlage für eine gute Gemeinschaft. Sie halten sich pedantisch an ihre eigenen Gesetze und legen uns eine lange Liste vor, auf der alles steht, was unmoralisch ist – Abtreibung, Homosexualität, Ehebruch, Atheismus und Rebellion. Wenn es jedoch darum geht, uns bei der Lösung eines moralischen Problems eine Orientierungshilfe zu bieten, bleiben sie stumm. Harold Kushner bietet wenigstens ein gewisses Maß an Trost, er gibt zu, daß es weh tut, wenn man seinen alten Vater oder seine alte Mutter in ein Heim bringen müsse, und er sagt, daß es Aufgabe der Religion sei, uns dabei zu helfen, unseren Frieden zu finden, wenn wir »ehrliche, schmerzliche Entscheidungen für unser Leben getroffen haben«. M. Scott Peck widmet dem Bürgersinn ein paar Zeilen, indem er zu einem volksnahen, gemeinschaftsorientierten Aktivismus aufruft. Aber Menschen, die von ihrer eigenen Hilflosigkeit überzeugt sind, können sich nicht zu demokratischen Gruppen zusammenfinden; sie kommen höchstens in Form von Banden zusammen, in denen es weder ein Selbst noch eine Gemeinschaft gibt.

Das politische Problem der Selbsthilfe, für das die Autorin auch keine Lösung weiß

»Ein politischer Mensch zeichnet sich durch seine Fähigkeit zum Handeln aus«, schrieb die Politologin Hannah Arendt.[1] Wenn man den Glauben an seinen eigenen Willen und an seine Handlungsfähigkeit verliert, verliert man mit der Zeit auch seine Freiheit. Das war eine der Lektionen, die wir aus dem Totalitarismus gelernt haben. Diktaturen waren erfolgreich, weil es ihnen gelang, die Masse der uninteressierten, inaktiven und nur an sich selbst denkenden Bürger zu mobilisieren, Menschen, die sich selbst als hilflose Opfer betrachteten, sich für unbedeutend hielten und im Staat »aufgehen« wollten.[2] Die Selbsthilfebewegung und andere populäre religiöse Wiedererweckungsbewegungen sind allerdings genausowenig mit dem Stalinismus oder Nationalsozialismus zu vergleichen wie die Vereinigten Staaten der neunziger Jahre mit der Weimarer Republik. Die Selbsthilfe ist keine organisierte politische Bewegung und fordert von ihren Anhängern keine absolute Loyalität; für viele Menschen betrifft sie nur einen Teil ihres Lebens. Aber wenn eine unpolitische Bewegung dazu beiträgt, ein paar Millionen Menschen zu prägen, hat das auch politische Konsequenzen. Wenn ich die Ideologie der Selbsthilfe betrachte, frage ich mich, wie denn diese Konsequenzen aussehen könnten.

Welche politischen Folgen kann eine Massenbewegung haben, die ihren Anhängern den Rat gibt, ihren eigenen Willen aufzugeben und sich einer höheren Macht unterzuordnen, und die fast jeden als das unglückliche Opfer familiären Mißbrauchs betrachtet? Wohin führt eine Tradition, die uns glauben macht, daß sich alle Probleme in ein paar einfachen Schritten lösen lassen – eine Tradition, in der Ordnung und Technikhörigkeit Tugenden, der Respekt vor komplexen Zusammenhängen, Unsicherheit und ein existentielles Unbehagen Zeichen des Versagens, wenn nicht sogar Sünde sind? Das Konzept der Eigenpersönlichkeit, wie es die Recovery definiert (in den volkstümlichsten Versionen Erlösung durch Gnade, positives Denken und »mind cure«), fördert seinem Wesen nach eher den Totalitarismus als die Demokratie.

Die Gefahren, die in einer übertriebenen Betonung allgemein anwendbarer Methoden anstelle einer individuellen Analyse oder einer instinktiven Beurteilung liegen, dürften auf der Hand liegen; sogar die Experten der Selbsthilfe geben zu, daß sie nicht an Patentlösungen glauben, bieten sie aber gleichzeitig an. Obwohl klar zu erkennen ist, daß ein Verzicht auf den Willen und die Propagierung der Unterwerfung genauso gefährlich sind, streiten die Experten immer wieder ab, daß sie die Menschen mit ihren Methoden zur Unselbständigkeit erziehen. Man hat die Beliebtheit der Opferrolle zur Kenntnis genommen und beklagt sie, für die Soziologen und Politologen bleibt sie jedoch ein unerschöpfliches Thema. Amerikaner verschiedener Glaubensrichtungen verhalten sich wie Teilnehmer einer »Königin für einen Tag«-Show, wetteifern miteinander, wer das bedauernswerteste Opfer ist, und gieren nach Aufmerksamkeit und Unterstützung. Die intensive Beschäftigung mit den Problemen der Sucht und des Drogenmißbrauchs spiegelt das beängstigende Gefühl der Ohnmacht wider, das sowohl die Beziehungen zwischen den Geschlechtern und Rassen als auch unsere Vorstellungen von Gerechtigkeit und Heldentum sowie unser Selbstbild vergiftet.

Das, was ein Experte der Selbsthilfe unser Opfersyndrom nennen würde, ist vermutlich das auffälligste und am häufigsten kommentierte Phänomen bei Rassenkonflikten. Während ich diese Zeilen schreibe, wetteifern die orthodoxen Juden und die Schwarzen des Crown-Heights-Bezirks von Brooklyn miteinander, wer von ihnen das bedauernswerteste Opfer ist. Beide Seiten fühlen sich von der Geschichte benachteiligt und von der anderen Gruppe brutal behandelt. Der Fall der Tawana Brawley, in dem falsche Anschuldigungen wegen rassisch motivierter Vergewaltigung erhoben worden waren, zeigte auf eine dramatische Weise, wie der Begriff der »Viktimisierung« als Mittel der Politik mißbraucht werden kann. Nachdem die Geschichte von ihrer Vergewaltigung durch Mitglieder des Ku-Klux-Klan schon vor langer Zeit als Lüge entlarvt worden war, besuchten Brawley und ihre Anwälte Al Sharpton und C. Vernon Mason einen Prozeß, bei dem es um die Vergewaltigung einer Joggerin im Central Park ging, um »einmal zu erleben, auf welche unterschiedliche Weise unser Rechtssystem den Fall eines schwarzen und eines weißen Opfers behandelt«.[3] Sie verglichen Brawley mit einer Frau, die tatsächlich vergewaltigt und so zusammengeschlagen worden war, daß sie einen Hirnschaden davontrug und beinahe gestorben wäre. Sharpton und Mason schlugen aus dem Gefühl der Schwarzen, immer die Opfer zu sein, Kapital. Aber bei den Weißen ist dieses Gefühl inzwischen fast genauso stark entwickelt. Der rassistische Populismus eines Jesse Helms und des früheren Ku-Klux-Klan-Mitglieds David Duke und die Wut, die sich gelegentlich in rassisch motivierten Morden Luft macht, spielen mit den Ressentiments, mit denen die Weißen den politischen Machtzuwachs der Minderheiten betrachten. Und auch die Inserate Willie Hortons leben von der Angst der Weißen vor den Verbrechen der Schwarzen.

Wer tut wem was an? Der Unterschied zwischen Opfern und Unterdrückern ist offenbar nur eine Frage des Standpunkts. Berichten zufolge hatte Tawana Brawley sich die Geschichte von ihrer Vergewaltigung nur ausgedacht, weil sie Angst vor ihrem brutalen Stiefvater hatte, dem sie erklären mußte, warum sie so spät nach Hause kam. Wenn man ihre Geschichte aus einem anderen Blickwinkel erzählt hätte, hätte man sie auch als einen feministischen Musterfall darstellen können.

Ob man den Brawley-Fall nun unter dem Aspekt des Geschlechts oder unter dem der Rasse betrachtet, in jedem Fall beweist er, wie attraktiv die Rolle des Opfers sein kann. Man kann als Opfer nicht nur berühmt und/oder zumindest Mittelpunkt der Aufmerksamkeit irgendeines kleinen Kreises werden, sondern man erlangt auf diese Weise auch die Absolution und wird von jeglicher Verantwortung entbunden. Das Opfer hat Anspruch auf Mitgefühl, Unterstützung und Wiedergutmachung. Als mutmaßliches Opfer des Rassismus, der Justiz, eines Verbrechens oder der Co-Abhängigkeit können Leute wie Marion Barry, ehemalige Bürgermeisterin von Washington D. C., oder der New Yorker U-Bahn-»Rächer« Bernhard Goetz selbstgerecht, empört und ohne jede Scham oder einen Gedanken an Reue auftreten. Schuldig sind sie nur insofern, als sie die Situation nicht so ganz richtig eingeschätzt haben. Bei Strafprozessen kommt es natürlich häufig zu widersprüchlichen Aussagen darüber, wer denn nun eigentlich als

Opfer zu betrachten ist. Entweder beschweren sich die Angeklagten, daß sie vom Gericht ungerecht behandelt werden, oder sie sagen, sie seien durch Drogen, seelische Störungen oder posttraumatischen Streß zu dem Verbrechen getrieben worden. Bemerkenswert ist, daß sich unser Opferbegriff heutzutage über den Gerichtssaal hinaus auf den privaten Bereich ausgedehnt hat. Raucher sind Opfer der Tabakfirmen, seelisch gestörte Teenager sind Opfer des Rock 'n' Roll, Alkoholiker Opfer ihrer Erbanlagen, und es gibt sogar eine 3500 Mitglieder zählende Selbsthilfegruppe, die aus »Opfern der plastischen Chirurgie« besteht. Frauen fühlen sich immer noch als Opfer der Männer, und Männer sind Opfer des Feminismus; Schwarze und Weiße fühlen sich voneinander zu Opfern gemacht, und fast jeder hält sich für das Opfer irgendwelcher nicht näher definierter Halunken oder Nichtskönner, die ihn um seine Ersparnisse bringen, wenn er nicht schon Opfer seiner gestörten Familie geworden ist. Mit dem Aufstieg einer Persönlichkeitsentwicklungs-Bewegung, in deren Mittelpunkt die Viktimisierung steht, kann man die Viktimologie mit Fug und Recht als wichtigsten Forschungsgegenstand unserer Kultur bezeichnen.

Damit will ich nicht sagen, daß man nur die Recovery dafür verantwortlich machen kann. Die Faszination der Opferrolle, die an Kultbegeisterung erinnert, die Selbsthilfebewegung beflügelt hat und möglicherweise für ihren Erfolg verantwortlich ist, ist kompliziert und hat ihren Ursprung zum Teil in den politischen Veränderungen der sechziger Jahre: Die Entscheidungen des Verfassungsgerichts, durch die die Rechte der Leute, die eines Verbrechens angeklagt sind, erweitert wurden, haben eine populistische Bewegung ins Leben gerufen, die sich mit den Rechten der Opfer beschäftigt. Der Feminismus und die Bürgerrechtsbewegung unterstrichen die Bedeutung der historischen Opferrolle der Frauen und derjenigen Männer, die einer Minderheit angehören. Sie forderten eine Veränderung, was dazu führte, daß sich nun auch einige weiße Männer als Opfer fühlten. In einer Kampagne bediente sich die Reagan-Regierung der Sprache der Viktimologie und konzentrierte die Bemühungen ihrer Exekutive auf die »weißen männlichen Opfer« einer »umgekehrten Diskriminierung«. Der Feminismus führte zur Entstehung der Männerbewegung und dazu, daß die Männer ihre Rechte einklagten. Wie der wohlhabende weiße Filmstar Michael Douglas erklärte: »Weil die Frauen so unvernünftige Forderungen gestellt haben, müssen die Männer jetzt eine so schreckliche Krise durchmachen.«[4]

Die Bewegung »Bewußtsein der Männer«, der letzte Schrei auf dem Gebiet der Persönlichkeitsentwicklung, preist die Opferrolle der Männer der Mittelklasse. »Zur Zeit leiden die Männer – vor allem junge Männer«, verkündet Robert Bly[5] und gibt die Schuld für dieses Leid zum Teil (na, wem schon?) den Müttern. Er wirft den Frauen vor, daß sie ihre Männer heruntermachen und ihre Söhne dazu ermutigen, keinen Respekt vor ihren Vätern zu haben. Die Männerbewegung ist durch eine deutliche Frauenfeindlichkeit geprägt: Bly gibt den Männern den Rat, ihrer Frau »eins aufs zu Maul geben«, wenn sie Schwierigkeiten macht.[6] Die Intensität, mit der die Mittelklassefrauen auf die Botschaft Blys von der Entfremdung der Männer von ihren Vätern reagiert haben, weist jedoch auch auf ein gewisses Maß an unausgesprochenem, heimlichen Groll hin, der sich darauf bezieht, daß man in jüngster Zeit dem Fehlen der Vaterfiguren in den armen schwarzen Gemeinden soviel Aufmerksamkeit geschenkt hat. Blys mythenschöpfende Pietät soll seinen Klagen über die Vaterrolle einen gewissen Tiefsinn verleihen: Die Väter seien »in dämonische Finsternis getaucht«, erklärt er.[7] Trotzdem erscheint seine Kritik an der Arbeitswut und der Gefühlsarmut der Mittelklasseväter übertrieben, wenn man an die Probleme der Kinder denkt, die gar keinen Vater haben oder deren Mütter allein leben. Oder wenn man weiß, daß in Amerika die Chance schwarzer Jungen, das Erwachsenenalter zu erreichen, geringer ist als die der weißen. Erst vor kurzem hat Bly zugegeben, daß die Männer in den schwarzen Gemeinden der USA in einer Krise steckten.

Die Recovery, von der die Männerbewegung ein Ableger ist, bewertet die Beschwerden der Angehörigen der Mittelklasse, die es leid sind, daß ihnen die Armen mit ihren drängenden Problemen immer zuvorkommen, in ähnlicher Weise. In der Recovery spielt es keine Rolle, ob Sie eine Wohnung oder etwas anzuziehen besitzen, eine Schule absolviert haben oder als Kind satt geworden sind, Sie können trotzdem in einem übertragenen Sinne heimatlos sein. (John Bradshaws Fernsehserie läßt Sie »heimkehren«.) Ihr inneres Kind ist ein Vertriebener, völlig alleingelassen. In seiner schlimmsten Form verhöhnt dieser Opferkult der Selbsthilfebewegung den Begriff der sozialen Gerechtigkeit, indem er abstreitet, daß es verschiedene Grade der Ungerechtigkeit gibt. Für ihn ist jede Form des Mißbrauchs, ob er nun tatsächlich stattgefunden hat oder nur symbolisch zu verstehen ist, gleichwertig. Das Politische wird dem Persönlichen untergeordnet, was sowohl für die Politik als auch für die Entwicklung der Persönlichkeit schlimme Folgen hat.

In einer derart gestörten Gesellschaft, die nur aus Opfern besteht, in der jeder seine Bürde an Mißbrauch zu tragen hat und jeder Täter vorher selbst Opfer war, ist die Paranoia eine absolut logische Konsequenz und stellt eine Form der

Anpassung dar. Daß das Gespenst des Kindesmißbrauchs im Unbewußten spuken kann – die Opfer leiden manchmal unter Amnesie –, entzückt den Paranoiker. Um Opfer zu sein, ist es nicht nötig, daß man sich noch daran erinnern kann, man braucht es sich nur vorzustellen.

Für Menschen, bei denen die Viktimisierung das zentrale Erlebnis war, ist die Wahrheit eine sehr subjektive Angelegenheit: Für einen Menschen, der davon überzeugt ist, daß er ganz allgemein unterdrückt wird, sind die Einzelheiten bestimmter Unterdrückungsmechanismen uninteressant. Wenn Al Sharpton jemals zugeben würde, daß Tawana Brawleys Geschichte eine Lüge war, würde er womöglich wie ein Dichter behaupten, daß diese Lüge eine tiefere Wahrheit enthalte: Auch wenn der Ku-Klux-Klan Brawley nicht angegriffen hat, hätte er möglicherweise irgendwann, irgendwo eine andere junge Schwarze angegriffen. Auch wenn Polizei und Justiz in Brawleys Fall kein Verbrechen vertuscht hätten, würden sie das doch an anderen Orten und zu anderen Zeiten bei Verbrechen an Schwarzen tun. Wenn die Weißen als Kollektiv die Schuld an der Unterdrückung der Schwarzen tragen, dann kann man diese Schuld auch willkürlich auf bestimmte Weiße schieben, und zwar in der gleichen willkürlichen Art, in der die Unterdrückung die Schwarzen getroffen hat.

Eine derart perverse Form der Justiz entwertet die Wahrheit und läßt Schuld oder Unschuld des einzelnen unerheblich erscheinen. »Wo alle schuldig sind, ist keiner schuldig«, schrieb Hannah Arendt.[8] Oder, wie es sich in der Bankenkrise gezeigt hat, wenn jeder schuldig ist, kann man niemanden verantwortlich machen. Arendt hat darauf hingewiesen, daß die Macht der Massenpropaganda auf einer Mißachtung der Tatsachen, verbunden mit absolutem Glauben, beruhe. Für Leute, die unter Politikverdrossenheit leiden und für die »jede Aussage ohnehin eine Lüge ist«, besteht die Wahrheit ganz einfach aus dem, was man glauben möchte.[9]

Die Bereitschaft der Menschen, die sich als Opfer fühlen, an alles oder nichts zu glauben, läßt sie wenig geeignet erscheinen, politische Verantwortung zu übernehmen. Jeder weiß, daß Wahlparolen gelogen sind, und viele Leute, die George Bush 1988 gewählt haben, weil er ihnen versprach, keine neuen Steuern einzuführen, waren offenbar nicht sonderlich indigniert, als er dieses Versprechen nicht einhielt. Auch im Falle der Iran-Contra-Affäre wurde die Reaktion der Öffentlichkeit durch eine »Mischung aus Verführbarkeit und Zynismus«,[10] wie Hannah Arendt das nannte, gedämpft. Die Wähler hat es offenbar nicht so schrecklich gestört, daß Regierungsbeamte sie über den Krieg in Nicaragua und den Austausch von Waffen gegen Geiseln belogen hatten. Leute, die weder für ihr eigenes Handeln noch für ihre Sucht die Verantwortung übernehmen, erwarten das auch nicht von ihren Führern. »Scheiße kommt vor«, verkündet ein Aufkleber. »Fehler werden gemacht«, erklärte Präsident Reagan und überließ uns die Beurteilung, wer sie gemacht hat.

In unserer Welt ist die Wahrheit genauso beliebig wie die Bürokratie, die uns alle zu Opfern macht. Jeder, der einmal bei einer Kfz-Zulassungsstelle Schlange gestanden hat oder sich mit einem Beamten über ein Protokoll gestritten hat, weiß, was es heißt, ohnmächtig zu sein. Als Opfer anerkannt zu werden vermittelt zumindest ein gewisses Maß an Sicherheit. Als Opfer überlebt zu haben ist heldenhaft. Wo Handeln nicht mehr möglich ist, werden die Leute zu Helden, die abwarten können.

Das ist womöglich ein weiteres Erbe des Holocaust, durch das das dünne Band zwischen Handeln und Erleben zerschnitten wurde. Wenn man begreift, was Völkermord bedeutet, kann man ihn nicht mehr wegrationalisieren. Für die Opfer, deren einzige Schuld darin besteht, daß sie existieren, ist der Völkermord so willkürlich wie ein terroristischer Anschlag auf einen Flughafen oder das Erschießen von unbeteiligten Zuschauern in der Bronx. Der Holocaust bescherte uns »Überlebende«, Opfer, die das Schlimmste durchmachen mußten und mit einer unendlich großen moralischen Autorität daraus hervorgingen, einer Autorität, mit der mancher heute konkurrieren möchte. Die Abtreibungsgegner suchen Zuflucht in der Opferrolle und behaupten immer wieder in zynischer und hysterischer Weise, daß die Abtreibung ein Holocaust sei. So ist jedes Neugeborene ein Überlebender. Für die Experten der Selbsthilfe ist die Kindheit selbst eine Art Holocaust. Die Internierung in einem Konzentrationslager stellt jedoch einen Grad der Viktimisierung dar, der kaum noch zu übertreffen ist. Daß es auch heute noch von vielen versucht wird, beweist die lange Liste der Menschenrechtsverletzungen auf der ganzen Welt. Staatenlose, Aidskranke und Menschen, die in der Armut der urbanen Kriegsgebiete leben müssen, beanspruchen das Recht, nicht vergessen zu werden.

Das soll nicht heißen, daß man dieses Leid nicht beachten oder nichts dagegen unternehmen sollte. Es bedeutet auch nicht, daß diese Menschen nicht unsere Aufmerksamkeit verdient hätten und daß ihr Schicksal nicht Empörung in uns auslöst. Ich will damit auch nicht sagen, daß das Überleben unter solchen Bedingungen nicht Intelligenz und Kraft erfordert und man außerdem auch noch Glück haben muß. Wenn wir jedoch dem Handeln einen höheren Stellenwert einräumen würden und das Gefühl hätten, daß die Welt zumindest zum Teil das ist, was wir aus ihr gemacht haben, würden wir den Opfern zwar mit Respekt und Mitgefühl begegnen, sie jedoch nicht verehren. Der Kult, den wir mit den Opfern treiben, ist ein Zeichen unserer kollektiven Resignation. Er entspricht dem weitverbreiteten Gefühl der Hilflosigkeit angesichts von Armut, Verbrechen, Krankheit, Umweltverschmutzung, Bürokratie, Steuern, Staatsverschuldung, Technologie, Terrorismus und was sonst noch alles die Krise der Postmoderne kennzeichnet. Es ist die Haltung von Menschen, die in einer kafkaesken Welt leben, die nur aus Zufälligkeiten und anonymen Autoritäten besteht und für die es keine Erklärung gibt, eine Welt, in der die Sprache ihre Kraft und ihren Sinn verliert und Charakter nicht mehr viel mit Schicksal zu tun hat.

Dieser Glaube an die Bedeutungslosigkeit des Individuums kann nie Grundlage einer freien oder mitleidsfähigen Gesellschaft sein, die auf die Leiden des einzelnen reagiert. Es ist schwer, sich eine rationale, nicht religiös geprägte Reaktion auf das alles durchdringende Gefühl der Ohnmacht vorzustellen, durch die eine Demokratie lebendig gehalten werden könnte. Man kann nur bescheidene Lösungen anbieten: Der einzelne muß den Glauben an seine eigene Bedeutung wiedergewinnen (verhalte dich so, als wäre dein Handeln wichtig), er muß einem gewissen Maß an Ungerechtigkeiten gegenüber Toleranz üben und so viel Selbstachtung besitzen, daß er das tut, was der Sache dient. Wenn Menschen mit ihrer eigenen Handlungsunfähigkeit konfrontiert werden, neigen sie mit großer Wahrscheinlichkeit zur Flucht in den Nihilismus, Totalitarismus oder in einen autoritären religiösen Fundamentalismus. Sie warten dann auf Armageddon oder auf die besseren Zeiten des New Age (Don't Worry, Be Happy). Oder sie glauben nur noch an die Macht des isolierten Ich, sind nicht bereit, die Opferrolle zu akzeptieren, die Opferrolle hinzugeben, sondern leugnen sie.

Wahrscheinlich ist die lähmende Angst vor dem Unkontrollierbaren der Grund für die Beliebtheit, die Werner Erhards »Est« genießt, das in neuer Verpackung als »Forum« erscheint. Erhards Philosophie bietet den Leuten den Mythos der totalen Kontrolle an und versichert ihnen, daß alles, was sie tun, eine Bedeutung hat, daß jeder von ihnen für sich selbst verantwortlich ist und sein Schicksal selbst bestimmt. Daß dann niemand mehr für einen anderen Menschen verantwortlich ist und daß diese Auffassung schnell dazu führt, daß man dem Opfer die Schuld zuweist, trägt vermutlich zur Attraktivität dieser Philosophie bei. In dieser Welt der Gewinner schreiben sich die Leute alle Erfolge und Mißerfolge selbst zu, so, als sei Glück Zeichen eines guten Charakters und Pech eine Sache des schwachen Willens: Man ist der Held seines eigenen Lebens, nicht der eines fremden.

Erhards Vision ist genauso schrecklich wie die Kafkas, jedoch nach den Erfahrungen des Holocaust mit Sicherheit weniger wahr. Und sie ist auch nicht besonders heroisch. Ganz gleich, ob das Individuum alles ist oder gar keine Bedeutung hat, wir haben kein Vorbild für Heldentum – wenn dazu Mitgefühl und ein gewisser Sinn für Gerechtigkeit gehört –, und solange wir kein Vorbild für den Helden haben, können wir auch nicht wissen, wie der vorbildliche Bürger auszusehen hat. Erhards Philosophie nimmt uns unser soziales Gewissen, so, wie uns die Opferrolle unser Gefühl für unsere Bedeutung nimmt.

Jemand, der ständig etwas unternimmt, ohne die Hoffnung zu haben, daß es etwas nützt, muß entweder einen ungeheuer starken Glauben haben oder absolut integer sein. In den sechziger und siebziger Jahren wurde das Handeln durch den Glauben an die eigene Tüchtigkeit bestimmt, von einem Gefühl, daß wir die Welt verändern konnten, so, wie auch sie uns veränderte. »Es machte Spaß, sich so engagieren zu können. Man hatte das Gefühl, man springt auf die Erde und die Erde springt zurück«, erinnerte sich Abbie Hoffman.[11] Sein Glaube an die Macht des Protests war womöglich kaum realistischer als sein Versuch, das Pentagon aus den Angeln zu heben (1968 erklärte er in Chicago, die Protestler hätten »das Zweiparteiensystem in diesem Land zerstört und damit gleichzeitig vermutlich auch die auf Wahlmännern basierende Politik«),[12] aber er hatte zumindest eine belebende Wirkung. Heute leiden offenbar sogar die Studenten unter Politikverdrossenheit oder langweilen sich, wenn sie nicht sogar nihilistisch sind, beklagt Hoffman. Das Problem, das für ihre Generation eine Herausforderung darstellt, besteht darin, daß sie »ohne jede Hoffnung auf Erfolg für eine gesellschaftliche Veränderung kämpfen muß«, sagte er kurz vor seinem Selbstmord in einer Rede an der Universität von Kalifornien. »Ich wüßte nicht, wie ich aus dieser Position kämpfen könnte.«[13]

Es gibt bei Kafka eine Parabel von einem Mann, der zum Gesetz vorgelassen werden möchte. Das Tor ist geöffnet, aber der Wächter verwehrt ihm den Zugang und warnt ihn, er sei nur der unterste aller Wächter, außer ihm gebe es auf dem Weg noch bedeutend mächtigere. K. ist davon überzeugt, daß man ihm Zugang zum Gesetz gewähren müsse, greift den Wächter jedoch nicht an und versucht auch nicht, sich an ihm vorbeizustehlen. Statt dessen setzt er sich vor das Tor und argumentiert mit dem Wächter, versucht vergeblich, ihn zu bestechen, und beobachtet ihn unentwegt, viele Jahre lang, bis er schließlich stirbt.
Früher hatte ich einmal geglaubt, die Moral der Geschichte

sei »Bitte nie um Erlaubnis«. »Gib dich nie mit der abschlägigen Antwort eines Subalternen zufrieden«, meinte ein Freund, der sich daran erinnerte, was er vor zwanzig Jahren an seinem ersten Tag in Harvard gelernt hatte. Aber K. bleibt sitzen und wartet, schließlich ist er ein alter Mann und redet mit den Flöhen im Pelzkragen des Wächters und bittet sie, ihm zu helfen und den Türhüter umzustimmen.

Diese Parabel wird im *Prozeß* von einem Priester erzählt. K. steht wegen eines Verbrechens vor einem allmächtigen Gericht mit undurchschaubaren Gesetzen, ohne daß man ihm sagt, was er denn verbrochen habe. Anfangs versucht K. noch, mit dem Gericht zu argumentieren, aber es ergeht ihm wie einem Menschen, der in Fließsand geraten ist; je mehr er sich bemüht, um so tiefer sinkt er ein. Urteile sind unausweichlich, sagt man ihm. Seine Schuld wird nicht vorausgesetzt, sondern sie wird ihm zugewiesen.[14]

Man kann das Ganze als ein Argument für Glauben und gelassenes Akzeptieren der Passivität ansehen. Vielleicht hätte K. gar nichts unternehmen sollen. Vielleicht wäre er gerettet worden, wenn er dem Gericht vertraut hätte. Man kann es auch als ein Argument für den Nihilismus deuten – »Verfluche Gott und stirb«, sagt Hiobs Frau zu ihm, als er sich über die Ungerechtigkeit Gottes beschwert. Man kann K.s Geschichte aber auch als eine Warnung vor den Gefahren der Opferrolle und der Wahl zwischen blindem Glauben und Nihilismus deuten, in dem Sinne, daß man manches Dilemma besser ungelöst läßt.

In der Selbsthilfebewegung gibt es allerdings kein derartiges Dilemma, denn dort sind die höheren Mächte immer gutartig, und der Glaube wird im allgemeinen nicht in Frage gestellt. Heutzutage würde man Kafka als einen unheilbaren Co-Abhängigen bezeichnen – den die Scham übermannt hat (das Erbe seines »beschämenden« Vaters, der ihn mißhandelt hat) und der von seiner »Gefühlsrealität« abgeschnitten ist (er hat ständig intellektualisiert). Ein Mitglied der Selbsthilfebewegung würde Kafkas Geschichte wahrscheinlich abtun und sagen, Kafka denke mit dem Kopf statt mit dem Herzen, und darauf hinweisen, daß man seinen Weg zum Glauben oder zur Heilung nicht durch logische Überlegungen finden könne.

Wenn aber der Glaube seinem Wesen nach zutiefst irrational ist, ist er auch als praktische Orientierungshilfe in dieser Welt unbrauchbar. Es kann sein, daß man den Weg zum Glauben nicht durch logische Überlegungen finden kann, genausowenig kann man aber politische oder persönliche Entscheidungen nur auf der Grundlage von Verheißungen treffen, wie das die Ideologie der Selbsthilfebewegung vorschlägt. Es gibt in dieser Bewegung natürlich auch viele vernünftige Leute, die Bewegung selbst bringt die Vernunft allerdings so in Mißkredit, daß sie wie ein weiteres Symptom der Co-Abhängigkeit erscheint. Rationales Denken mit der linken Hirnhälfte wird im allgemeinen mit »Verweigerung« gleichgesetzt. Die Selbsthilfebewegung ist jedoch nicht allein für die Entwertung der Vernunft verantwortlich. In Amerika neigen alle Bewegungen, die etwas mit der Persönlichkeitsentwicklung zu tun haben, dazu, antiintellektuell zu sein: Auch »mind cure« und »positives Denken« stellen den Glauben vor die Vernunft.

In dieser Hinsicht ist die Tradition der Persönlichkeitsentwicklungs-Bewegung eher religiös als weltlich orientiert. Die Betonung persönlicher, emotionaler Erfahrungen oder Gefühle war ein Kennzeichen des amerikanischen Protestantismus des 19. Jahrhunderts. Von den Erweckungsbewegungen, die »praktisch alle Konfessionen« unterwandert hatten, wurde der Pietismus, diese individualistische, »intuitive Religion des Herzens«, gepriesen.[15] Ein

Ergebnis dieser »Flucht« der Kirchen »vor der ›Vernunft‹« war die Flucht der Intellektuellen aus der Kirche. Der Historiker Sidney Mead schreibt: »Seit 1800 hat man die Amerikaner vor die schwere Wahl gestellt, entweder den vorherrschenden Normen ihrer intellektuellen Zentren entsprechend intelligent oder den vorherrschenden Normen der Konfessionen entsprechend religiös zu sein.«[16]

Die Persönlichkeitsentwicklungs-Bewegungen nehmen den Intellektuellen gegenüber eine noch feindseligere Haltung ein als die Kirchen, die Mead beschreibt. Sie verbinden auf eine bösartige Weise den Antiintellektualismus der pietistischen Tradition mit dem Mythos der Sachkenntnis. Auch wenn die Konsumenten der Selbsthilfe die Intuition idealisieren, verlassen sie sich trotzdem auf die Experten. Und indem sie Orientierungshilfen in der Außenwelt suchen, um zu erfahren, wie sie zu sein haben, werden sie dazu gebracht, die Welt ausschließlich unter dem Aspekt der Auswirkungen zu betrachten, die sie auf ihr Selbst hat. Jedes politische oder gesellschaftliche Ereignis wird danach beurteilt, welche Gefühle es auslöst.

Da dieser Pietismus sich nicht auf die spirituelle Ebene beschränkt und da er nicht wirklich an die Intuition appelliert, entartet er zu einem passiven Solipsismus, der eine Bedrohung für die politische Freiheit darstellt. Der von den Nazis aktivierte und in den Staat integrierte »Massenmensch« war, wie Hannah Arendt bemerkte, ein Mensch, der bereit war, »alles zu opfern – Glauben, Ehre, Würde«, nur um seine eigene Sicherheit gewährleisten zu können. Die Adepten der Selbsthilfebewegungen könnten daraus sicher etwas lernen: »Nichts war leichter zu zerstören als das Privatleben und die private Moral der Leute, die nur an die Absicherung ihres Privatlebens dachten.«[17]

Es gehört zu den Kuriositäten der amerikanischen Kultur,

daß eine Steigerung der privaten Interessen – der »selfism« der Selbsthilfebewegung – von einer Entwertung des Privaten begleitet sein kann. Die Leute wollen über sich reden, aber nur in Gruppen oder im Fernsehen. Es ist vielleicht eine ganz besondere Ironie der Geschichte, daß wir in den neunziger Jahren, in denen Osteuropa und die Sowjetunion sich offenbar in Richtung auf demokratische Verhältnisse hin entwickeln, ohne es zu wissen, eine ihrer Grundlagen zerstören – die Auffassung von uns selbst als aktive, politisch orientierte Menschen, die einen eigenen Willen haben. Ich frage mich immer wieder, ob der Ethos der Persönlichkeitsentwicklungs-Bewegung ansteckend ist. Kurz nach dem gescheiterten Putschversuch der Hardliner in der Sowjetunion, der stattfand, während ich dieses Buch schrieb, träumte ich, ich würde an einer turbulenten Sitzung des russischen Parlaments teilnehmen und könnte die Anfänge der Demokratisierung miterleben. Die Leute prangerten die kommunistische Partei an und zählten in allen Einzelheiten ihre Verbrechen auf, bis sich schließlich eine Frau, die die Sitzung leitete, über ihr Pult beugte und sagte: »Das sind jetzt genügend Tatsachen, Freunde. Erzählt uns einmal, wie ihr euch fühlt!«

Was die Persönlichkeitsentwicklungs-Bewegung anbetrifft, so schwanke ich zwischen Amüsement und Besorgnis, und das letztere scheint mir angebrachter zu sein. Die Selbsthilfebewegung, die schamlos Anleihen bei allen möglichen Quellen macht – Psychologie, Religion, positivem Denken – und die von der Voraussetzung ausgeht, daß jeder Amerikaner ein Recht darauf hat, glücklich zu sein, ist womöglich ideologisch zu konfus, um eine ernste Bedrohung darzustellen. Ihr Programm enthält zahlreiche Unstimmigkeiten und direkte Widersprüche. Pietismus und Pragmatismus existieren nebeneinander: Das Primat der Gefühle wird nur noch durch das Primat der Methoden übertroffen. Man huldigt dem Individualismus und singt gleichzeitig das Hohelied der Gruppe: Mit dem Drang nach individueller Erfüllung konkurriert der Wunsch nach Konformität oder übertrifft ihn womöglich noch. Vielleicht spiegeln sich darin nur die Widersprüche der amerikanischen Demokratie wider, die – das mußte ich mir selbst ins Gedächtnis rufen – zweihundert Jahre Selbsthilfe überlebt hat und wahrscheinlich auch noch etwas länger leben wird.

Die Art, wie konventionelle Weisheiten über die menschliche Persönlichkeitsentwicklung, über Spiritualität, Familienleben, Erfolg und Geschlechterrollen verkauft werden, schlägt eine Brücke zwischen dem Ideal der Entscheidungsfreiheit und dem Individualismus auf der einen Seite und der Wirklichkeit einer mehrheitlich bestimmten Welt und der Sehnsucht nach Zusammengehörigkeit auf der anderen Seite. Auf der Suche nach Rezepten, die einem sagen, wie man ein Individualist wird, konsumieren die Amerikaner jährlich Millionen Selbsthilfebücher, wobei das Angebot so reichhaltig ist wie das der Fertiggerichte. In ihrer Sehnsucht nach Gesellschaft und nach sozialer Akzeptanz finden sich die Menschen in Gruppen zusammen, um sicherzugehen, daß sie bei ihrer Suche nach der Selbstverwirklichung nicht allein sind. Um ihre eigene Identität zu finden, glorifizieren sie die Macht des Individuums und suchen anderswo, bei Experten und Gurus, Orientierung.

Die Selbsthilfe-Industrie lebt von der Angst der Leser vor ihrer Einzigartigkeit, denn wenn sie einzigartig sind, müssen sie die Suche nach dem Selbst allein betreiben. Damit hat diese Industrie eine politische Funktion. Die Literatur der Selbsthilfe neigt dazu, dem Leser die Sicherheit zu vermitteln, daß sein Selbst, das er findet oder sich macht, standardisiert ist und mit den Normen der Gesellschaft übereinstimmt. Die potentiell brisante Suche nach einer individuellen Identität wird auf diese Weise kollektiviert.

Die paradoxe Beziehung zwischen den populären Vorstellungen von der Selbstverwirklichung und der Zurücknahme des Selbst läßt sich am besten durch die verschiedenen Kultgemeinden veranschaulichen: Das Selbst verwirklicht sich im Gehorsam, durch die Anbetung eines höheren Wesens und das Aufgehen in einem reglementierten, engstirnigen Kollektiv. Das soll jedoch nicht heißen, daß jeder Konsument der Selbsthilfe ein potentieller Anhänger der Moonie-Sekte ist oder daß jeder Experte machtbesessen ist. Die Kulte befinden sich am äußersten Ende eines Kontinuums, das mit den Therapiegruppen beginnt; die wenigsten Menschen gehen weiter; und viele Übungen der Persönlichkeitsentwicklung sind offensichtlich zu albern, um wirklich gefährlich zu sein. Wenn Sie mit Shirley MacLaine ihre verschiedenen Vergangenheiten durchstreifen oder gemeinsam mit ihrer Gruppe ein Zwölf-Schritte-Mantra intonieren, so ist das ein mehr oder weniger harmloses Vergnügen. Es besteht jedoch eine Beziehung zwischen der Sehnsucht nach Rezepten für die Entwicklung der Individualität – mit den albernsten Selbsthilfe-Moden – und der Ablehnung jeglicher persönlicher Verantwortung; diese Beziehung wird von den Kulten verstärkt.

Bei aller Kritik an der Konformität der Selbsthilfe will ich nicht abstreiten, daß Menschen in einem Kollektiv Trost finden. Ich will damit auch nicht sagen, daß sie besser dran wären, wenn sie sich allein mit ihren schlechten Angewohnheiten herumschlagen müßten, statt in einer Gruppe daran zu arbeiten. Man muß die Redlichkeit der zur Selbsthilfe Bekehrten nicht in Frage stellen, nicht einmal die Vorteile, die von ein paar Profitmachern angeboten werden: Es ginge uns allen besser, wenn die Leute, die sich selbst für süchtig halten, nur Bücher konsumieren würden. Wir werden die Selbsthilfe überleben. Aber wie ist das mit der Passivität und mit der Suche nach den simplen Wahrheiten, die die Selbsthilfebewegung widerspiegelt? Die Botschaft der Co-Abhängigkeits-Literatur – daß wir alle nur für uns selbst verantwortlich sind und unser Leben nicht damit zubringen sollten, anderen zu gefallen oder uns um andere zu kümmern – wird durch das gleiche Medium unterminiert, durch das es vermittelt wird. Wenn man sich ein Selbsthilfe-Buch kauft, begibt man sich in eine Abhängigkeit. Man beweist damit, daß man nicht bereit ist, sich mit der Komplexität eines individuellen schöpferischen Akts auseinanderzusetzen und Einsamkeit und Mißerfolge auf sich zu nehmen, die der Preis für die Überraschungen wären, die man erleben würde, wenn man sich darauf einließe.

Was ich bei der Selbsthilfe am meisten vermisse, ist ein Sinn für Improvisation. Die Experten reden zwar viel über intuitive »Gefühlswirklichkeiten«, verlassen sich aber dabei darauf, daß der Leser bereit ist, nicht nur seinen Verstand, sondern auch seine Intuition aufzugeben, obwohl beides ihn an ungeahnte Orte bringen könnte. Die Experten preisen die Intuition, messen ihr aber in Wirklichkeit keinen hohen Wert bei. Das wäre auch kaum möglich. Für ihr Geschäft stellt die Intuition eine größere Bedrohung dar, als es der Intellektualismus je war oder sein könnte.

Stellen Sie sich einmal vor, es gäbe in Amerika keine Selbsthilfe-Bücher, jeder müßte sich ganz allein mit seinen Problemen herumschlagen und sich selbst eine Identität aufbauen, indem er seine Intuition und die Kraft seines Verstandes einsetzte und sich dabei vielleicht ein wenig von seinen Freunden helfen ließe. Können Sie sich das vorstellen? Ich nicht. Ich weiß kein Mittel gegen diese Angewohnheit der Amerikaner, und ich weiß auch keinen Rat, wie man eines finden könnte. (Das ist das, was die Verleger einen »negativen« Schluß eines Buches nennen.) Ich erwarte nicht, daß das »Problem« der Selbsthilfe je gelöst wird. Ich rechne sogar mit einer noch größeren Zahl von Selbsthilfe-Büchern, denn jetzt haben die Verlagshäuser einen breiten, ganz neuen Markt erschlossen – die »wilden« Möchtegern-Mittelklassemänner.

Bücher über Co-Abhängigkeit sind möglicherweise schon bald so passé wie die Schlankheitskuren des letzten Jahres, das Genre der Selbsthilfe wird jedoch immer in Mode bleiben. Die Selbsthilfe-Bücher vermarkten Autorität in einer Kultur, die zwar den Individualismus, jedoch nicht das Denken idealisiert und die Angst vor der Isolation hat, die mit der Freiheit einhergeht. »Ein Buch muß eine Axt für das zugefrorene Meer in uns sein«, schrieb Kafka. Selbsthilfe ist unsere Art, Schlittschuh zu laufen.

ANMERKUNGEN

Einleitung

1 Sigmund Freud, *Das Unbehagen in der Kultur*, in: *Abriß der Psychoanalyse. Das Unbehagen in der Kultur.* Frankfurt a. M. 1992
2 Robert A. Becker, *Addicted to Misery*, Deerfield Beach, Florida 1989, S. 60.
3 Beverly DeAngelis, *Secret About Men Every Woman Should Know*, New York S. 156.
4 Edwin McDowell, »What Students Read When They Don't Have To«, *New York Times*, 9. Juli 1990, S. 16.

1. Wahrscheinlich sind auch Sie co-abhängig: Recovery-Bücher

1 »Co-Dependency: A special report from the First National Conference«, Deerfield Beach, Florida 1989.
2 Melody Beattie, *Codependent No More*, 1989, S. 31.
3 »Co-Dependency: A Special Report«, S. 6.
4 Gespräch mit Peter Vegso, Dezember 1989.
5 John Bradshaw, *Mut zur Selbstverantwortung*, München 1992.
6 Ebenda.
7 Ebenda 77.

8 Charlotte Davis Kasl, *Women, Sex and Addiction*, 1989, S. 31.
9 Anne Wilson Schaef, *Co-Dependence: Misunderstood – Mistreated*, New York, S. 35.
10 Bradshaw, *Mut zur Selbstverantwortung.*
11 Anne Wilson Schaef, *When Society Becomes an Addict*, New York 1988.
12 Schaef, *Co-Dependence: Misunderstood – Mistreated*, S. 67.
13 Schaef, *When Society Becomes an Addict*, S. 5.
14 Carla Wills-Brandon, *Is It Love or Is It Sex?* Deerfield Beach, Florida 1989.
15 Lynne Namka, *The Doormat Syndrom*, Deerfield Beach, Florida 1989, S. 152.
16 Jeremiah Abrahams, Hrsg., *Reclaiming the Inner Child*, Los Angeles 1990, S. 1.
17 Melody Beattie, *Codependent No More*, S. 114–115.
18 Bradshaw, *Mut zur Selbstverantwortung.*
19 Harlan J. Wechsler, *What's So Bad About Guilt?* New Jork 1990, S. 170.
20 Namka, *The Doormat Syndrom*, S. 75.
21 Norman Vincent Peale, *Die Kraft des positiven Denkens*, Zürich 1991.
22 William G. McLoughlin, *Modern Revivalism*, New York 1952.
23 Ebenda S. 84.
24 Siehe Stanton Peele, *The Diseasing of America*, Lexington, Mass, 1985.
25 Bradshaw, *Mut zur Selbstverantwortung.*
26 Ebenda.

3. Mach dir keine Sorgen, sei glücklich: Vom positiven Denken bis »Est«.

1 Peale, *Die Kraft des positiven Denkens.*
2 Norman Vincent Peale und Smiley Blanton, *Faith Is the Answer*, New York 1950, S. 28.
3 Peale, *Die Kraft des positiven Denkens..*
4 Ebenda.
5 Ebenda.
6 Ebenda.
7 Ebenda.
8 William James, *The Varieties of Religious Experience*, New York 1985, S. 87.
9 Ebenda S. 95.
10 S. 96, 163.
11 Donald Meyer, *The Positive Thinkers*, Middletown, Conn. 1965, S. 279.
12 Peale, *Die Kraft des positiven Denkens.*
13 Ebenda.
14 Ebenda.
15 Ebenda.
16 Ebenda.
17 Ebenda.
18 Napoleon Hill, *Denke und werde reich*, München 1993.
19 Ebenda.
20 Ebenda, Vorwort des Herausgebers.
21 Ebenda.
22 Ebenda.
23 Ebenda.
24 Ebenda.
25 Ebenda.
26 Mark Twain, *Christian Science*, Buffalo, N. Y. 1986, S. 44.
27 Mary Baker Eddy, *Science and Health*, Boston 1906, S. 97.

28 Twain, *Christian Science*, S. 72.
29 Meyer, *The Positive Thinkers*, S. 77.
30 Abraham H. Maslow, *The Farther Reaches of Human Nature*, New York 1971, S. 13, 24.
31 Abraham H. Maslow, *Psychologie des Seins*, Frankfurt a. M. 1990.
32 Ebenda.
33 Ebenda.
34 Ebenda.
35 Maslow, *The Farther Reaches of Human Nature*, S. 9.
36 Maslow, *Die Psychologie des Seins*.
37 Ebenda.
38 Ellen Herman, »Being and Doing: Humanistic Psychology and the Spirit of the 1960s.«, in Barbara L. Tischler, Hrsg., *Sights on the Sixties*, New Brunswick, N. Y.
39 Maslow, *The Farther Reaches of Human Nature*, S. 57.
40 Zitat aus Herman, »Being and Doing: Humanistic Psychology and the Spirits of the 1960s«.
41 Maslow, *Psychologie des Seins*.
42 Abbie Hoffman, *The Best of Abbie Hoffman*, New York 1989, S. 42.
43 Ebenda S. 41.
44 Herman, »Being and Doing: Humanistic Psychology and the Spirit of the 1960s.«.
45 Maslow, *The Farther Reaches of Human Nature*, S. 7.
46 Joyce Brothers, *How to Get Whatever You Want Out of Life*, New York 1978.
47 Ebenda S. 1.
48 Ebenda S. 28–31.
49 Ebenda S. 48–51.
50 Ebenda S. 44.
51 Ebenda S. 145.
52 Ebenda S. 57–58, 62, 157.

53 Ebenda S. 146–147.
54 Ebenda S. 163–169.
55 Ebenda S. 96.
56 William Warren Bartley III, *Werner Erhard*, New York 1978, S. 167.
57 Ebenda S. 62, 108, 147.
58 Barbara Grizzuti Harrison, *Off Center*, New York 1980, S. 197–220.
59 Bartley, *Werner Erhard*, S. 199.
60 Harrison, *Off Center*, S. 206.
61 Eddy, *Science and Health*, S. 207.
62 James, *The Varieties of Religious Experience*, S. 362.

4. Im Gleichschritt, marsch: Selbsthilfegruppen

1 »Clean and Sober – and Agnostic«, *Newsweek*, 8. Juli 1991, S. 62–63.
2 Trish Hall, »New Way to Treat Alcoholism Discards Spiritualism of AA«, *New York Times*, 24. Dezember 1990, S. 1.
3 »Clean and Sober – and Agnostic«, *Newsweek*.
4 Ich zitiere Nancy Rosenblum, die Conor Cruise O'Brien frei wiedergibt.
5 »Unite and Conquer«, *Newsweek*, 5. Februar 1990, S. 50.
6 Richard F. Mollica, »The Trauma Story: The Psychiatric Care of Refugee Survivors of Violence and Torture«, in Frank M. Ochberg, Hrsg., *Post-Traumatic Therapy and Victims of Violence*, New York 1988, S. 297, 309–310.
7 Richard F. Mollica und Russell R. Jalbert, »Community of Confinement: The Mental Health Crisis in Site Two«, The World Federation for Mental Health, Februar 1989, S. 14.
8 Ebenda.

6. Schluß mit der Vernunft: New Age

1 Shirley MacLaine, *Zauberspiel*, München 1991.
2 Stephen R. Covey, *Die sieben Wege zur Effektivität*, Frankfurt a. M. 1992.
3 Twain, *Christian Science*, S. 21.
4 Ebenda S. 70.
5 Covey, *Die sieben Wege zur Effektivität.*
6 Ebenda S. 48–49, 52.
7 Michael Lewis, »Every Man a Milken«, *New Republic*, 29. Oktober 1990, S. 16.
8 Will Nixon, »The Flight from New Age«, *Publishers Weekly*, 7. Dezember 1990, S. 32.
9 »Programs«, Werner Erhard und Mitarbeiter, 1989.
10 Richard Leviton, »Meditation Goes High-Tech«, *East West*, März 1990, S. 57.
11 Nixon, »The Flight from New Age«, S. 21.
12 Ebenda.
13 Ebenda S. 23–24.
14 Ebenda S. 26–30.
15 Robert Bly, *Iron John*, Reading, Mass., 1990.
16 Ebenda S. 98, 249.
17 Jack Thomas, »Following the Beat of a Different Drum«, *Boston Globe*, 21. August 1991, S. 43.

7. Gott ist auch ein guter Vater: Selbsthilfe und populäre Theologie

1 M. Scott Peck, *Der wunderbare Weg*, München 1986.
2 M. Scott Peck, *The Different Drum: Community Making and Peace*, New York 1988, S. 123.
3 James Dobson, *Love Must Be Tough*, Dallas 1983.

4 David Seamands, *Healing for Damaged Emotions,* Wheaton 1981, S. 11.
5 Charles Swindoll, *Come Before Winter and Share My Hope,* Wheaton, Ill. 1985, S. 406.
6 Robert Hemfelt, Frank Minirth, Paul Meier, *Love Is a Choice,* Nashville 1989, S. 277.
7 See Katy Butler, »Spirituality and Therapy: Toward a Partnership«, *Utne Reader,* Januar/Februar 1991, S. 75–83.
8 Fulton Sheen, *Peace of Soul,* New York 1949, S. 70.
9 Peck, *Der wunderbare Weg.*
10 M. Scott Peck, *Die Lügner,* München 1990.
11 Peck, *Der wunderbare Weg.*
12 Peck, *Die Lügner.*
13 Peck, *Der wunderbare Weg.*
14 Peck, *The Different Drum,* S. 176.
15 Peck, *Der wunderbare Weg.*
16 Peck, *Die Lügner.*
17 James Dobson, *Parenting Isn't for Cowards,* Dallas 1987, S. 89.
18 Charles Swindoll, *Improving Your Serve,* Dallas 1982, S. 83, 84.
19 Peck, *The Different Drum,* S. 240.
20 Ebenda S. 288.
21 Sheen, *Peace of Soul,* S. 188.
22 Peck, *Die Lügner.*
23 Peck, *The Different Drum,* S. 130.
24 Ebenda S. 124.
25 Peck, *Der wunderbare Weg.*
26 Peck, *Die Lügner.*
27 Ebenda.
28 Ebenda.
29 Ebenda.

30 Peck, *Der wunderbare Weg.*
31 Peck, *Die Lügner.*
32 Mary McCarthy, *Memories of a Catholic Girlhood*, New York 1946, S. 23.
33 Charles Swindoll, *Grace Awakening*, Dallas 1990, S. 87.
34 Ebenda S. 231.
35 Ebenda S. XV.
36 Ebenda S. 25.
37 Charles Stanley, *Eternal Security*, Nashville 1990.
38 Swindoll, *Come Before Winter*, S. 114.
39 Ebenda S. 148–149.
40 Swindoll, *Improving Your Serve*, S. 133.
41 Swindoll, *Come Before Winter*, S. 164.
42 Swindoll, *Improving Your Serve*, S. 39.
43 Charles Swindoll, *Strengthening Your Grip*, Dallas 1982, S. 197.
44 Charles Swindoll, *Dropping Your Guard*, New York 1987, S. 35, 38.
45 Swindoll, *Strengthening Your Grip*, S. 199, 200.
46 Swindoll, *Improving Your Serve*, S. 48.
47 Gordon MacDonald, *Ordering Your Private World*, Nashville 1984, S. 68, 75.
48 Ebenda S. 31, 45.
49. Ebenda S. 116, 111–112.
50 Ebenda S. 156.
51 Dobson, *Love Must Be Tough*, S. 45.
52 Ebenda S. 150, 16.
53 Ebenda S. 164, 159.
54 James Dobson, *Dare to Discipline*, Wheaton, Ill. 1970, S. 16.
55 Dobson, *Parenting Isn't for Cowards*, S. 110.
56 Ebenda S. 106, 107.
57 David Seamands, *Putting Away Childish Things*, Wheaton, Ill. 1982, S. 122, 125.

58 Seamands, *Healing for Damaged Emotions*, S. 79–93.
59 Ebenda S. 117, 49.
60 David Seamands, *Healing of Memories*, Wheaton, Ill. 1985, S. 100–103, 97.
61 James, *The Varieties of Religious Experience*, S. 11–12.
62 William James, *The Will to Believe*, New York 1956, S. 9.
63 James, *The Varieties of Religious Experience*, S. 204.
64 David Seamands, *Healing Grace*, Wheaton, Ill. 1988, S. 137.
65 Harold Kushner, *Who Needs God?*, New York 1989, S. 71.
66 Ebenda S. 196.
67 Ebenda S. 32.
68 James, *The Will to Believe*, S. 59.
69 Kushner, *Who Needs God?*, S. 34.
70 Harold Kushner, *When Bad Things Happen to Good People*, New York 1981, S. 108.
71 Kushner, *Who Needs God?*, S. 198.
72 Harold Kushner, *When All You've Ever Wanted Isn't Enough*, New York 1986, S. 127, 132.

Schlußbemerkungen

1 Hannah Arendt, *Crises of the Republic*, New York 1972, S. 179.
2 Hannah Arendt, *The Origins of Totalitarianism*, New York 1973, S. 305–389.
3 Ronald Sullivan, »Police Said to Ignore Warnings on Jogger Suspect«, *New York Times*, 31. Juli 1990, S. 3 (Fotolegende).
4 Zitat aus Susan Faludi, *Backlash: The Undeclared War on American Women*, New York 1991, S. 121.
5 Bly, *Iron John*, S. 27.

6 Faludi, *Backlash,* S. 310.
7 Bly, *Iron John,* S. 100.
8 Arendt, *Crises of the Republic,* S. 162.
9 Arendt, *The Origins of Totalitarianism,* S. 382.
10 Ebenda.
11 Hoffman, *The Best of Abbie Hoffman,* S. 382.
12 Ebenda S. 65.
13 Ebenda S. 402.
14 Franz Kafka, *Der Prozeß.*
15 Sidney Mead, *The Lively Experiment: The Shaping of Christianity in America,* New York 1963, S. 125–130.
16 Ebenda S. 129.
17 Arendt, *The Origins of Totalitarianism,* S. 338.

NAMEN- UND SACHREGISTER

H

I

J

K

R

S

Knaur

LEBENSHILFE
PSYCHOLOGIE

(84003)

(84005)

(84029)

(84020)

(84013)

(84017)